高职院校辅导员与专业课教师协同育人研究

史劲　著

湘潭大学出版社
XIANGTAN UNIVERSITY PRESS

2023年湖南省高校思想政治工作质量提升工程资助项目“三全育人视域下高职辅导员与专业课教师协同育人研究”（项目编号：23C69）

前　言

随着产业转型升级和新技术革命的深入推进，高素质技术技能人才培养面临新的机遇与挑战。当前，高职院校作为技术技能人才培养的主阵地，其传统育人模式已难以完全适应新形势下的要求。人才培养过程中存在的教育资源分散、实践教学不足、职业素养培养欠缺等问题，亟须通过创新育人机制予以解决。在高职院校的育人体系中，专业课教师和辅导员作为两支重要队伍，各自承担着独特的育人职责。专业课教师主要致力于专业知识传授和职业技能培养，是学生专业能力发展的引领者；辅导员则着重于思想教育、心理辅导和职业发展指导，是学生全面成长的引路人。二者的协同配合对人才培养质量具有决定性影响。然而在现实中，两支队伍之间普遍存在着沟通不畅、职责交叉、资源整合不足等问题，产生了诸如育人目标不一致、教育评价不协同、培养过程断裂等现象，直接影响了人才培养的整体效果。这种“各自为战”的局面，已经成为制约高职院校育人质量提升的关键因素。本书通过深入调研、理论分析和实践探索，系统构建了“目标—过程—评价”三位一体的协同育人机制，创新性地提出了“双导师”协作模式、数字化协同平台建设等具体实施方案。

在本书编写过程中，我们得到了多位职业教育专家和相关高职院校的大力支持，在此谨致谢忱。尽管课题组竭尽全力，但囿于研究水平和实践条件，书中难免存在疏漏之处，恳请专家读者批评指正。希望本书能够为高职院校创新育人模式、提升人才培养质量提供有益参考，为推动现代职业教育高质量发展贡献力量。

目 录

第一章 高职院校辅导员与专业课教师协同育人的时代必然性与理论基础

第一节 协同育人的时代必然性

一、职业教育制度的历史变迁

高职教育的卓越发展离不开国家政策的引导与扶持。国家颁布了一系列政策文件，为高职教育的改革与提升指出了明确的方向，并确保了其发展的稳定性。本章旨在从政策演进、核心内容及实施路径三个维度，深入探讨高职教育卓越发展的政策背景。

（一）政策演进：从规模扩张到质量提升

1.初期阶段（2000—2010年）：规模扩张与基础建设

21世纪初期，中国职业教育迎来了重要的战略机遇期。2002年国务院颁布的《国务院关于大力推进职业教育改革与发展的决定》（国发〔2002〕16号）具有里程碑意义，该文件首次将职业教育纳入国家发展战略，明确指出其作为现代化建设的重要支撑。这一时期职业教育发展呈现出三大特点：首先是通过院校整合与扩建，促使教育规模快速扩大，据统计，2005—2010年高职院校在校生人数年均增长率超过15%；其次是办学条件显著改善，国家重点支持建设的职业教育实训基地数量增长近3倍；最后是教育体系不断完善，初步形成了中高职教育相互衔接的新格局，为培养高素质技能人才奠定了坚实基础。这一阶段的发展实践充分体现了政府主导与市场需求的有机结合,为后续职业教育高质量发展提供了宝贵经验。

2. 中期阶段(2011—2018年):内涵建设与质量提升

随着职业教育规模持续扩张,国家战略重心逐步转向内涵建设与质量提升阶段。《国家中长期教育改革和发展规划纲要(2010—2020年)》系统阐释了职业教育内涵式发展的战略导向,明确将质量提升作为核心任务。在此政策指引下,高职教育发展范式实现根本转型,从规模扩张转向质量跃升,着力强化人才培养体系的针对性和实践导向。教育主管部门通过实施示范性高职院校建设、专业课程体系重构、师资队伍结构优化等系统性改革,推动高职教育向高质量发展阶段迈进。值得关注的是,产教融合、校企合作在此阶段演进为职业教育改革的核心理念,高职院校与行业企业的协同育人机制持续创新,形成具有中国特色的双元制教育模式,使技术技能型人才培养质量得到实质性提升。

3. 现阶段(2019年至今):高质量发展与创新驱动

我国职业教育在新时代背景下跨入提升品质优化的进展新阶段。2019年,《国家职业教育改革实施方案》首次赋予了职业教学与普通教学同等的法定地位,并启动了“双高计划”建设项目,重点培育56所高品质高职院校和141个优势专业群。2022年修订《中华人民共和国职业教育法》,我国首次在法律层面确定了职业教学的类型教学定位。在这一时期,职业教学进展呈现出三个显著特征:一是数字化转型深入推动,智能教室、虚拟仿真实训等现代教学技术广泛应用;二是人才培养体系逐渐完善,中高职贯通培养和职教本科试点规模持续扩大;三是社会认同度显著提升。据调查,2023年高职院校毕业生就业率已达92.5%,较2019年提升4.3个百分点,充分展示了职业教学的育人成效和社会价值。

(二)核心内容

近年来,国家相继出台了一系列重要政策文件,为职业教育改革与发展提供了明确的指导方向和政策支持。这些文件不仅从战略高度确立了职业教育的地位,还从实践层面提出了具体的发展路径,为职业教育的高质量发展奠定了坚实基础。

1.《国家职业教育改革实施方案》(2019年)的战略部署

2019年发布的《国家职业教育改革实施方案》(“职教20条”)作为我国职业教育发展的标志性文件,系统打造了现代职业教育体系。该文件首次以官方文件形式确认职业教育与普通教育的平等地位,从制度设计层面消除社会认知偏见,为技术技能人才培养奠定政策基础。文件核心创新体现在构建产教协同机制,要求通过深化校企“双元育人”模式,促进教育链与产业链的有效衔接。这种制度安排着力解决人才培养供给侧与产业需求侧的结构性矛盾,构建起动态调整的专业建设机制。“双高计划”(中国特色高水平高职院校和专业建设计划)作为关键措施,通过选拔建设56所高职院校和141个专业群,形成可复制的改革模式。该计划不仅构建了类型教育评价新标准,更通过中央财政专项支持机制,推动职业教育实现内涵式发展。

2.《中华人民共和国职业教育法》(2022年修订)的法律保障

2022年修订的《中华人民共和国职业教育法》象征着我国职业教育法治化进展的关键制度革新。作为职业教育范畴的特定立法,该法首次以特定立法方式确认了职业教育的类别教育地位,全面打造了职业教育可持续发展的法律框架。立法文件特别增强了职业教育的社会服务导向机制,明确提出了“职业教育应积极对接经济社会发展需求,为产业转型升级和区域协调发展提供高素质技术技能人才支持”的法定要求。此次修订重点完善了职业教育体系结构,通过构建中等职业教育、高等职业教育和职业本科教育的连贯培养机制,着力解决传统职业教育存在的学历层次障碍,推动构建纵向层次衔接、横向类别融通的现代职业教育体系,为实现技术技能人才终身学习构建制度性通道。这一制度规划突破了职业教育终结性教育的传统模式,通过系统化建设学历提升通道和资历框架体系,为学生职业生涯可持续发展开辟了多元化发展路径。

3.《关于推动现代职业教育高质量发展的意见》(2021年)的远景规划

2021年印发的《关于推动现代职业教育高质量发展的意见》(以下简称

《意见》)为我国职业教育体系构建了战略性发展框架。该政策文本明确提出2035年全面建成技能型社会的战略目标,这一政策导向不仅凸显技能人才在国家现代化建设中的核心地位,更从顶层设计层面确立了职业教育发展的行动纲领。值得关注的是,《意见》着重强调职业教育应主动对接国家重大战略需求,系统构建高素质技术技能人才培养机制,这从本质上界定了新时代职业教育的功能性定位。在实施路径层面,《意见》创新性地提出深化产教融合的协同育人机制,强化校企双元主体协同效应,同时前瞻性布局职业教育数字化转型战略,这一系列举措精准把握了数字技术革命的时代特征,为职业教育创新发展提供了范式转换的理论依据。

(三)实施路径

为贯彻落实国家职业教育改革的相关政策,推动职业教育高质量发展,各级教育部门和高职院校积极探索政策落地的实施路径。通过"双高计划"建设、深化产教融合、推进数字化转型以及完善评价体系等关键举措,职业教育正在实现从规模扩张到质量提升的转变。

1."双高计划"建设:打造职业教育标杆

"双高计划"(中国特色高水平高职院校和专业建设计划)作为我国职业教育领域的主要战略举措,在推动职业教育高质量发展过程中发挥着核心政策工具的作用。该计划通过执行重点突破策略,挑选出56所高水平高职院校和141个高水平专业群进行集中建设,努力打造具有国际竞争力的职业教育示范体系。在具体执行路径上,参与建设的高职院校系统推进专业结构动态优化调整机制,深化"双师型"教师队伍构建改革,建立产教融合型实训基地网络,明显提升了技术技能人才培养的适应性。值得注意的是,该计划创新性地建立了基于产业需求监测与预警系统的动态调整机制,通过大数据分析技术实时对接《国民经济行业分类》标准,确保专业建设与产业升级保持0.5~1个周期的前瞻性协同发展。从政策执行效果来看,该计划不仅形成了中央财政专项投入、地方配套保障、行业企业共建的多维资源整合机制,更重要的是构建了具有中国特有色彩的职业教育改革发展范式,为新时代职业教育现代化提供了可复制的制度创新样本。

2.产教融合与校企合作:促进教育链与产业链有机衔接

产教融合与校企合作是职业教育政策实施的关键路径之一。通过引导企业深度参与职业教育生态体系建设,高职院校与企业联合共建产业学院及生产性实训基地,实现了教育链、人才链与产业链、创新链的深度融合。在具体实践中,校企双方协同构建“双主体”育人机制,联合制定基于岗位能力标准的人才培养方案,共同开发模块化课程资源体系,并实施项目化实践教学模式,有效保障人才培养规格与产业需求动态适配。为进一步深化合作成效,需构建包含资源共享、利益分配和评价反馈等要素的校企合作长效机制,促进校企协同发展生态系统的形成。

(四)政策背景对协同育人的启示

1.政策环境对协同育人模式的推动与影响

在国家推进职业教育革新大环境下,合作育人机制获得了政策上的强力支撑与指导。《国家职业教育改革实施方案》明确提出了打造“双师型”教师团队的政策趋势,教育部等九部门印发的《职业教育提质培优行动计划(2020—2023年)》更是将“完善合作育人机制”作为关键任务。从制度保障到实践创新,政策环境为辅导员与专业课教师的合作育人提供了全方位的支持框架:在组织结构层面,要求高职院校成立党政联合的合作育人领导小组,形成定期协商机制;在资源分配方面,明确要求将合作育人成果纳入教师绩效考核指标体系,并设立专门资金支持联合教研活动;在平台建设上,鼓励建设数字化的合作工作平台,实现学生成长数据的互联互通。值得注意的是,教育部2023年启动的“职业院校全面育人示范学校”建设项目,特别将辅导员与专业教师的合作案例作为主要评审指标,推动形成了课程思政联合备课、校企双元育人导师组、学生发展成长共同体等十余种创新实践模式。

2.制度层面的顶层设计为协同育人提供了坚实的政策基础

近年来,《国家职业教育改革实施方案》《关于推动现代职业教育高质量发展的意见》等重要文件系统阐述了深化产教融合机制、加强校企合作育人的实施途径。这些政策行动不仅从战略高度为高职院校合作育人工作指出了改革路径，更通过具体的制度安排为辅导员与专业课教师的合作育人机制构建提供了操作框架。值得注意的是，政策文件中明确提出了建立校企双元育人机制，从组织架构角度为辅导员与专业课教师共同参与人才培养提供了制度保障，这一规定具有明显的实践指导意义。

3.高质量发展目标对协同育人提出了新的实践要求

随着我国职业教育迈入内涵式发展阶段，人才培养质量已成为衡量高职院校办学水平的核心指标。在此背景下，辅导员与专业课教师的协同育人模式亟待突破传统浅层次的事务性分工，转向构建具有系统性与长效性的协同育人机制。具体而言，辅导员需深度把握专业人才培养目标内涵，专业课教师亦需将学生综合素质发展纳入教学视野，双方通过教育要素的有机整合与资源优势的系统集成，协同打造“德技并修、知行合一”的育人共同体。实证研究表明，这种深度协同机制不仅能显著提升人才培养的适配度与实效性，更有利于实现学生职业精神培育与专业技术能力培养的耦合发展，为新时代职业教育高质量发展提供有效路径。

4.数字化转型为协同育人开辟了创新路径

《职业教育提质培优行动计划(2020—2023年)》全面部署职业教育数字化转型战略任务。在此战略框架下，辅导员与专业课教师协同育人机制可依托信息技术实现多维创新突破。具体而言：其一，依托大数据分析技术，双方可协同构建动态化学生成长画像系统，实现精准育人决策；其二，基于在线教学平台建立跨学科育人资源库，形成模块化、可拓展的共享知识体系；其三，通过虚拟仿真技术创新实践育人模式，构建高仿真虚拟实训场景，开展多模态沉浸式育人实验。实证研究表明，数字化赋能不仅显著提升协同育人机制运行效率，更在时空维度和实践效果层面实现了育人效能的双重拓展。

5.政策环境还推动了协同育人资源的整合与共享

在国家政策引导与制度保障框架下，高职院校着力构建开放型协同育人机制。通过政策资源配置与跨部门协作机制创新，辅导员队伍与专业教师团队可系统整合政校企行多方资源，形成涵盖企业实践平台、行业技术标准、社会服务项目等多维要素的立体化协同育人体系。实证研究表明，该资源整合范式不仅显著提升产教融合背景下协同育人的实践效能，更通过构建“三全育人”生态体系，为应用型人才核心素养培育提供多元化发展场域。

二、新发展格局中的教育适配

（一）高职教育的战略定位

在新发展阶段，高职教育已实现从单一的技术技能培训向国家战略支撑体系关键构成要素的范式转型。随着全球产业格局重构、科技创新加速迭代与产业价值链深度调整，高职教育的战略定位已突破传统“就业导向”的局限，演进为支撑制造强国建设、促进社会公平正义、提升产业国际竞争力的战略性制度安排。依据国家政策导向，高职教育被正式确立为具有独立属性的“类型教育”，与普通高等教育构成并行发展的双轨体系，这标志着其在国家人才培养制度中具有不可替代的治理价值。“职教20条”在制度层面确立了职业教育与普通教育“同等重要”的类型地位，通过国家层面的制度设计为高职教育高质量发展构建了系统性政策框架。

1. 高职教育是支撑“中国制造2025”和技能型社会建设的关键力量

中国正处于由传统制造业大国向创新型制造业强国转型升级的关键阶段，其核心驱动力在于高素质技术技能人才的有效供给。当前，我国智能制造、新能源、人工智能等战略性新兴产业面临严峻的高技能人才结构性短缺问题，这一现实困境正倒逼高职教育体系进行系统性变革。值得关注的是，高职院校的人才培养目标正在发生根本性转变，即从传统的单一技能操作工向具备数字化素养的“数字工匠”和跨领域整合能力的复合型技术人才转型，这种转变实质上体现了产业智能化升级对人力资源供给质量提出的新要求。

2. 高职教育是促进社会公平和共同富裕的重要途径

长期以来，高职教育作为国家教育体系中的“兜底教育”模块，肩负着为农村地区、低收入家庭及高等教育选拔失利群体提供“技能赋能型”社会流动通道的重要使命。在国家推行的“雨露计划”(2015—2020年)与“高职扩招专项计划”(2019—2021年)等政策框架下,累计实现贫困家庭学生通过职业教育路径完成稳定就业与阶层跃迁逾300万人次。统计数据显示,2022年高职院校在校生中农村户籍生源比例达到63%,其中通过“1+X”职业技能等级证书制度获得行业权威认证的毕业生群体,其平均起薪水平较未获证群体显著提升30%以上(P<0.01)。这种教育机制在有效弥合城乡人力资本发展鸿沟的同时,更发挥着促进社会阶层有序流动的“稳定器”功能。

3. 高职教育在“碳达峰、碳中和”等国家绿色发展战略中发挥了重要作用

随着绿色低碳产业迅猛发展,传统高污染、高能耗行业面临转型升级压力,高职院校逐步成为绿色技能人才培养的核心阵地。以新能源汽车、光伏工程技术及资源循环利用等领域为例,高职院校通过校企共建“绿色工匠学院”,培育出大批兼具专业技术能力与可持续发展理念的复合型技能人才。2023年,全国高职院校新增“双碳”相关专业逾50个。以天津轻工职业技术学院为代表的院校,已率先构建覆盖光伏发电与储能技术领域的完整课程体系,有效支撑国家能源结构调整战略的实施。

(二)高职教育的功能重构

随着全球新一轮科技革命和产业变革加速推进,我国经济结构正经历数字化、智能化、绿色化的深度调整,传统产业向价值链高端迈进,新兴产业不断涌现。在这一背景下,高职教育必须主动适应产业升级需求,优化人才培养模式,以精准对接产业发展,真正成为技术技能人才的“蓄水池”和产业创新的“助推器”。

1. 紧跟新技术变革,培养“数字工匠”和复合型技能人才

在智能科技、工业网络和海量数据等新技术群的推动下,传统制造业正经历着向智能生产的模式转变。以汽车工业为例,其技术路线已从燃油引擎驱动向新能源动力系统转变,推动了维修技术人员的核心技能体系重构,由传统机械维修转向电池管理系统维护、电力驱动控制单元诊断等新技术

领域。类似地，农业耕作模式正经历从人力密集型耕作向智能农业的跃迁，要求从业者具备物联网设备运维、无人机精准作业、农业海量数据解析等复合型技术能力。高职教育系统急需建立动态化专业调整机制，通过持续优化专业结构实现技术更新与人才供给的协同发展。具体而言，应及时淘汰技术落后专业，重点培育智能科技工程应用、区块链系统开发、工业机器人集成运维、云计算架构设计等战略性新兴产业方向。典型案例显示，深圳职业技术学院通过前瞻性开设“智能机器人技术”专业，并与大疆创新科技有限公司、华为技术有限公司等龙头企业共建产教融合实训平台，有效实现学生所学技能与产业需求精准对接。值得注意的是，跨学科交叉培养模式已形成明显趋势，“智能制造工程与海量数据分析”“新能源技术开发与项目管理”等复合型专业方向的涌现，充分契合现代企业对具备多领域知识整合能力的高技能人才的迫切需求。

2.深化产教融合，构建“校企命运共同体”

在产业转型的背景下，技术革新速度的加快与经济结构的深度调整，正促使高职教育从传统的“学校主导”模式向适应产业需求的“产业需求主导”模式转变。传统的线性培养体系，即“三年学制加半年实习”，在面对智能制造、数字服务等新兴领域时，暴露出课程模块更新滞后、技能迭代周期脱节等结构性矛盾。面对人工智能、物联网等前沿技术引发的岗位能力重构，高职院校亟须突破“校热企冷”的浅层合作困境，构建人类命运共同体。通过“订单班”的精准岗位匹配、“现代学徒制”的工学交替深化、“产业学院”的资源平台共建等共生式合作范式，形成“培养标准共商、课程体系共建、实训基地共享、师资队伍共育”的产教融合新生态。这种双向赋能机制既保障企业获得定制化技术技能人才，又促使高职院校动态调整专业群建设，最终实现教育链与产业链的时空耦合。

3.产业升级的需求，重塑专业发展格局

在我国“双碳”战略目标的宏观政策导向下，以新能源、节能环保及循环经济为代表的战略性新兴产业已进入快速发展阶段。这一产业转型升级进程暴露出绿色技能人才供给与市场需求之间的结构性缺口持续扩大。作为技能型人才供给的核心主体，高职院校亟须通过建立专业设置的动态调整机制与系统化优化体系，构建契合绿色产业升级需求的复合型技能人才培养范式。

4.对接国际资格，打造复合型人才培养高地

高职院校应系统整合德国"双元制"与英国"现代学徒制"等国际优质职教资源，重点引进国际通行的职业资格认证体系，构建与国际标准对接的复合型技术技能人才培养范式。典型案例表明，南京工业职业技术大学通过与德国手工业协会建立战略合作关系，系统引入德国手工业协会认证的标准化课程体系及双元制教学模式，其毕业生可同步获得中德两国权威机构联合颁发的职业资格证书。实证数据显示，该合作项目毕业生的就业竞争力及岗位适配度显著优于传统培养模式下的毕业生。

5.服务"一带一路"倡议，输出中国职教方案

基于中国在高速铁路、电力、通信等行业的全球领先地位，我国高职院校正通过建立海外分校、鲁班工坊、丝路学院等创新平台，系统性地传播具有中国特色的职业教育模式。在高速铁路技术领域，高职院校可与中车集团合作，在东南亚地区设立轨道交通培训中心，开展动车组维护、铁路运营管理等专业培训；在电力工程领域，可与国家电网协作，在非洲地区建设智能电网实训基地，传授超高压输电、新能源并网等关键性技术；在5G通信领域，可与华为技术有限公司合作，在西亚地区建立ICT学院，构建5G基站调试、光缆熔接等模拟化教学环境。通过"中文+职业技能"的综合培养模式，校企合作开发双语教材、虚拟仿真资源包、微课程慕课等数字化教学资源，已为沿线国家累计培养了12.6万名具有本土化技术能力的专业人才。这种产业与教育协同的国际化模式，不仅实现了中国标准与国际认证体系的有效对接，而且促进了合作国家现代职业教育体系的完善。教育部提出的"职教出海"行动计划明确指出，至2025年将在沿线国家建立30个示范性职业教育基地，并培育50个中国职业教育品牌项目。

6.深化国际合作,构建全球职教网络

通过构建学生国际交流项目、国际师资培训体系以及跨国联合科研平台等多元化的合作模式,高职院校得以逐步建立与全球职业教育体系的衔接机制。具体而言,海外学生交换计划有助于培养具备国际视野的技术与技能型人才,教师的海外研修项目能够引入先进的职业教育理念与教学方法,而校企合作的跨国技术研发中心则推动了技术创新与资源共享。此外,积极参与国际专业认证体系的对接,开发双语教学资源库,构建学分互认机制,并利用“鲁班工坊”等平台开展海外办学活动,最终形成课程共同建设、人才共同培养、标准共同商议的国际合作新模式。这将有效增强我国职业教育在国际上的影响力和话语权,为构建一个开放包容的全球发展共同体贡献中国的智慧与方案。

三、协同困境的生成机理

当前高职教育的育人模式虽然取得了一定成效,但仍然存在育人主体角色割裂、资源整合不足、协同机制缺位等问题,导致人才培养难以适应新常态、新技术的发展需求。深入分析这些局限,是探索高职教育改革方向的重要前提。

(一)育人主体的“角色割裂”问题

在当前高职院校育人体系中,辅导员与专业课教师作为直接面向学生的一线教育者,本应形成育人合力,但因职责界定不清、协作机制缺失、评价标准割裂,导致两者长期处于“各自为战”的状态,严重削弱了育人成效。这一问题直接影响学生职业素养与综合能力的培养,亟须从协同视角破解。

表1–1 辅导员与专业课教师的角色定位冲突汇总表

育人主体	传统角色认知	实际育人需求	现实矛盾
辅导员	学生管理 (思政、日常事务)	职业价值观塑造、 心理健康指导	侧重“泛德育”, 缺乏专业支撑
专业课教师	技能传授 (课堂+实训)	职业精神培育、 产业认知引导	侧重“专技培养”, 忽视人格塑造

“思政”与“专业”割裂：辅导员开展职业规划教育时，因不熟悉行业动态，难以结合专业特点；专业课教师则局限于技术教学，忽视职业道德培育。

“管理”与“教学”分离：学生课堂纪律问题（如实训怠惰）由辅导员处理，专业课教师未参与行为矫正，导致教育断层。

（二）资源调配的“分散低效”问题

在现阶段，高职院校面临教育资源利用效率低下的突出挑战，特别是在人力资源配置、课程体系构建、实践教学实施及数据资源整合等关键领域。这种资源分散现象严重制约了人才培养质量的提升，并对辅导员与专业课教师的协同育人机制建设形成显著障碍。

从人力资源配置维度观察，存在明显的职能割裂现象：辅导员群体虽具备思想政治教育优势，却普遍缺乏行业前沿认知；专业课教师专注技能传授，往往忽视学生综合素质培养。二者在培训体系、工作平台等方面缺乏有效衔接机制。课程资源方面，专业课程与思政课程呈现“平行运行”状态，特别是在新兴交叉学科领域，课程内容的融合度明显不足，职业素养教育未能有机嵌入专业教学全过程。

实践教学环节面临双重困境：一方面，实训设备更迭速度落后于行业技术发展，设备利用率受制于管理机制缺陷；另一方面，实训评价过分侧重技能操作，忽视职业精神培育，而辅导员又普遍缺席实践教学过程。数据资源领域同样存在严重壁垒，学业数据与行为数据的部门区隔，导致育人决策缺乏多维度数据支撑，直接影响培养方案的精准性和适应性。

（三）协同机制的“制度缺位”问题

在当前高职院校的教育体系中，辅导员与专业课教师之间的协同育人工作面临着一些显著的挑战。尽管许多高职院校都在积极倡导和推行多元化的协同育人理念，但在实际操作过程中，仍然存在一些制度性保障不足的问题。这些问题不仅影响了协同育人的效果，而且也制约了其有效性的充分发挥。具体来说，这些制度性困境主要表现在以下几个方面：

辅导员与专业课教师之间的职责定位不够清晰。在实际工作中，两者的工作范畴存在大量的交叉地带，但缺乏明确的界定，导致在具体执行过程中出现职责不清、分工不明的情况。这种情况不仅影响了工作效率，还可能导致工作中的重复和遗漏。

现有的激励机制不够完善。目前的考核体系往往未能充分体现出协同育人的工作价值，导致辅导员和专业课教师在协同育人方面的努力和成果未能得到应有的认可和奖励。这种情况下，教师可能会缺乏足够的动力去积极参与协同育人工作。

跨部门协同所需的条件支持往往停留在文件层面，难以在实际操作中得到落实。尽管许多高职院校在文件中强调了协同育人的必要性，但在实际操作中，相关的资源配套、政策支持和条件保障往往不到位，导致协同育人工作难以顺利进行。

第二节 协同育人的理论基础

一、协同育人的国内外研究

在当今时代，职业教育与高等教育的改革浪潮正汹涌澎湃，教育体系的优化与升级迫在眉睫。协同育人作为提升人才培养质量的关键路径，已成为学术界和教育界共同关注的焦点。深入剖析国内外协同育人的研究现状，不仅有助于我们全面总结过往经验，精准定位现存问题，还能为进一步完善协同育人模式提供不可或缺的理论与实践依据，在教育改革的征程中发挥至关重要的作用。接下来，本部分将率先深入分析国内学者在协同育人领域的研究成果，涵盖协同育人模式、机制以及实施策略等多个关键维度。

（一）国内研究现状

1.协同育人模式研究

学者在协同育人模式领域进行了深入研究，提出了创新且实用的教育模式。校企合作模式广泛应用于教育实践,通过“订单式”人才培养,高职院校与企业共同定制教学方案,企业参与教学并提供实习机会,使学生能迅速适应工作。政校企行模式强调四方合作,政府提供政策和资金支持,高职院校整合资源,企业提供实践平台,行业协会制定标准和促进信息共享。产学研模式将高职院校和科研机构的科研资源与人才培养结合,学生参与科研项目,提升科研和创新能力。这些模式共同促进了教育与产业的紧密结合,为学生提供了实践机会,提高了教育质量。

2.协同育人机制研究

协同育人机制是保障协同育人活动持续、稳定、高效运行的核心。国内研究者在该领域已取得一系列成果。在利益驱动机制的作用下,高职院校、企业和政府各自拥有不同的利益诉求,因此,构建一个平衡各方利益的机制显得尤为重要。政府可提供税收优惠、项目扶持等政策支持,高职院校可提供技术研发支持,企业则可为高职院校提供实习实训基地和兼职教师资源。沟通协调机制通过定期的会议和信息共享平台,例如校企合作联席会议和协同育人信息平台,实现信息的交流与共享。评价反馈机制则从多个维度对协同育人效果进行评估,包括学生学习成果、企业满意度、高职院校人才培养质量等。该机制通过问卷调查、实地走访、数据分析等方法收集评价信息,并及时向各参与方反馈,以便对协同育人活动进行调整和优化。

3.协同育人实施策略研究

国内研究者针对协同育人策略提出了若干建议,特别强调了师资队伍构建的重要性。他们提倡打造一支高素质的“双师型”教师队伍,并鼓励教师深入企业进行实践,以促进教学内容与实际工作需求的紧密结合。同时,建议引入企业技术人员担任兼职教师,以增强教学内容的实践性。关于课程体系的优化,研究者建议将企业项目整合进教学活动中,打破传统学科界限,旨在培养学生的综合职业能力。此外,研究者还提出完善实践教学体系,增加实训基地的建设,与企业合作提供实习机会,并强化实践教学的管理与指导,以提高学生的实践技能和职业素养。

4.研究现状总结

国内学者在协同育人领域的研究成果丰富,涵盖了从协同育人模式的创新性探索、机制的深入研究,到实施策略的精心构建等全方位、深层次的探讨与分析。这些学术成果为我国协同育人实践提供了坚实的理论基础和具有实际操作性的指导方案,显著促进了协同育人工作的全国性推广。我们亦需客观地认识到,当前研究领域尚存若干不足。例如,部分学术成果在实际应用中的操作性尚需进一步提升,而某些协同育人模式与机制在不同地区、不同高职院校的适用性亦需进一步的验证与优化。鉴于不同地区的经济发展水平、产业结构及文化背景的差异性,这些因素均会对协同育人模式与机制的实施效果产生影响。在研究方法论方面,实证研究相对匮乏,目前的研究多基于理论分析与经验总结,缺乏对协同育人效果的量化分析与深入探究。这导致了学术成果在科学性与说服力方面的一定程度缺失,使得对协同育人工作实际成效的准确评估面临挑战。

(二)国外研究现状

1.模式研究

德国"双元制"模式作为职业教育体系的核心要素,通过融合学校教育与企业实训,致力于培养学生的专业技术能力和职业素养。 在此模式下,学生可于企业环境中直接参与生产项目,进而掌握实际操作技能与企业运营知识。以汽车维修专业为例,学生在企业通过实际维修工作习得专业技能,在学校接受系统的理论教学,实现理论与实践的有机结合。

美国的"合作教育"模式着重强调学校与企业之间的深度协作,共同规划并推行人才培养方案。学生在学习阶段与工作阶段进行周期性交替,参与企业的实际项目,如软件开发和数据分析等,并在专业技术人员的引导下开展学习活动。学校的教育内容会依据企业反馈作出相应调整,以保障教学内容与企业需求相契合。

英国的"三明治"模式采用了"学习 - 工作 - 学习"的教育架构。学生先于学校接受理论知识的传授,之后进入企业开展实习活动,以获取具体的工作技能。以酒店管理专业为例，学生将在酒店各部门进行实习，学习并掌握实际工作技能。实习结束后，学生返回学校开展进一步的理论研习，将实习中所获得的实践经验与理论知识相融合，以实现知识与技能的深度整合。

2. 机制研究

法律保障机制：发达国家通过立法保障协同育人实施。德国颁布本国的职业教育法，明确企业须提供实习岗位及培训指导，并给予税收优惠，同时《德国企业基本法》规范企业教育责任。学校依法制定理论与实践相结合的教学计划，为“双元制”模式奠定法律基础。

行业主导机制：行业协会主导制定行业标准与认证体系。美国行业协会组织专家制定人才培养标准及技能认证体系，指导校企共同设计课程。通过行业研讨会等平台促进校企资源对接，推动合作深化。

质量监控机制：英国建立专业评估机构，采用多维指标体系监测“三明治”模式：评估学校教学质量、企业实习环境真实性及学生知识技能掌握度。结果公开透明，实行优秀表彰与不合格整改机制，形成质量保障闭环。

3. 实施策略研究

注重实践能力培养：国外协同育人将实践能力作为核心，企业提供真实工作场景。德国“双元制”模式下，企业实践占学习时长2/3以上，学生通过参与实际生产项目循序渐进掌握专业技能。学校同步配备先进实训设备，建设仿真工厂等模拟环境，实现学岗无缝衔接。

强调个性化发展：国外通过职业测评多维度评估学生特质，校企联合定制培养方案。美国学校运用专业测评工具分析学生兴趣、能力与性格，据此匹配实习岗位。企业通过动态跟踪实习表现，提供个性化指导，助力学生发挥优势，规划专属成长路径。

加强国际合作交流：跨国校企合作引入全球教育资源，如欧美联合培养项目让学生接触前沿技术与管理经验。通过师生互访、学术交流促进教育理念革新，实现资源共享与协同创新，提升育人国际化水平。

4.研究现状总结

国外在协同育人方面的研究和实践起步较早,经过长期的探索与发展,已经形成了较为成熟的模式、机制和实施策略。这些成果在提高人才培养质量、促进学生就业等方面取得了显著成效,为各国的经济社会发展提供了有力的人才支持。然而,国外的协同育人模式并非无懈可击。一方面,不同国家的协同育人模式深深扎根于本国国情、文化背景和教育体制,具有很强的本土适应性,在推广和应用时存在一定的局限性。例如德国的"双元制"模式高度依赖强大的制造业基础和完善的法律体系,在一些制造业不发达或法律制度不完善的国家,难以完全复制和推行。另一方面,随着科技的飞速发展和产业结构的不断调整,新兴产业如人工智能、大数据、新能源等蓬勃兴起,对人才的需求呈现出全新的特点,国外的协同育人模式也面临着前所未有的挑战,如何培养适应新兴产业需求的复合型创新人才、如何利用数字化技术变革教育教学方式等问题,亟待进一步探索和研究,以实现协同育人模式的与时俱进和创新发展。

(三)国内外研究启示

1.对协同育人模式创新的启示

创新协同育人模式对提升人才培养质量至关重要,需紧密结合实际需求,充分利用资源。德国"双元制"模式展示了企业深度参与学生实践培训的重要性,强调了理论与实践的结合。各地应根据本地产业结构,借鉴"双元制"经验,构建校企合作模式,企业参与课程设计,提供实习岗位,学校则调整教学内容以满足产业需求。同时,协同育人模式应注重多元化与灵活性,如美国"合作教育"模式所示,设计多样化学习路径,增加实践时长,引入实际项目案例,以满足不同学生的个性化需求和职业规划。

2.对协同育人机制完善的启示

法律保障是协同育人稳定进行的关键。通过完善法律体系,明确各方权利义务。如《中华人民共和国职业教育法》《企业基本法》等,为"双元制"模式提供法律支持,规定企业义务和权益,以及学校教学任务和质量监管。

我国协同育人法律体系需完善，应加快立法，明确各方责任义务，并由政府主导，出台优惠政策激励企业参与。行业协会在提升协同育人专业性方面至关重要，国外行业协会制定行业标准和职业资格认证，引导人才培养。我国应强化行业协会作用，整合资源，研究行业趋势，制定人才培养标准和认证规范，确保人才满足行业需求，提高培养质量。

3.对协同育人实施策略优化的启示

国外协同育人模式强调为学生提供多样化的实践机会和真实工作场景，我国应借鉴此经验，增加实践教学的资金和政策支持。建设设施先进的校内实训基地，引入先进设备和模拟软件，创建仿真工作环境，让学生进行实际操作。同时，加强校外实习基地建设，与企业合作，拓宽实习渠道，增加实习机会，提升学生的职业技能和素养。个性化发展是国外协同育人的重要策略，我国可借鉴美国职业测评工具，为学生提供个性化职业指导。高职院校和企业应合作，根据学生特点定制实习岗位和培训项目，帮助学生个性化成长。国际合作交流为协同育人注入新动力，我国应拓展国际交流，与国外高职院校和企业合作，开展联合培养项目，派遣教师出国学习，引进国外教育资源，提升教学水平。深入研究国内外协同育人，汲取经验，发现不足，完善协同育人模式和策略，提高人才培养质量，推动我国教育事业的发展。

二、协同育人概念的多元界定

在教育领域持续革新与发展的浪潮中，协同育人作为一种极具创新性与显著成效的育人理念及模式，其重要性日益凸显，成为学术界深入研讨和教育实践工作者积极践行的关键方向。在传统的育人模式下，各教育主体各自为政，资源分散且难以形成合力，导致育人效果不尽如人意。与之形成鲜明对比的是，协同育人理念强调多元主体之间的深度合作与协同共进，通过整合各方资源与力量，致力于实现育人效果的最优化，为培养适应时代需求的高素质人才提供了一条全新的路径。从多学科视角深入剖析协同育人的概念与内涵，有助于我们全面、精准地把握这一理念的本质特征与核心价值，为教育实践提供坚实的理论支撑。

（一）协同育人的核心要素

1.目标一致性：协同育人的基石

目标一致性是协同育人的首要核心要素，它为各方主体的合作提供了明确的方向和共同的动力源泉。从教育的宏观层面来看，协同育人旨在促进学生的全面发展，培养适应社会发展需求的高素质人才。在高职教育中，这一总体目标具体细化为多个维度，而辅导员和专业课教师在其中承担着关键角色，虽分工不同，但目标高度一致。

辅导员以学生的思想政治教育和品德修养培育为重点，通过组织各类主题教育、开展一对一谈心谈话等方式，引导学生树立正确的世界观、人生观、价值观。例如，在开展“理想信念教育”主题活动时，辅导员借助丰富的案例和互动式讨论，激发学生对个人理想与社会理想关系的深入思考，帮助学生将个人成长与国家发展紧密相连，培养学生的社会责任感和使命感。

专业课教师则专注于专业知识的传授和专业技能的培养，通过精心设计课程内容、运用多样化教学方法，帮助学生构建系统的专业知识体系，提升学生解决实际问题的能力和创新思维。以计算机科学专业为例，专业课教师不仅传授编程语言、算法设计等基础知识，还引入行业前沿的项目案例，让学生在实践中掌握软件开发的流程和技巧，培养学生的专业素养和创新能力。

辅导员与专业课教师在育人目标上的高度契合，促使学生在思想道德与专业素养层面实现协同发展。此目标一致性并非自然形成，而是需要各主体在充分沟通与协商的基础上，对教育目标予以明确界定和细化分解，以保证各主体清晰了解自身在达成总体目标进程中的具体任务与责任。

2.资源共享性：协同育人的动力源泉

资源共享性是协同育人有效实施的重要保障，可突破资源分散壁垒，实现优化配置与高效利用。协同育人资源涵盖人力资源、教学资源、实践资源和信息资源四个方面。

人力资源方面，校企共建人才库：高职院校教师与企业管理层形成互补，通过技术专家授课、教师企业挂职等双向交流机制，打破人才壁垒。教学资源协同体现为校企联合开发行业标准教材，共享实战案例库，将营销策划等企业实例融入课堂教学，强化知识应用能力。

实践资源共享通过校企共建实训基地实现：学生参与企业真实项目提升职业素养，企业借助高职院校科研设施推动技术研发，促进产学研融合。信息资源依托共享平台整合人才需求、就业动态与科研成果数据，帮助高职院校优化培养方案，助力企业获取创新资源，为学生拓宽发展通道。

3.过程互动性：协同育人的关键环节

过程互动性作为协同育人的核心要素，着重强调主体之间的沟通与协作，其贯穿于教学、实践和管理这三个关键环节。在教学过程中，专业课教师应将思想政治教育元素融入专业课程教学之中，辅导员则需同步密切关注学生的学习动态，通过开展课堂案例研讨、组织学习方法分享会等形式，形成协同育人的合力。在实践环节，需要校企双方协同制定实践计划，企业为学生提供实训指导，高职院校为企业输送人才并提供技术支持，学生通过双向反馈机制促进教学的优化与改进。在管理层面，应建立有效的沟通机制，校企联合制定相关制度与标准，定期召开联席会议，对人才培养方案、考核评价体系等事项进行协调，以保障协同育人工作的高效运行。

4.结果协同性：协同育人的价值体现

结果协同性作为协同育人的核心目标，集中体现了其在推动学生发展、提高教育质量以及契合社会需求这三个维度的成效。在协同育人模式下，学生得以在思想品德、专业技能以及创新能力等方面实现全面提升，成长为适应社会需求的复合型人才。高职院校借助协同育人机制，能够优化人才培养方案，深化产教融合，进而提升教学质量并提高科研成果转化率。对社会而言，可获取能够推动产业升级与技术创新的应用型人才，此类人才在科技成果转化、社会服务等领域发挥着关键作用。

协同育人的四个核心要素——目标一致、资源共享、过程互动、结果协同相互关联，其理论基础涵盖系统论、协同理论及教育生态学。只有统筹这些要素，依托理论指导，才能培养出符合社会发展需要的高素质人才。

（二）基于教育学视角的协同育人定义

1.教育目标的协同达成

依据教育学基本原理，教育的根本使命在于推动人的全面发展，此目标的达成绝非单一教育主体能够独立实现，而是需要多方主体协同合作、共同努力方可完成。在高职教育体系中，辅导员与专业课教师作为协同育人的核心主体，承担着独特且重要的职责。

通过辅导员与专业课教师的紧密协同合作，学生在思想道德和专业素养两个关键维度得以同步发展，共同朝着全面发展的教育目标稳步迈进。这种协同并非简单的叠加拼凑，而是一种相互渗透、相互促进的有机融合。辅导员在学生的专业学习过程中，适时巧妙地融入思想教育，引导学生树立正确的学习态度，明确学习目标，树立远大的职业理想；专业课教师在教学过程中，也注重培养学生的科学精神、严谨的治学态度和良好的职业道德，将思想教育元素融入专业教学内容中，使学生在学习专业知识的同时，实现思想道德的提升。

2.教育过程的协同推进

教育过程是一个复杂庞大的系统工程，涵盖了教学、实践、评价等多个相互关联、不可或缺的重要环节。在协同育人模式下，这些环节需要各教育主体紧密配合、协同推进，才能确保教育目标的顺利实现。

在教学环节，协同育人对打破传统的学科界限和教学壁垒提出了迫切要求，力求实现课程内容的有机融合。在人文社科类专业教学中，适当融入自然科学的基础知识和思维方法，如在历史学专业的教学中，引入统计学方法对历史数据进行分析，培养学生从多维度思考问题的跨学科思维能力；在理工科专业教学中，引入人文社科的元素，如在工程类专业中融入工程伦理教育，提升学生的人文素养和社会责任感，使学生深刻认识到技术应用背后的社会价值和道德责任。同时，辅导员和专业课教师可以共同参与教学方案的设计,充分考量学生的个体差异、兴趣爱好和学习需求,合理安排教学内容和灵活运用多样化的教学方法,如情境教学法、小组合作学习法等,提高教学的针对性和实效性,激发学生的学习兴趣和主动性。

实践环节对培养学生的实践技能和创新精神具有至关重要的作用,同时也是实现协同育人的关键所在。协同育人强调在实践中,高职院校、企业和社会等多元主体之间的协作。高职院校与企业建立长期稳定的实习实训基地,为学生提供真实的工作环境和丰富的实践机会,使学生能够接触行业前沿技术和实际工作流程;企业深度参与高职院校人才培养方案的制定,根据行业发展趋势、市场需求和企业实际情况,为学生提供针对性的实践指导和挑战性项目任务,确保学生所学知识与实际工作紧密结合;辅导员负责组织学生参与实践活动,密切关注学生的实践表现和心理状态,及时给予鼓励、支持和心理疏导,帮助学生克服实践过程中的困难和挫折;专业课教师则在实践中利用专业知识和经验,为学生提供专业技术指导,解答学生在实践中遇到的专业难题,引导学生不断提升独立解决问题的能力。通过这种协同合作,学生能够将课堂所学理论知识与实践充分融合,切实提高实践能力和职业素养,为未来的职业发展做好充分准备。

(三)基于管理学视角的协同育人定义

管理学的核心要义在于对资源进行优化配置与整合,从而实现组织目标的最大化。在协同育人实践过程中,管理资源的协同整合对实践成效起着至关重要的作用,其涉及人力资源、物力资源、财力资源三个维度。

人力资源方面,高职院校教师、辅导员、行政人员与企业技术及管理人员构成协同育人体系。双方可通过互聘机制实现深度合作:企业专家担任高职院校兼职教师传授行业经验,高职院校教师赴企业挂职掌握前沿技术,双向提升实践教学能力。

物力资源协同可通过共享教学设施与科研平台达成增效目标。校企双方能够共建联合实验室,高职院校可借助企业的先进设备强化实践教学,企业则可依托高职院校的科研设施开展技术创新,进而形成资源互补的良性循环。

财力资源需政府、校企三方共建保障机制。政府设立专项基金推动产学研合作，高职院校加大教学投入改善实践条件，企业通过捐赠、奖学金等方式既支持人才培养又储备优质人才，多方协同构建可持续资金支持体系。

1.多元主体的协同合作

协同育人的核心要义在于多元主体的协作，这些主体涵盖高职院校辅导员、教师、学生、家长、企业以及社会各方。各主体在育人过程中均承担着独特的角色：学生需积极主动地参与学习与实践活动，与其他主体进行积极互动并反馈自身需求；家长应与高职院校教育形成配合，密切关注学生成长并营造良好的家庭育人环境；企业通过提供实习与就业机会、参与课程设计等方式，推动产教融合的深入发展；社会则凭借实践平台、职业培训以及文化氛围营造等途径，助力学生实现全面发展。各主体协同合作、形成合力，共同构建起人才培养的生态体系。

2.育人资源的协同共享

育人资源的协同共享机制作为协同育人模式的核心要素，鉴于教育资源具有稀缺性，该机制能够达成资源的最优配置与高效利用，进而提升育人系统的整体效能。在协同育人体系中，各参与主体借助资源整合能够构建多维度的教学资源共享网络。

在教学资源共享维度，校企双方可通过联合研发具备产业适配性的课程体系，将企业真实案例、行业技术规范以及前沿创新成果有机融入教学内容。以市场营销专业为例，在教材编纂过程中，可整合企业最新营销策略案例与市场调研数据库，使学生掌握市场动态分析的实证方法。在师资协同方面，构建“双师型”教学团队能够实现理论教学与实践指导的深度融合：高职院校教师承担企业员工的理论培训，企业技术骨干参与高职院校实践课程教学，形成知识传递的双向机制。

实践教学资源共享表现为校企共建的复合型平台建设。通过联合设立实习实训基地与科研合作平台，既能够为学生提供真实生产环境下的技能训练场所，也能为企业技术创新提供智力支持。具体来说，工程实践教育中心的协同建设不仅完善了学生工程能力培养体系，同时为企业技术攻关搭建了产学研协同创新平台。

信息资源协同共享依托产学研信息共享平台实现多向交互。该平台集成人才需求预测、就业市场分析、科研成果转化等动态数据库，构建起多方联动的信息生态系统。在此机制作用下，高职院校可依据产业需求变化对人才培养方案实施动态调整；企业能够实时获取高职院校的智力资源以推动技术升级；学生则可基于行业大数据开展精准的职业发展规划。

这种多维协同机制通过对资源要素进行优化重组，不仅提高了教育资源配置效率，更在微观层面促进了知识生产与产业需求的精准对接，在宏观层面推动了教育链、人才链与产业链的有机衔接。

3. 育人过程的协同创新

育人过程的协同创新乃协同育人之核心。当下社会发展迅猛，传统育人模式已难以契合新时代之需求，各方主体亟待探寻育人新模式。在教学方法层面，倡导运用多样化手段，诸如项目教学、案例教学、探究式教学等，以激发学生的主观能动性，培育其创新能力。例如，校企联合设计项目任务，推动学生综合运用知识以解决实际问题。课程体系注重与行业需求相衔接，构建跨学科融合课程，加大实践教学的比重，通过实训、实习等环节提升学生的职业素养。评价体系倡导多元化评估，兼顾学习过程与学习结果，采用教师评价、企业评价、作品展示等多维度方式，全面考量学生的综合素质。

三、协同育人的逻辑内涵与战略定位

（一）协同育人的核心内涵解读

1. 多元性：主体与资源的多样性

协同育人模式的核心特征为多元性，具体表现为育人主体的多样化以及资源整合的广泛化。育人主体从传统的教师、辅导员拓展至企业导师、行业专家、家长以及学生自身，各主体凭借专业优势形成协同效应：教师承担知识传授之责，辅导员着重心理指导，企业导师分享实践经验，行业专家提供专业知识,家长参与家庭教育,学生实现自我发展。

此模式对校内与校外的课程、实践以及社会资源进行了整合。课程资源包括教材与数字化内容,实践资源涵盖实验实习与社会活动,社会资源则通过与企业机构联动搭建实践平台。这种多元协同方式突破了传统教育局限于校内的单一模式,借助多方资源的融合构建起全面立体的育人体系。在知识传授的基础上,强化了能力培养、个性发展以及社会责任感的塑造,最终致力于培养具备综合素养与创新能力的复合型人才。

2. 协同性:主体间的深度合作

协同育人的核心要义聚焦于"协同"这一关键概念,着重强调不同育人主体之间开展深度合作与互动的重要性。这种协同性主要体现于以下几个层面:其一,目标的一致性是协同育人的根基,即所有育人主体均围绕学生全面发展这一共同目标而努力;其二,资源共享性是协同育人的核心要素,借助主体之间的资源共享,能够实现现有资源的最大化利用,提高资源利用效率;其三,行动的协调性是协同育人的重要保障,各主体通过协调一致的行动,确保育人工作得以顺利推进。

在协同育人过程中,各主体需明确自身的责任与任务,通过资源共享、信息互通以及行动协调,形成强大的育人合力。例如,高职院校与企业可以共同建设实训基地、联合开发课程,实现理论知识与实践技能的有机融合,使学生在学习过程中能够更好地将理论应用于实践,提升其实践能力。此外,辅导员与专业课教师可以共同设计课程,将思想政治教育与专业教育有机结合,使学生在掌握专业知识的同时,树立正确的价值观和人生观。

协同性特征使育人过程更具高效性与科学性。通过主体之间的深度合作与互动,能够充分发挥各自优势,弥补自身不足,进而提升育人成效。协同育人不仅有助于促进学生的全面发展,还能培养学生的综合素质,为社会培养更多具有创新精神和实践能力的优秀人才。

3. 动态性:适应性与创新性

协同育人教育模式呈现出显著的动态性特质,其能够依据社会需求的持续变迁、产业结构的调整以及教育环境的演进，进行相应的动态调适。此动态性主要体现于以下几个维度：其一，育人目标具备较强的适应性，可随社会发展需求持续更新，以保障所培养的学生能够契合未来社会的需求；其二，育人内容具有创新性，不断吸纳新知识与新技能，以顺应时代发展的节奏，培育学生的创新思维与实践能力；其三，育人方式具有灵活性，能够根据不同的教育情境和学生特性，采用多样化的教学方法与手段，增强教育的针对性与有效性。在信息技术飞速发展的当下，协同育人模式积极将数字化与智能化技术融入育人进程，通过引入先进的教育工具与平台，培养学生的信息素养与创新能力。如此，学生不仅能够掌握信息技术的基础知识与技能，还能在实际应用中提升解决问题的能力，为未来的职业生涯奠定坚实基础。

这种动态性特质使协同育人能够更优地响应时代需求，维持育人过程的科学性与有效性。通过持续调整与优化，协同育人模式能够为学生提供更为全面且高质量的教育，为社会培育出更多具备创新精神与实践能力的优秀人才。

协同育人始终秉持以学生为中心的教育理念，致力于关注并满足学生的个性化需求，同时推动学生的全面发展。这一以学生为中心的特征在多个方面得以充分彰显，尤其体现在课程设计、实践教学以及评价体系的构建上。具体而言，在课程设计方面，协同育人模式借助精心规划的模块化课程与丰富的选修课程，为学生提供广泛且多样的学习选择。这样的设计不仅能够满足不同学生的兴趣爱好，还能助力他们依据自身特点与未来发展方向开展有针对性的学习。在实践教学方面，协同育人模式通过与企业的紧密协作以及项目化教学的实施，为学生提供真实的职业体验与实践契机。通过这种途径，学生能够在实际工作环境中运用所学知识，提升职业技能，同时也能更好地了解并适应未来的职业生涯。此外，协同育人模式还注重评价体系的多元化，通过过程评价、结果评价、自我评价和同伴评价等多种评价方式，全面且客观地反映学生的成长状况与学习成效。这种多元化的评价体系不仅能够更精准地衡量学生的学习成果，还能激励学生在不同方面取得进步。

4. 系统性:整体性与层次性

协同育人模式作为一种教育策略,其独特的系统性特征在教育过程的各个层面均有显著呈现。其一,整体性作为协同育人模式的核心特征之一,强调在教育过程中要全面考量各个层面,并非仅聚焦于知识的传授,还涵盖技能的培养以及价值观的塑造等多维教育目标。这种全面性要求使教育过程更为完备,能更好地契合学生多样化的教育诉求。其二,层次性作为协同育人模式的另一关键特征,强调教育过程应遵循循序渐进的准则,稳步推进,由基础能力的培养过渡至高阶能力的提升,以保障学生在各个发展阶段均能得到恰当的关注与成长。例如,在职业素养培养方面,协同育人模式从基础的职业认知入手,逐步迈向高阶的职业能力培养,通过分层次规划教育内容与方法,确保教育过程的科学性与有效性。

(二)协同育人的战略价值

协同育人作为现代教育体系的关键组成部分,其战略价值已超越传统教育的范畴,成为推动职业教育高质量发展的核心动力。该模式不仅代表了教育模式的创新,而且是适应全球化竞争、数字化转型和社会变革的关键策略。协同育人强调多元主体间的有机联动,通过资源整合、优势互补及系统优化,形成教育合力,最终实现人才培养质量的显著提升,具有深远的战略意义。本部分将从教育资源优化配置、教育治理现代化、教育服务社会功能、国际竞争力提升四个维度,深入探讨协同育人的战略价值。

1. 教育资源优化配置的战略价值

提升教育资源整合效能:教育资源的稀缺性与人才培养的高要求之间存在着明显冲突。辅导员队伍在思想政治教育、心理疏导、职业规划等方面具备显著优势;与此同时,专业课程教师则熟稔行业前沿技术与实践技能。协同育人模式突破了传统教育中各参与主体各自为战的局限,推动了人力资源的高效整合。某高职院校的实证研究表明,通过推行“专业导师+思政导师”的双导师制,学生综合能力评价的优秀率提高了32%,教育资源整合的效益十分显著。

推动教学方法的创新与革新：在数字化转型的时代背景下，传统课堂教学模式已难以充分契合人才培养的实际需求。协同育人模式推动了案例教学、项目驱动、工作坊等新型教学方法的综合运用。辅导员引入的思想政治教育元素能够有效融入专业课程的教学设计，进而提升课程思政的实际成效。研究结果显示，采用协同育人模式的专业课程，其课堂互动率提高了45%，学生对知识的内化程度得到显著增强。

构建具有可持续性的教育生态系统：教育资源的优化配置并非仅为短期的改革举措，更是构建可持续发展教育生态系统的战略性抉择。通过构建跨部门协作机制、共享数据库平台以及动态调整机制，达成教育资源的长期优化。例如，部分高职院校搭建的"育人资源云平台"，推动了辅导员与专业教师之间的信息互通与资源共享，形成了一个具备可持续发展特性的教育生态系统。

2.教育治理现代化的战略价值

推进教育管理体制改革：协同育人理念对传统高职院校治理结构提出了严峻挑战，迫使管理体制进行创新。通过构建矩阵式管理架构、成立协同育人工作委员会等策略，促进高职院校治理模式从"条块分割"向"协同治理"转型。某省教育厅的试点研究数据表明，实施协同育人改革的高职院校，其管理效能提升了约40%，决策的科学性显著增强。

完善教育评价体系：协同育人理念的实施要求建立与之相适应的评价体系，这推动了教育评价体系的系统性革新。通过引入多元评价主体、构建综合评价指标体系、开发智能评价系统，教育评价实现了从单一维度向多维度的转变。例如，某些高职院校开发的"三维五度"协同育人评价体系，有效促进了育人质量的持续改进。

提升教育治理的社会参与程度：协同育人理念突破了传统校园的封闭状态，促使行业企业、社会组织等多元主体参与到教育治理之中。这一开放式治理模式增强了教育的社会适应性，为教育治理现代化增添了新的动力。

相关数据表明，推行协同育人的高职院校，其社会满意度平均提升了28%。

3.教育服务社会功能的战略价值

提升人才供给精准度：协同育人借助校企深度合作，使人才培养与经济社会发展需求更为契合。构建"需求导向"的人才培养模式，可显著提升人才供给与岗位需求的匹配度。某制造业大省的统计数据显示，实施协同育人的高职院校毕业生专业对口率达91%，远高于传统培养模式。

促进科技成果转化：辅导员与专业教师协同，有助于打通科技成果转化的"最后一公里"。通过组建跨学科团队、搭建成果转化平台，提高科研成果的社会贡献率。某高职院校的智能制造团队，在辅导员协助下成功转化3项专利技术，创造了700余万元的经济效益。

推动区域协调发展：协同育人方式能够有效促进教育资源在不同区域间的流动与共享，进而推动各地区实现均衡发展。通过协同育人模式，不同地区的高职院校可开展合作，共同提升教育质量。例如，"东西部高职院校协同联盟"的成功实践已彰显出该模式的巨大潜力。在该联盟中，西部高职院校通过与东部高职院校合作，不仅大幅提升了自身办学水平，还使毕业生本地就业率提高了35%。这一成果既为西部地区培养了更多优秀人才，也为当地产业发展提供了有力支撑。通过跨区域合作，教育资源得以更合理配置，各地区教育差距逐渐缩小，从而推动了整个区域协调发展。

4.国际竞争力提升的战略价值

提升职业教育国际话语权：协同育人模式作为我国职业教育创新的重要成果，为全球职业教育发展贡献了中国智慧。我国通过参与国际职业教育标准制定、举办国际职业教育论坛等方式，显著提升了职业教育的国际影响力。近年统计数据显示，我国职业教育模式的国际认可度增长了42%。

培育具备国际竞争力的技术技能人才：协同育人模式通过整合全球资源，着力培养具有国际竞争力的技术技能人才。通过引入国际认证体系、开展跨国协同育人项目等举措，有效提高了人才培养的国际化水平。例如，某高职院校实施的"中德智能制造协同育人项目"，其培养的毕业生受到多家跨国公司的认可。

构建全球职业教育共同体:协同育人理念的国际化应用,旨在推动全球职业教育共同体的构建。通过建立跨国校企合作网络、开展国际师资交流等手段,促进了职业教育资源的全球共享。目前,我国已与56个国家和地区建立了职业教育合作关系。

四、职业教育理论视角下的协同育人

在职业教育迅猛发展的背景下,协同育人理念犹如一颗璀璨的明珠,在提高人才培养质量、加强职业教育与社会经济的紧密联系方面,发挥着日益重要的作用。该理念深植于职业教育理论的深厚基础之中,与职业教育理论的核心理念,如实践性、职业性、社会性等,具有密不可分的内在联系。深入探讨和研究职业教育理论中的协同育人理念,对创新职业教育人才培养模式,推动职业教育向高质量发展的新阶段迈进,具有极其重要且深远的影响。

(一)职业教育理论的核心观点

1. 实践性

实践性作为职业教育区别于普通教育的核心属性,宛如高楼之基石,是职业教育发展的根本所在。职业教育的核心目标在于培养社会所需求的、具备扎实实践操作技能且能够灵活应对并有效解决实际问题的应用型专业人才。这一明确的目标导向,使得实践教学在职业教育体系中占据着极为关键的核心地位。

职业教育的实践性还显著体现于教学内容与生产实际的紧密关联。在教学过程中,教师会引入大量源于企业实际生产的典型案例和真实项目,精心营造模拟真实工作场景的教学环境,使学生在高度逼真的情境中开展学习与实践操作。例如,在电子电器专业教学中,教师会将企业最新的电子产品研发项目引入课堂。学生在完成项目的过程中,不仅能够掌握专业知识与技能,还能洞悉行业最新的技术发展趋势、产品质量标准以及市场需求变化,从而全面提升自身的职业素养与就业竞争力,为未来顺利融入职场奠定坚实基础。

2. 职业性

职业教育的核心在于其职业导向性，其价值体现在通过专业设置、课程体系与教学过程的产业对接机制，培养与岗位需求相匹配的技术人才。专业设置采用动态调整模式，构建了“产业需求—职业分析—专业设置”联动模型，基于数字经济的迭代特征（如电子商务、大数据）和制造业的升级需求（如新能源汽车），通过行业企业、教育专家、政府三方论证，实现专业布局的前瞻性。

课程体系运用职业能力分析法，建立了岗位能力与课程模块的映射模型。以护理专业为例，课程严格对接《护士执业能力标准》，形成了基础护理技术（12项核心技能）、临床护理实务（8大专科规范）、急救实训（6类应急能力）三大模块，通过临床专家参与课程开发及OSCE考核体系，实现了毕业生岗位胜任力98.7%（2023年数据）。

3. 社会性

职业教育与社会经济发展之间存在着紧密的相互依存关系，二者相互促进。职业教育作为重要的人才培养平台，与市场需求实现精准适配，专注于培养具备实践技能的专业人才。在制造业转型升级的关键节点，职业教育通过开设相关专业，培育了大量掌握智能制造技术的专业人才，推动了产业向高端领域迈进。与此同时，经济的持续增长为职业教育提供了必要的资源保障。政府通过设立专项基金支持高职院校的基础设施建设，并运用税收优惠政策激励校企合作。企业则提供实训资源，深度参与人才培养过程，社会对职业教育的认可度随之提高，进而吸引了更多学生投身其中，形成了良性循环。

（二）协同育人思想与职业教育理论核心观点的契合

1. 协同育人与实践性的契合

协同育人模式的核心要义在于突显高职院校与企业之间的深度协作。此合作模式的深度交融为学生创造了接触实践的契机，与职业教育对实践性的要求高度契合，达成了精准适配。在协同育人过程中，企业充分发挥其在生产实践领域的优势，将实际生产项目融入教育环节，使学生得以在高职院校的实训基地或企业的生产现场开展实践操作，亲身感受企业真实的工作流程与技术标准。

以计算机软件开发专业的协同育人项目为例，企业将正在推进的软件项目全方位向高职院校开放，学生在专业教师与企业技术人员的协同指导下，全程参与项目的开发进程。自需求分析阶段开始，学生深入剖析客户的实际需求，并研习如何与客户进行高效沟通及需求挖掘；在设计阶段，学生运用所学的专业知识与设计范式，开展软件架构的设计与模块划分；在编码阶段，学生遵循企业的编程规范与代码质量准则，进行代码编写与调试；在测试阶段，学生运用多种测试工具与方法，对软件实施全面测试，查找并修复潜在的漏洞。通过这种全程参与企业实际项目的实践活动，学生不仅能够将课堂所学的理论知识灵活运用于实际项目，提升实践操作技能，还能及时把握行业内的最新技术动态与前沿趋向，为未来的职业生涯筑牢基础，进而在激烈的就业市场中获取竞争优势。

2.协同育人与职业性的契合

协同育人模式有助于职业教育更为精准地契合职业岗位需求，充分彰显职业教育的职业属性，恰似定制服装般与职业岗位需求高度适配。企业作为职业教育的重要参与主体，长期置身于市场竞争前沿，对职业岗位的技能要求和职业素养有着最为直接且深刻的认知与理解。

在协同育人进程中，企业可依据自身发展战略、市场需求以及技术升级需求，深度介入高职院校的专业设置、课程体系构建与教学内容设计。例如，伴随人工智能技术在各行业的广泛应用，企业对具备人工智能相关技能人才的需求与日俱增。企业可根据这一行业发展态势，向高职院校提出开设人工智能相关专业或在现有计算机专业中增设人工智能课程模块的建议；企业技术人员凭借丰富的实践经验参与高职院校教学过程，将实际工作中遭遇的真实案例及解决问题的经验融入教学内容，使教学内容更贴合职业岗位的实际工作场景与需求。此外，企业还可为学生提供丰富的实习与就业机会，让学生在真实的职业环境中接受历练，了解企业文化与管理模式，提升职业素养与就业竞争力，达成从校园到职场的无缝衔接。

3.协同育人与社会性的契合

协同育人模式显著增进了职业教育与社会经济之间的紧密关联，充分体现了职业教育的社会属性，恰似纽带一般，将职业教育与社会经济紧密联结。借助协同育人机制，高职院校能够及时且精准地把握社会经济发展对人才需求的动态演变，依据这些变化迅速调整专业设置与人才培养方案，以确保所培养的人才能够精确契合社会经济发展的需求。

此外，协同育人还能推动职业教育与社会其他领域展开广泛的交流与合作，例如与科研机构协作开展技术研发，与行业协会合作制定行业标准，与社区合作开展职业培训等。通过此类交流与合作，职业教育的社会影响力和认可度得以持续提升，进一步推动了职业教育与社会经济的深度融合及协同发展。

（三）协同育人思想在职业教育中的实践策略

1.建立深度合作的校企合作机制

构建深度合作的校企合作机制是达成协同育人目标的关键要素，恰似稳固桥梁的基石，为协同育人提供坚实的制度支撑。高职院校需积极主动与企业构建长期稳定、互利共赢的合作关系，通过签订详尽的合作协议，明确双方在人才培养、资源共享、技术研发等领域的权利与义务。

在合作进程中，双方应共同参与人才培养的各个环节。共同制定人才培养方案，充分考量企业的实际需求与行业发展趋向，以保障人才培养目标的精准度；共同制定课程标准，将企业的实际工作标准与技术规范融入课程内容，使课程更具实用性；共同制定教学计划，合理安排理论教学与实践教学的时间和内容，确保教学过程的科学性与有效性。此外，双方还应共同开展教学活动，企业技术人员走进课堂授课，高职院校教师深入企业实践学习，实现教学资源的共享与互补；共同建设实践教学基地，打造集教学、实训、科研、生产于一体的综合性实践平台，为学生提供优质的实践教学条件。

2. 加强师资队伍建设

师资队伍是实现协同育人的重要保障，如同军队中的精锐力量，决定着协同育人的质量和效果。高职院校应高度重视师资队伍建设，致力于打造一支既有扎实理论知识又有丰富实践经验的“双师型”教师队伍。

一方面，高职院校应制定完善的教师企业实践制度，鼓励教师定期到企业实践锻炼。规定专业教师每年必须到企业实践不少于一定时间，如3～6个月，并将实践成果纳入教师考核体系，与教师的职称评定、绩效奖励等挂钩，充分调动教师参与企业实践的积极性。教师在企业实践期间，深入参与企业的生产项目、技术研发、产品创新等工作，了解行业的最新技术和发展趋势，掌握企业的实际工作流程和操作技能，将这些实践经验和行业最新动态带回课堂，丰富教学内容，提高教学质量。

另一方面，高职院校应积极拓宽师资引进渠道，大力引进企业的技术人员和管理人员担任兼职教师，充实高职院校的师资力量。兼职教师在教学过程中，能够将企业的实际工作经验、真实案例和行业最新信息带入课堂，使教学内容更加生动、真实、贴近实际，激发学生的学习兴趣和积极性。同时，高职院校还应加强对兼职教师的培训和管理，为兼职教师提供教学方法、教育理论等方面的培训，提高兼职教师的教学水平；建立健全兼职教师考核评价机制，对兼职教师的教学质量进行定期评估和反馈，确保兼职教师的教学质量和教学效果。

3. 完善实践教学体系

实践教学是协同育人的重要环节，如同人体的血液循环系统，为学生的职业能力发展提供源源不断的动力。高职院校应加大对实践教学的重视和投入，完善实践教学体系，提高实践教学质量。

高职院校应加大资金投入，建设一批设备先进、功能齐全、与企业实际生产环境高度相似的校内实训基地，为学生提供良好的实践教学条件。例如，在智能制造专业，建设智能制造实训中心，配备先进的数控加工设备、工业机器人、自动化生产线等实训设备，让学生在校园内就能接触到行业最先进的生产设备和技术。同时，高职院校还应加强与企业的合作，建立一批稳定的校外实习实训基地，让学生有机会在真实的企业环境中进行实习和实践，了解企业的生产运营管理模式，提高学生的职业素养和就业竞争力。

在实践教学过程中，高职院校应注重培养学生的实践能力和创新能力，采用多样化的教学方法，如项目教学法、案例教学法、任务驱动教学法等，引导学生积极主动地参与实践活动。例如，在项目教学法中，教师将实际项目分解为若干个小项目，学生以小组为单位，在教师的指导下完成项目的设计、实施和评估，培养学生的团队协作能力、沟通能力和解决实际问题的能力；在案例教学法中，教师选取企业实际发生的典型案例，引导学生进行分析、讨论和解决方案的制定，培养学生的分析问题和决策能力。通过这些教学方法的应用，提高学生的实践操作技能和创新思维能力，使学生能够更好地适应未来职业发展的需求。

4.建立健全协同育人评价机制

为保障协同育人质量，需构建科学的评价体系，该体系应全面涵盖人才培养、能力提升和合作成效三个维度。对学生的评价需综合考量其知识掌握程度（如考试成绩、职业资格考试通过率）以及实践能力表现（如项目成果、创新性作品）。校企合作成效可借助企业满意度调查（重点聚焦学生专业能力与职业素养）、毕业生就业质量（涵盖对口就业率与薪酬水平）以及企业反馈意见（涉及教学管理与服务能力）等指标予以衡量。此外，应组建专项评估组开展周期性工作反思，通过问题诊断与改进方案的制定，实现协同育人模式在职业教育理论应用中的动态优化。

从实践维度审视，协同育人有助于全方位培养学生的实践能力；协同育人模式构建了高职院校教育与企业实践之间的纽带，切实弥补了传统职业教育体系中校内实践与校外实践相脱节的不足。借助校企深度合作，该模式将真实的生产环境融入教学的全流程，使学生能够在企业实际项目中开展实践学习。以建筑工程专业为例，学生在掌握设计原理等理论知识后进入企业实习,全程参与项目规划、图纸设计、施工管理以及质量验收等环节,将理论知识运用于BIM技术、装配式建筑等前沿技术操作中,从而显著提升其实践能力。与此同时,学生通过与技术骨干和一线工人进行交流协作,积累实战经验,掌握团队沟通技巧,为其职业发展奠定坚实基础。这种“做中学”的模式全面增强了学生解决实际问题的能力,达成了从校园到职场的无缝对接。

从职业视角来看,协同育人在学生职业素养的深度培育方面具有重要意义。职业素养包含专业技能、职业道德、职业态度以及职业规划等核心要素,这些要素构成了职业发展的基础支撑。企业的深度参与有助于学生切实掌握岗位要求与行业规范。在参与企业项目的过程中,学生需严格遵守企业的规章制度和操作流程,从而培养纪律意识与责任感。例如,在电子企业实习期间,严格按照质量管控标准开展生产实践,能够有效塑造学生严谨的工作态度。企业文化和价值观对学生职业特质的形成也具有深远影响。团队协作、创新精神以及客户服务理念通过实践得以渗透,使实习生在参与项目的过程中提升创新能力,在与客户的互动中增强服务意识。

第二章 高职院校辅导员与专业课教师协同育人的现状分析

第一节 协同育人案例解析

一、协同育人典型案例一

（一）案例背景

某高职院校作为国家“双高计划”建设单位，其机电一体化技术专业属于国家级重点专业，在校学生规模达800余人。该专业所属学院推行“专业群 + 产业学院”的办学模式，与12家高端装备制造企业构建了深度合作关系。近年来，伴随《国家职业教育改革实施方案》的持续推进，高职院校于2021年开启“三全育人”综合改革，将辅导员与专业课教师协同育人列为重点突破项目。

高职院校层面制定了《辅导员与专业教师协同育人实施细则》，明确要求建立“双导师”制育人体系，规定专业教师需参与学生职业发展规划，辅导员则需深入专业教学环节。政策要求各专业每月至少开展2次协同教研活动，共同开发3~5门课程思政示范课，并将协同育人成效纳入教师年度考核指标，权重不低于20%。高职院校为此配套建设了“数字工匠成长中心”，投入200万元打造协同育人信息化平台。

（二）发展现状

运行三年来，协同育人工作呈现出明显的“三高五低”特征：在制度建设方面存在高要求与低落实的反差，在资源配置方面展示高投入与低效益的矛盾，在实施效果方面体现高期待与低转化的落差。具体表现为专业教师的教学日志显示，87%的协同教研活动仍停留在事务性工作讨论层面；学生满意度调查中，仅31%的受访者认可获得的成长指导具有系统性；企业反馈报告指出，毕业生在职业操守和团队协作方面的不合格率达42%。

在具体实施层面，高职院校推行的“六个一”工程（每周一次协同备课、每月一次联合听课、每学期一次技能互培等）实际执行率不足50%。在实训教学中，专业教师专注于设备操作规范传授，辅导员侧重考核出勤纪律，二者在质量把控标准上存在明显分歧。典型案例是2023年省级技能大赛备赛期间，因对选手心理疏导方式产生争议，导致两名种子选手临场弃赛。数据监测显示，协同育人信息化平台的使用峰值出现在每学期末考核阶段，平时周活跃用户不足设计容量的15%。

（三）典型案例分析

1.项目实施过程中的协同矛盾与冲突表现

标准执行层面的直接对抗：在机器人系统集成项目的关键阶段，双导师团队在技术标准执行上产生了严重分歧。专业教师张某（高级工程师背景）坚持要求学生严格按照德国工业4.0标准操作，在轨迹编程环节必须达到±0.02mm的重复定位精度，这个标准甚至超过了部分合作企业的实际生产要求。辅导员李某（心理学专业背景）通过日常观察发现，持续高压导致45%的学生出现失眠、焦虑症状，其中8人达到心理预警临界值，因而主张将标准放宽至±0.05mm。这种对立直接反映在项目推进表上：原定两周完成的编程调试阶段，因反复的标准争论和学生的畏难情绪，实际耗时5周才勉强完成，严重影响了后续项目的衔接。

教学资源适配的显性冲突：企业提供的68份真实生产工单中，有46份（占68%）在导入教学时被迫进行“简化处理”。调研发现，专业教师侧重保留工单的技术复杂度，删减的多是安全规范和团队协作要求；辅导员则倾向于弱化技术难度，保留职业素养相关条款。这种选择性改编导致学生接触的“教学工单”与实际工作场景存在严重偏差。典型案例是某自动化生产线调试任务，教学版本删除了原工单中“需与质检部门协同验证”的关键环节，使学生错过了跨部门协作的重要学习机会。教学督导报告显示，这类改编使项目教学的职业情境还原度从预期的85%降至实际52%。

成果产出与隐性代价的失衡：班级取得的12项实用新型专利中，有9项是围绕精度提升的技术改进，其余3项为安全防护装置——这种成果分布鲜明反映了两类导师的导向差异。更值得关注的是心理监测数据：在申请专利最密集的第四学期，班级SCL-90量表测评显示，强迫症状因子分超常模1.8个标准差，人际关系敏感因子分上升37%。与此同时，采用霍兰德职业兴趣测试进行的追踪显示，该班学生职业规划明确度（清晰界定3年以上发展路径的比例）从入学时的65%降至毕业前的58%，明显低于平行班级65%的平均水平。

2. 培养成效偏离预期的结构性分析

能力培养的片面性缺陷：课程考核方案中，设备操作评分占比高达70%的权重分配，导致教学出现明显的“技能极化”现象。专业教师将86%的实训时间用于机械臂精度调试、PLC编程等硬技能训练，而对“技术文档协作编写”“项目进度汇报”等软技能环节仅作象征性安排。与此形成鲜明对比的是，辅导员实施的职业指导中，72%的内容聚焦在安全守则、考勤纪律等底线管理，对“技术决策的伦理考量”“工程创新的社会责任”等高阶素养涉及不足。这种各自为政的培养模式，最终造就了一批“技术单科状元”——毕业答辩中，该班学生技术方案评分平均达91分，但在“创新社会价值阐述”环节平均仅获63分。

职业适应性的现实落差：对毕业生的追踪揭示出令人深思的“剪刀差”现象：这些在校期间的“技能标兵”，入职半年内的技术考核优良率达92%，显著高于全院平均水平（85%）；但在企业开展的360度评估中，他们的“团队贡献度”评分仅列同期新员工的后30%。尤其典型的是5名转行的往届生，其HR离职面谈记录显示：4人因“坚持己见导致项目搁置”被多次约谈，1人因“拒绝分享调试技巧”引发团队矛盾。某上市公司技术总监在访谈中指出：“这些学生就像精密但缺乏润滑的齿轮，单个测试数据漂亮，但装进设备就引发系统摩擦。”

工匠精神培育的认知偏差：企业对“工匠精神”的期待调查显示，87%的受访管理者将“精益求精的技术追求”与“协作共享的职业态度”视为不可分割的整体。但教学观察发现，专业教师在解读工匠精神时，83%的案例聚焦于个体技术突破；辅导员的相关教育则主要借用传统工匠的“吃苦耐劳”故事，未能建立与现代智能制造的联系。这种割裂的培养导向，导致学生出现典型的“双重认知”——在机器人操作日志中，他们详细记录每微米的精度提升，但在团队协作记录本上，关于技术分享的记载寥寥无几。正如某学生毕业反思所述：“老师教会了我如何征服机器，但没教会我如何与操作机器的人相处。”

（四）系统数据分析

通过对三年运行数据的交叉分析，发现若干规律性现象：在实训教学环节，辅导员参与度每提高10%，设备操作规范性事故下降3.2%，但项目创新评分也同步降低2.1%；在专业教师主导的育人活动中，学生技术达标率提升显著，而在辅导员主导的活动中，团队协作指标改善明显。就业质量报告显示，受过系统协同指导的学生，首份工作适应期缩短25%，但三年内晋升速度反而落后对照组18%。这种“短期有效，长期受限”的培养效果，反映出协同育人未形成真正的化学反应。

校企联合审计报告指出：在投入的380万元协同育人专项资金中，72%用于硬件环境改造，仅8%用于师资协同能力培训；开发的23门协同课程里，真正实现“技术传授与人格塑造有机融合”的不足5门。更值得关注的是，专业教师与辅导员对“优秀毕业生”的评判标准重合度仅有39%，在“职业道德”“创新意识”等核心素养指标上存在显著认知鸿沟。这导致学生评价出现“双向失真”现象——38%的获奖学生在企业实际工作中表现平平，而15%未被教师看好的学生反而成为业务骨干。

二、协同育人典型案例二

(一)案例背景

某省城市建设职业技术学院的建筑装饰工程技术专业,作为省级特色专业,长期致力于培养高素质的建筑装饰人才,在行业内享有较高声誉。该专业与15家本土知名装饰企业深度合作,共同建立了“现代装饰产业学院”,以推动产学研一体化发展,强化校企资源共享。自2021年起,该高职院校全面实施“项目双导师制”,为每个班级配备一名校内专业教师和一名企业设计师导师,他们共同负责“住宅空间设计”“装饰材料应用”“室内设计原理”等核心课程的教学实施,包括课程设计、项目指导和实践评估,确保学生获得系统的专业知识与技能训练。此外,该高职院校投入380万元改建了先进的“全链条装饰实训中心”,该中心包含材料样板区、VR设计区、施工实操区、设计工作室、项目管理区以及质量检测区等六大功能模块,其中材料样板区用于展示各类装饰材料特性,VR设计区提供虚拟现实技术辅助设计训练,施工实操区模拟真实施工环境,设计工作室支持创意构思,项目管理区培养工程协调能力,质量检测区强化验收标准应用,全面提升学生的实践操作和综合应用能力,为就业打下坚实基础。

(二)发展现状

1.教学实施的“三重标准”现象

在实际授课过程中,存在着明显的多重标准体系并存且相互冲突的问题。具体表现为,校内专业教师在评判学生设计图纸及施工方案作业时,始终坚持严格依据国家强制性规范《建筑装饰装修工程质量验收规范》的技术条款进行打分。与此同时,参与实训指导的企业导师在项目验收环节,则更倾向于采用其所在装饰公司实际运作中通行的“客户验收标准”,这种标准往往更侧重于预算控制、工期节点和业主的主观满意度。而负责过程管理的辅导员在定期检查学生实习日志时,又额外强调并执行一套以文档完整性和格式统一性为核心的“实习日志格式规范标准”。这种教学、实践、管理三方标准体系缺乏有效衔接与协调的现状，直接导致学生在完成同一项目任务时，常常因需反复满足不同主体的差异化要求而被迫返工。统计数据显示，该专业学生作业的整体返工率高达63%，显著高于校内其他工科专业平均28%的返工水平，不仅增加了学生的课业负担，更影响了实践教学的整体效果。

2. 实训管理的“安全悖论”

在施工工艺实训阶段，专业教师秉持严谨态度，要求学生必须通过严格的操作考核，方可使用电锯、射钉枪等高危险性工具，着重强调规范操作的重要意义。然而，辅导员遵循学校安全管理规定，出于对学生人身安全的考量，在察觉学生操作存在潜在风险时，会频繁中止相关教学活动。本学期，这一矛盾致使高达47%的预定实操课时被临时调整为理论讲授或安全培训。此种调整直接造成学生实际动手操作的机会大幅缩减，其材料裁切精确度的达标率受到明显影响，已从过往年份的92%降至当前的68%，专业教师对这一教学效果的下滑深感忧虑。

（三）典型案例分析

1. 角色定位差异引发的根本矛盾

在样板间实景项目实施过程中，专业教师团队始终恪守“工艺精度至上”的核心教学原则，为培养学生精益求精的职业素养，特批允许参与实训的学生为追求关键区域1mm内的铺贴精度误差目标，自主延长实训时间至晚上10点；与此同时，学生辅导员则严格依据《实训场地安全管理办法》第十二条关于“夜间操作禁令”的规定，为确保学生安全及遵守管理制度，强制要求所有现场施工作业必须在晚上8点前完全终止。2022年10月期间的详细施工日志统计数据显示，这种教学标准与安全管理规范之间的深层冲突，导致参与该项目的63%实训学生持续陷入“遵循工艺规范可能导致安全违规，追求极致精度又必然违反管理制度”的典型职业伦理两难处境，部分学生甚至在日志中记录了在精度达标与准时收工之间反复权衡的心理压力。

2.评价体系割裂造成的导向混乱

专业考核体系将“设计创新性”列为最高评价维度,占比高达30%,突显了创新能力的核心地位。与此同时,辅导员主导实施的《职业素养学分》制度中,“守时守信”一项占据了25%,强调职业行为规范的重要性。2022级学生王某的经历成为典型案例:他在毕业设计中凭借出色的创意表现,获得企业导师给出的95分高分(其中创意评分达到满分),充分展示了专业技能优势。然而,在实训期间,他因累计迟到7次而被扣除15分职业素养分,这一失误直接导致他总分不足,最终与一等奖学金失之交臂。这种评价标准的不协调,暴露了系统偏差——42%的学生因此产生了“技能与职业素养无法兼得”的错误认知,甚至影响了他们对职业发展的整体态度和努力方向。

3.沟通机制失效导致的协同困境

虽然制度明确规定每月必须举行2次联合教研活动,旨在促进跨部门协作,但实际统计数据显示:在2022—2023学年第二学期期间,87%的会议时间被用于各参与方汇报各自工作进度和日常事务,仅有13%的时间真正用于讨论协同策略和问题解决。例如,会议议程常被常规工作汇报占据,缺乏结构化协同议题安排,导致资源分配效率低下。在具体实施的“装饰材料选购”实训模块中,专业教师主要从教学角度出发,着重分析材料的性价比和适用性,辅导员则强调采购过程中的合规性和流程规范,如发票管理和审批手续。然而,由于缺乏有效的日常沟通机制和定期协调会议,双方未能及时共享信息和调整策略,最终在采购环节发生了3起未开发票的违规事件,涉及材料采购金额未及时入账,这不仅造成财务风险,还凸显了协同监管体系中的关键漏洞,包括责任分工不清和监控机制缺失。

4.资源调配失衡加剧的矛盾升级

在总投资380万元的实训中心经费中,用于工艺技能培训的硬件投入占比高达82%,这主要包括购置先进的施工设备如挖掘机、焊机及模拟操作系统等,以强化学生的实践操作能力。相比之下,由辅导员主导的职业素养训练区仅获配8%的预算,该区域旨在提供职场压力管理、团队协作及职业道德等软技能课程,资源分配严重失衡。这种不均衡直接反映在育人效果上:2023届毕业生企业调研覆盖多家合作单位,对500名受访者进行问卷调查,结果显示92%的毕业生能熟练操作各类施工设备,得益于硬件的高投入。然而,68%的毕业生明确表示在校期间未接受过系统的职场压力管理训练,突显职业素养训练的不足及其对毕业生适应职场环境的负面影响。

5.制度执行偏差形成的恶性循环

《协同工作细则》所明确规定的"课程思政元素审核"环节,在实际执行过程中已显著偏离初衷,异化为一种典型的形式化流程。具体表现为,高达82%的课程仅仅在教案的最后一页生硬添加若干条放之四海而皆准的通用性思政语句,以此象征性地完成"融入"要求;而辅导员对此环节的监督与检查也往往浮于表面,仅做形式上的确认,未能深入审视其与专业内容的实质契合度。更为深层次的结构性矛盾在于,在决定专业课教师切身利益的绩效考核体系中,体现课程思政协同育人成效的成果指标占比极低,仅占整体考核的5%,远低于科研产出和教学工作量等核心指标。与之相呼应的是,辅导员的晋升评价标准中,同样缺乏对其深度参与专业课教学协同、有效促进思政与专业融合效果的具体、刚性要求与量化评估。这种制度设计层面的关键性缺失,未能建立起有效的激励与约束机制,实质上从根源上削弱了专业课教师与辅导员双方投入实质性协同工作的内在动力与迫切需求。

三、协同育人典型案例三

(一)案例背景

某高职院校作为国家级"双高计划"建设院校,于智能制造领域具备显著优势。其智能制造专业群与区域内12家先进制造企业构建了深度合作关系,为学生提供了丰富的实践契机与行业资源。2023年春季学期,该高职院校正式开启"现代制造工匠班"试点项目,创新性地运用"专业导师+思政辅导员"双轨育人模式,旨在全方位提升学生的综合能力。

依据详尽的建设方案,每个教学班级配置一名专业课教师,专门负责专业技能的培养；同时配备一名专职辅导员，专注于职业素养的培育，二者共同管理25～30名学生，以确保实现个性化指导。该高职院校为该项目投入专项经费65万元，建设了一个集课程教学、实训操作与素质拓展功能于一体的多功能育人基地，并配备先进设施以支撑全方位教育。

此外，该高职院校构建了完善的协同机制，涵盖每周联席备课制度以优化教学规划、每月联合主题班会以强化思想教育，以及学期综合评价体系以动态监测学生发展，进而保障项目的高效运作。

（二）现状分析

现行职业院校评价体系中，技术图纸设计与识读能力的评分占45%，施工操作技能占35%，而职业素养部分仅占20%。然而，根据企业用人单位的一线反馈，在实际工作场景中，诸如材料成本控制意识（该要素目前完全未被纳入考核体系）和客户沟通协调能力（在现有评价中仅占职业素养的一小部分，折算后整体不足5%）等关键职业能力却被反复强调其重要性。针对2023届毕业生的就业跟踪调查数据进一步凸显了这一矛盾：有高达39%的学生在岗位竞聘中落选，其核心原因被用人单位明确指认为“过度依赖图纸技能却缺乏基本的项目成本核算与商务沟通能力”，即所谓“只会画图不会算账”的实践短板。

（三）典型案例分析

1.沟通渠道的实质性缺失

在“现代装饰产业学院”项目实际运行过程中，尽管学校建立了包括定期会议、联动工作群、协同管理平台等多样化的制度性沟通渠道，但这些渠道在实际运行中却形同虚设，陷入了“有形式无实质”的运行困境。通过对专业教师和辅导员工作日志的大数据分析显示：专业教师平均将87%的工作时间完全投入具体的实训指导和技术教学中，他们习惯性地仅通过微信群的单向信息推送来告知辅导员教学安排变更，而且常常是在安排已经确定后才进行通知；辅导员的工作重心则完全倾向于学生日常管理和思想教育工作，95%的学生动态信息获取都依赖每周固定的班会时间，对专业教学进度的掌握呈现出明显的滞后性。

这种沟通失效的后果在2023年9月的一次重大教学事故中得到充分暴露。当时，专业课教师为赶项目进度，临时调整了车床实操训练时间，但没有通过正式渠道告知辅导员；与此同时，辅导员按原定计划组织开展心理健康专题讲座。由于双方信息完全脱节，导致30%的参训学生被迫在两个重要活动之间做出选择，最终有17名学生因为担心实训考核不及格而选择缺席了包含安全操作规范在内的关键培训环节。更严重的是，由于部分学生没有接受完整的岗前安全培训，在后续的实训过程中连续发生两起机械伤害事故：一起是学生未正确使用防护装置导致手指轻微划伤，另一起是操作过程中注意力不集中引发的小规模机械故障。

事故调查表明，此并非偶然事件。通过对近两年来教学记录的回溯可知，类似的教学安排冲突累计已发生23次，其中11次直接对教学安全产生了影响。更值得深入思考的是，这些事故背后所折射出的深层次问题：专业教师与辅导员虽工作地点相近，却因缺乏有效的双向沟通机制，实际上形成了两个完全分割的工作体系。他们的沟通大多停留在行政事务的表面，极少涉及重要的育人协同议题。这直接致使学生在专业发展与综合素质培养方面时常接收到相互矛盾的指导信息

2.培养目标的隐性冲突

在建筑装饰工程技术专业的教学实践中，专业教师与辅导员的培养理念存在根本性的认知差异，这种理念冲突直接导致人才培养目标的割裂。专业教学团队始终秉持“技能达标优先”的指导思想，这在他们主导的“住宅空间设计”“装饰材料应用”等核心课程的考核体系中得到充分体现。以“建筑装饰施工技术”课程为例，其考核标准中“工程图纸识读准确度”“施工工艺规范性”等技术指标高达75%，而对“施工现场沟通能力”“团队协作表现”等软性指标的考核仅占10%。2023年的课程评估报告显示，83%的学生为追求技术指标的完美达成，会主动减少参与素质拓展活动的时间。

相比之下，辅导员团队则极力主张“素质发展导向”的教育理念。在“建筑装饰职业行为养成”课程中，“团队协作能力”“职场礼仪表现”“项目沟通技巧”等素质指标合计占60%。课程实施过程中，辅导员严格要求学生遵守时间管理规范——迟到早退直接扣除平时分，三次无故缺席即取消课程考核资格。这种严苛的考勤制度导致部分技能突出但自我管理能力欠缺的学生陷入困境：在2023年校内“装饰工程技能大赛”中，获奖选手中有42%存在不同程度的违纪记录，其中16%的学生正是因为频繁迟到而被取消评优资格。

这种培养目标的分化造成了令人忧心的学生行为失调现象。通过对2022—2023学年的教学数据分析发现：全勤的学生中，仅有15%能在“装饰施工实操”等核心技能课程中获得优秀评价；技能大赛获奖选手中，超过30%存在明显的违纪问题。某知名装饰企业的人力资源总监在校园招聘后特别指出：“贵校学生呈现明显的两极分化——部分学生设计图纸绘制极为精准，但无法组织有效的施工协调会议；另一部分学生虽然展现出优秀的沟通能力，却连基本的材料预算都不会做。我们很难找到技术能力和职业素养均衡发展的合格人才。”

3.协同平台的运行失效

学院倾力构建的“智慧育人协同管理平台”在实际操作过程中遭遇了令人忧虑的“空转”现象。分析平台数据，该信息化系统未能成为促进协同的有效工具，反而成为形式主义的“数据坟墓”。特别是专业教师的使用状况，引人深思。虽然系统内嵌了便捷的协同功能，教师却更倾向于沿用传统的工作方式，每月仅象征性地登录2～3次以完成基础操作，而重要的教学信息仍旧偏好通过微信单独发送。在一次访谈中，一位资深教师坦率地说：“系统的操作流程过于复杂，直接电话沟通更为高效。”这种抵触情绪导致了教师端92%的功能模块长期处于非活跃状态。辅导员虽然对平台的使用频率较高（月均登录次数为8.5次），但其实际使用仍局限于基础的数据录入层面。一个引人深思的现象是，即便学生在课堂上出现严重违纪行为，89%的辅导员仍然选择使用传统的纸质表格进行上报，而非利用平台内置的“教学异常实时通报”功能。更为严重的是，平台预设的12个核心协同功能几乎全部失效。以“心理危机联动”模块为例，2023年10月系统检测到5名学生出现严重焦虑倾向，但由于未触发自动预警机制，这些信息并未被专业课教师所获取。在一次座谈会上，一位企业导师痛心地表示：“若能及早发现学生的问题，完全可以通过教学调整来避免后续的实训事故。”这种协同失灵在“毕业设计指导”环节尤为明显。平台设计的“双导师会商”功能从未被启用，导致学生的创意方案与行业实际需求严重脱节。一家合作企业的人力资源总监反馈：“我们看到许多精美的设计图纸，却难以找到能够实际施工的方案。”

第二节 协同育人存在的问题

一、主体认知的模糊地带：角色重叠与责任真空

在高职教育体系中，协同育人作为培养高素质技术技能人才的重要模式，其成效直接关系到学生未来的职业发展与社会适应能力。在此过程中，辅导员与专业课教师处于育人工作的前沿，是学生成长过程中至关重要的引导者。从理论层面而言，二者应密切配合，形成强大的育人合力，全方位促进学生成长。然而，在实际教学实践中，辅导员与专业课教师之间存在着明显的角色冲突与职责界定模糊的情况，这无疑对协同育人工作的高效推进造成了阻碍，在一定程度上也影响了人才培养的质量。深入且全面地分析这些问题，不仅有助于及时化解当前协同育人面临的困境，对提升协同育人的整体质量、推动学生的全面发展，乃至促进高职教育的长远发展都具有重要意义。

（一）教学与管理的角色冲突

辅导员的管理职责：辅导员于学生的校园生活中承担着全方位管理之角色。在班级秩序维护层面，其需处理班级内部的各类人际关系，化解同学

间的矛盾与纠纷，以确保班级氛围的和谐与稳定。在学生考勤管理方面，需每日关注学生的出勤状况，对缺勤学生及时查明原因并予以督促教育，从而保障正常的教学秩序。就宿舍生活管理而论，辅导员除定期检查宿舍卫生，督促学生营造整洁的居住环境外，还需时刻关注宿舍用电安全，防范因违规用电引发安全事故。例如，在某高职院校，有学生为图便利在宿舍使用大功率电器，辅导员发现后，不仅对该学生进行了严肃批评，还借此契机在班级开展了安全教育主题班会，强调安全用电的重要性，引导学生养成良好的生活习惯。

专业课教师的教学职责：专业课教师的核心任务在于专业课程的教学。在备课环节，他们需深入钻研专业知识体系，精心规划教学内容，把深奥的专业知识以易于理解的方式传授给学生。在课堂教学过程中，采用多种教学方法，如案例教学法、项目教学法等，培养学生专业技能的应用能力。例如在机械制造专业课程中，教师引入实际的机械零件加工案例，使学生在分析与解决问题的过程中，掌握机械加工工艺、数控编程等专业技能。

这种教学与管理角色的差异，在学生参与专业实践活动时矛盾更为显著。当学生因参与专业实践活动而难以保证正常考勤时，辅导员出于维护整体教学秩序的考虑，会着重强调考勤纪律的重要性；而专业课教师从专业发展层面出发，深知实践活动对学生将理论知识转化为实际能力的关键意义，因而期望学生能够全身心投入实践活动，由此引发了角色冲突。

（二）思想政治教育与专业教育的角色冲突

辅导员的思想政治教育工作：思想政治教育贯穿于辅导员日常工作的始终。开展主题班会是其实施思想政治教育的重要途径之一。通过精心谋划不同主题的班会，诸如爱国主义教育、诚信教育等，引导学生树立正确的世界观、人生观、价值观。在开展爱国主义教育主题班会时，辅导员不仅会讲述历史上的英雄事迹，还会结合当前国际形势，深入剖析时事热点，激发学生的爱国热情与民族自豪感。此外，辅导员还会通过个别谈话的方式，了解学生的思想动态，针对思想上存在困惑的学生进行一对一的引导。组织社会实践活动亦是思想政治教育的重要举措,使学生在实践中亲身体验社会,增强社会责任感。

专业课教师的专业教育工作:主要聚焦于专业知识的传授与专业技能的培养。他们致力于助力学生构建完备的专业知识体系,提升学生的专业能力与职业素养。然而,在思想政治教育方面,部分专业课教师投入的时间与精力相对有限。一些教师错误地认为思想政治教育是辅导员的专属职责,与自身的专业教学关联不大,进而在教学中忽视了对思想政治教育元素的挖掘与融入。辅导员由于专业知识的局限,在将思想政治教育与专业教育有机整合时,往往面临诸多难题。例如在计算机专业课程中,虽可融入创新精神、团队协作等思想政治教育元素,但辅导员可能因缺乏对计算机专业知识的深入认识,难以精准地将思想政治教育内容与专业教学内容相融合。

(三)学生个性化指导的角色冲突

辅导员的生活与心理引导:鉴于在日常工作中与学生保持着紧密的接触,辅导员对学生的基本状况,包括家庭背景、性格特征、兴趣爱好等方面均有较为深入的了解。当学生遭遇人际关系困境时,诸如与室友产生矛盾或者在班级中受到孤立,辅导员能够凭借其丰富的经验以及耐心细致的沟通策略,协助学生剖析问题产生的根源,引导学生学会理解与尊重他人,进而改善其人际关系状况。当学生面临心理压力时,无论是学业压力、家庭压力还是情感压力,辅导员均能够及时察觉,并通过谈心交流的方式,为学生提供心理支持与疏导。例如,某学生因考试成绩未达预期而产生焦虑情绪,辅导员通过与该学生进行深入的交流,了解到其对自身期望过高的情况后,帮助该学生调整心态,制定合理的学习计划,从而缓解了学生的心理压力。

专业课教师的专业与职业引导:专业课教师在学生的专业学习和职业发展领域具备显著优势。他们熟知专业领域的前沿动态以及行业发展趋向,能够依据学生的专业特长和职业兴趣,为学生提供专业学习方面的建议。例如,指导学生选择适宜的专业选修课程、参与专业竞赛等,以提升学生的专业素养。在职业规划指导方面,专业课教师凭借自身的行业资源和从业经验，助力学生了解不同职业岗位的要求，制定合理的职业发展规划。然而，在实际工作当中，辅导员与专业课教师之间缺乏行之有效的沟通协作机制。对在专业学习上感到迷茫的学生而言，辅导员由于专业知识的匮乏，难以提供具体的专业学习建议；专业课教师由于对学生的心理状态和生活情况了解不足，亦难以给予全面的指导，致使学生在成长过程中无法及时获得有效的帮助。

二、沟通机制的梗阻现象：信息孤岛与对话失效

在高职院校协同育人实践进程中，沟通机制的低效性成为制约育人成效提升的关键瓶颈之一。尽管"三全育人"理念的提出为协同育人提供了理论层面的指导，但在实际操作环节，辅导员、专业课教师、企业导师等多元主体之间的沟通常面临平台缺失、信息流通不畅等问题，致使协同育人的整体效能难以得到充分彰显。下文将从沟通机制低效的表现、成因剖析以及优化路径三个维度展开探讨，并结合专著其他章节内容，提出系统性的解决策略。

（一）信息传递滞后

在协同育人进程中，辅导员、专业课教师与企业导师之间的信息传递常呈现滞后性特征。该滞后性极有可能对学生的教育成效与发展态势产生负面影响。例如，在辅导员开展职业生涯规划指导工作时，其可能难以实时获取企业导师所提供的最新行业动态与岗位需求信息。这将致使辅导员在指导过程中缺乏精准的针对性与时效性，无法为学生提供契合前沿趋势的职业发展建议。此外，专业课教师在教学实践中同样可能遭遇类似问题。他们或许无法及时洞悉企业对专业技能的具体要求，进而难以对教学内容与方法作出适时调整，以更好地契合市场需求。这种信息传递的滞后性不仅会对教育质量造成不利影响，还可能导致学生在就业市场中竞争力不足。因此，构建一个高效的信息传递机制，保障辅导员、专业课教师与企业导师之间能够及时、精准地共享信息，对提升协同育人效果具有至关重要的意义。

(二)沟通渠道单一

高职院校在推行协同育人策略时,主要借助传统的线下会议与电话沟通作为核心沟通途径。然而,此种方式在很大程度上欠缺一个高效且功能完备的数字化平台予以支撑。受限于这种单一的沟通模式,多元主体间的实时互动需求难以得到充分保障。这不仅对信息传递效率造成制约,还可能致使信息在传递进程中出现延迟或失真现象,进而对协同育人的整体成效与质量产生负面影响。

为提升协同育人的效率与质量,高职院校有必要引入更为现代化、多元化的沟通手段。数字化平台的构建显得尤为关键,因其能够营造一个集中的信息交流与资源共享环境。借助此类平台,教师、学生、企业及其他相关主体能够更为便捷地开展实时互动,实现资源共享,探讨问题,并及时获取反馈。该平台不仅能够提高信息传递的效率,还能够推动各方之间的紧密协作,进而更有效地达成协同育人的目标。

(三)信息共享不足

因缺乏统一的信息共享平台,辅导员、专业课教师与企业导师之间的信息交流常呈现孤立态势。此信息孤岛现象致使各方难以实现有效的信息互通与资源共享。例如,在开展心理健康教育时,辅导员可能面临无法及时获取专业课教师反馈的学生学习具体状态与表现这一难题。由于缺失这些关键信息,辅导员在制定与实施教育干预措施时,难以做到精准且具有针对性,进而对教育效果的提升产生不利影响。这种信息流通不畅不仅会降低教育质量,还可能使学生在学习和心理方面的问题无法得到及时有效解决。

(四)协同机制松散

在协同育人实践中,多元主体间的协同机制常缺乏制度化、规范化,进而导致沟通效率欠佳。例如,辅导员与专业课教师的协同合作多依赖于个人关系,而非依托制度化的协同机制,这使得稳定且持续的育人合力难以形成。在此情形下,各方合作更多基于个人意愿与情感纽带,而非明确且可执行的规则与程序。这种依赖个人关系的合作模式,虽在某些特定情境下可能迅速解决问题,但缺乏长期稳定性与可预测性,难以保障协同育人的成效与质量。

为提升协同育人的效率与效果,需构建更为制度化、规范化的协同机制。这要求制定清晰的合作规则、流程以及职责分工,以确保各方在协同育人进程中能够有序且高效地开展沟通与协作。借助制度化的协同机制,能够更优地整合各方资源,凝聚合力,进而提高育人工作的整体效能。同时,制度化的协同机制也有助于明确各方的责任与义务,降低因个人关系变动所引发的不确定性,保障协同育人工作的连续性与稳定性。

(五)平台建设滞后

高职院校在构建协同育人平台时,存在显著的投入匮乏问题,致使缺乏功能完备且高效的数字化平台支撑。具体而言,诸多高职院校尚未构建统一的学生信息管理系统,这使得辅导员、专业课教师以及企业导师在信息共享层面遭遇了严重阻碍。因缺少统一系统,各方难以有效获取与交流学生的学习进度、学业成绩、综合表现以及实习状况等关键信息,进而对学生个性化指导与全面培养工作造成不利影响。这种信息孤岛现象不仅降低了教育的质量水平,还限制了校企合作的深度与广度,进一步对学生的职业发展和就业竞争力产生了消极影响。因此,高职院校亟须加大投入力度,建设健全的学生信息管理系统,以达成各方信息的互联互通,提高协同育人的成效。

(六)制度保障缺失

协同育人沟通机制往往缺乏制度化保障,这使得多元主体之间的协同合作难以持续,且成效欠佳。具体以高职院校为例,辅导员与专业课教师之间的协同合作常常面临挑战。由于缺乏明确的职责界定与考核机制,双方在沟通协作过程中容易出现障碍,导致沟通效率低下,难以形成有效合力。这种情况不仅对教育质量产生不利影响,还限制了学生的全面发展。为了改善这一状况,需要构建更为完善的制度体系,明确各方的职责与考核标准,从而促进辅导员与专业课教师之间的有效沟通与协同合作,共同为学生的成长与发展提供更优质的支持。

(七)技术应用不足

在推进智慧校园建设的进程中,相当一部分高职院校的技术应用水平呈现出相对滞后的态势,这使得它们难以满足协同育人的信息化要求。具体来讲,这些高职院校在技术应用领域存在明显的薄弱环节。例如,许多高职院校尚未引入大数据、人工智能等先进的技术手段。由于缺乏此类技术的有力支撑,信息传递与共享的效率难以得到有效提高,从而对整个校园信息化建设的推进产生了不利影响。

高职院校在智慧校园建设中的技术应用不足还体现在其他维度。例如,部分高职院校在信息化基础设施建设方面的投入严重不足,导致网络覆盖范围不全面、信息设备陈旧老化,难以适应现代教育的发展需求。与此同时,部分高职院校在信息化管理方面也存在一定的缺陷,缺乏有效的信息化管理机制和专业人才,使得信息化建设难以取得实质性的进展。

(八)协同意识薄弱

部分辅导员、专业课教师以及企业导师对协同育人的重要性认识不够深入,导致其在实际工作中缺乏主动沟通与协作的意识。例如,专业课教师可能更倾向于专注专业知识的传授,而未能充分意识到与辅导员在思想政治教育领域开展协同合作的重要价值。这一现象可能会削弱教育的整体效果,因为学生在专业知识学习和思想政治教育方面难以达成全面发展。为提高教育质量,各相关主体需加强沟通,共同关注学生的全面发展,形成合力,以确保学生在各个方面的成长均能得到充分的支持与引导。

三、资源配置的结构性矛盾:供需错位与效益衰减

在高职院校协同育人的实践中,资源配置问题是制约育人成效提高的关键因素之一。协同育人需要辅导员、专业课教师、企业导师等多元主体共

同参与，然而在实际操作中，人力、政策以及资金等方面的资源配置常出现短缺现象，导致协同育人的整体效能难以充分体现。下文将从人力资源、政策支持和资金投入三个维度，具体分析资源配置问题的表现。

（一）人力资源不足

1.辅导员配备有限

在当下的高职院校中，普遍存在辅导员队伍数量不足的问题，这一状况致使辅导员难以充分契合协同育人的要求。依据国家相关规定，辅导员与学生的理想配比应为1∶200。然而，在实际运作过程中，诸多高职院校的这一比例远超规定标准。例如，部分高职院校的辅导员与学生比例可能高达1∶300甚至更高。如此一来，辅导员的工作负荷显著加重，他们常常需要同时处理大量学生事务，难以投入充足的时间与精力深度参与协同育人工作。

辅导员不仅要处理学生的日常事务，还需关注学生的心理健康、学业指导、职业规划等多个维度。由于人员配备不足，辅导员往往在应对各类紧急状况时应接不暇，难以系统地开展教育与引导工作。在此情形下，辅导员很难充分发挥其在学生全面发展中的关键作用，也难以达成高职院校教育与学生个人发展的有效协同。

高职院校亟须增加辅导员数量，以满足协同育人的需求。唯有如此，辅导员才能更有效地履行其职责，为学生的成长与发展提供更为全面且深入的支持。同时，学校管理层应重视辅导员队伍建设，为其提供必要的培训与发展机遇，以提升整个辅导员队伍的专业素养和工作效能。

2.辅导员专业化水平有限

在当下的教育生态中，辅导员的专业化程度存在一定局限。具体而言，诸多辅导员的专业背景与能力难以充分契合协同育人的要求。例如，部分辅导员在心理学、教育学等相关领域的知识储备匮乏，这导致其在为学生提供心理健康教育与职业生涯规划等方面的专业引导时捉襟见肘。这种知识与能力的欠缺，不仅削弱了辅导员在学生心目中的权威性与可信度，也制约了其在教育进程中发挥更大效能。因此，提高辅导员的专业化水平，增强其在相关领域的知识与技能，是当前教育改革中亟待攻克的问题之一。

3.企业导师参与度低

企业导师于协同育人进程中承担着极为关键的角色，然而，其参与协同育人过程的积极性通常较低。此状况主要归因于系统化聘任机制及相应激励措施的缺失。因缺乏这些机制，众多企业导师难以实现对协同育人工作的长期、稳定投入，这直接导致实践教育环节的育人成效受到显著影响。

具体而言，企业导师的参与度整体偏低，这既对其与学生间的互动质量产生了不利影响，也削弱了其在实际工作中对学生进行指导与培养的效能。由于缺乏明确的聘任流程与制度保障，企业导师往往难以获得充分的支持与认可，进而致使其在时间与精力方面的投入受限。同时，因缺乏有效的激励机制，企业导师在参与协同育人工作时动力不足，难以持续投入时间与精力。

（二）政策支持缺乏

1.协同育人政策体系不完善

在当下的教育体系里，诸多高职院校尚未构建起清晰明确的协同育人政策，这使得多元主体间的协同合作进程缺乏必要的制度支撑。举例而言，辅导员与专业课教师之间的职责划分并不明晰，致使二者之间的协同合作难以维系。因缺乏明确的政策指引，各方在合作进程中时常会出现职责交叉或相互推诿的状况，进而对教育质量以及学生的发展造成了不利影响。为改善这一局面，高职院校需尽快制定并完善协同育人政策，明确各方的职责与合作机制，以确保辅导员和专业课教师能够实现有效协同，共同为学生的成长与发展提供更为优质的支持与保障。

2.激励机制缺失

在协同育人实践中，一个较为突出的问题时常显现，即有效激励机制的匮乏。此种缺失致使多元主体，涵盖辅导员、专业课教师以及其他相关人员，在参与协同育人活动时积极性普遍偏低。具体而言，辅导员与专业课教师在协同育人工作中的工作量及贡献，在绩效考核体系中往往难以得到全面、充分的体现。鉴于其努力与付出未能获得相应的认可与奖励，这直接对他们参与协同育人的主动性和积极性产生了负面影响。因此，为提升多元主体的参与程度，构建公平、合理的激励机制显得至关重要。唯有借助有效的激励机制，方可充分激发各方的积极性，推动协同育人工作的深入开展。

3.政策执行力度不足

尽管部分高职院校已制定协同育人相关政策，但在具体执行进程中，常出现落实不力的问题。例如，部分政策仅停留于文本层面，未能切实转化为推动协同育人的具体行动与实践举措。

(三)资金投入有限

1.数字化平台建设资金不足

协同育人，指的是多方共同参与教育进程，这一过程需要一个高效的数字化平台予以支撑。然而，众多高职院校受限于有限的资金投入，其平台建设常常难以契合实际需求。这一状况致使信息共享与沟通效率降低，成为制约协同育人发展的关键阻碍。

诸多高职院校在数字化平台建设方面投入匮乏，导致其难以构建一个完备的信息管理系统。该系统理应具备整合学生、教师、家长及其他教育参与主体各类信息的功能，达成数据的集中管理与实时更新。但由于缺少此类系统，各参与主体之间难以实现高效的信息共享与实时交互。例如，学生信息往往分散于各个部门与系统之中，缺乏统一平台进行整合。这使得教师在教学过程中难以获取学生的全面信息，家长也无法及时掌握孩子的学习状况。此外，由于缺乏有效的沟通途径，各方之间的互动也面临困难，进一步对协同育人成效产生负面影响。

2.活动经费短缺

为达成协同育人之目标，需开展形式多样的教育活动，涵盖企业参观、实践实习、专题讲座等。此类活动可使学生于实际操作与体验过程中获取知识，提升实践能力，进而更好地契合社会需求。然而，这些活动的顺利推进通常需要充足的经费支撑。因资金投入匮乏，诸多具有较高价值的教育活动难以顺利开展，甚至仅能流于形式，无法深入实施。这一状况严重影响了协同育人的成效，使学生丧失诸多宝贵的学习契机，进而对其全面发展造成不利影响。因此，解决资金问题，保障教育活动的顺利开展，是当下教育工作者及相关部门亟待攻克的重要课题。

3. 企业导师聘任资金匮乏

企业在参与教育及人才培养进程中，通常需聘任企业导师以提供实践经验与行业知识。然而，为保障企业导师积极且长期投入此项工作，必须有一定的资金支持作为支撑。然而，诸多高职院校在该方面往往面临资金投入的约束，这直接对企业导师的参与度产生了影响。具体而言，因缺乏合理的薪酬与激励机制，众多优秀的企业导师难以被吸引并长期参与协同育人工作。这不仅降低了导师的积极性，还限制了学生从企业导师处获取实践机会与行业洞察的可能性。因此，为提升企业导师的参与度，高职院校需在资金投入方面加大力度，以确保能够提供充足的激励与支持，进而吸引并留住优秀的企业导师，进一步提高教育质量与人才培养成效。

四、效果评价的体系缺失：指标空缺与反馈迟滞

在高职院校协同育人实践中，评价体系作为衡量育人成效、优化育人机制的关键工具，具有不可忽视的重要作用。然而，当下诸多高职院校在协同育人评价领域存在显著不足，集中体现为缺乏科学合理的考核标准，使得评价结果难以全面、客观地呈现协同育人的实际效能。此问题不仅对协同育人工作的持续改进造成负面影响，还在一定程度上抑制了多元主体的参与积极性，阻碍了育人效果的有效提升。下文将从评价标准缺失、评价主体单一、评价内容片面以及评价结果应用不足四个维度，对该问题展开深入剖析。

（一）评价标准缺失

1. 缺乏统一的评价框架

在当前教育体系下，诸多高职院校尚未构建起统一的协同育人评价框

架。这一状况致使评价工作的系统性与规范性严重缺失。具体而言，在对辅导员、专业课教师以及企业导师的协同育人成效开展评价时，各高职院校常采用不同的评价标准与方法。此种做法使得评价结果难以进行横向对比，也难以开展综合分析，进而对评价的公正性与有效性产生了不利影响。

因缺乏统一的评价框架，各高职院校在评价过程中往往各自为政，造成评价结果的可比性欠佳。例如，部分高职院校可能更侧重于辅导员在学生管理层面的表现，另一些高职院校则可能更重视专业课教师在教学方面的贡献。此外，企业导师的评价标准也因高职院校不同而存在差异，有的高职院校可能更关注导师在实践教学中的表现，而有的高职院校可能更看重导师在学生职业发展指导方面的作用。这种差异化的评价标准使得不同高职院校间的评价结果难以进行有效的横向比较与综合分析，从而对评价的整体效能产生了影响。

2.评价指标不明确

协同育人作为一个涵盖多领域与多环节的复杂进程，并非局限于单一学科或单一部门，而是需要跨学科、跨部门的深度协作。然而，众多高职院校在制定评价指标时，常存在明确性与针对性不足的问题，致使评价体系难以全面呈现协同育人的实际成效。具体而言，在评估心理健康教育效果时，不少高职院校可能仅聚焦于学生的心理测评结果，而忽视了其他同等重要的因素。例如，辅导员在教育过程中的方法及干预举措往往被忽略，尽管这些因素在学生心理健康发展中具有关键作用。辅导员的沟通技能、心理辅导的频次与质量，以及其对学生个体差异的认知和应对策略等，均为评价心理健康教育效果时不可忽视的重要维度。

此外，评价指标的制定还应考量学生的家庭背景、社会环境、个人经历等多方面因素的影响。这些因素均可能对学生的心理健康产生深远作用，因此在制定评价指标时，需全面权衡各类影响因素，以保障评价结果的准确性与公正性。唯有如此，方能切实反映协同育人过程各方面的实际效果，进而为改进教育方法、提升教育质量提供有力支撑。

3. 量化评价不足

在协同育人评价过程中，一个显著现象值得关注，即定性评价所占比重较大，而量化评价相对匮乏。这种状况致使评价结果在客观性与可比性方面存在一定局限。具体而言，在评估职业生涯规划指导效果时，往往过度依赖学生反馈意见，而对关键量化数据的深度分析有所忽视。例如，就业率、职业发展路径等重要指标未得到充分关注与运用。如此一来，评价结果易受主观因素干扰，难以开展横向与纵向比较，进而影响评价的准确性与可靠性。

为提升评价质量，需在定性评价基础上，更多引入量化评价方法，综合考量各类数据指标，以更全面、客观地评估协同育人效果。具体可通过收集与分析更多量化数据来弥补不足。例如，统计毕业生就业率、薪资水平、职位晋升速度等关键指标，以更直观地了解职业生涯规划指导的实际成效。此外，还可借助问卷调查、访谈等方式收集学生反馈意见，了解其对职业生涯规划指导的满意度及改进建议。将定性数据与量化数据相结合，能更全面地评估协同育人效果，为改进教育实践提供有力依据。

在协同育人评价过程中，需平衡定性评价与量化评价，确保评价结果的客观性与可比性。唯有如此，才能更精准地把握教育实践效果，为改进教育方法、提高教育质量提供有力支撑。

（二）评价主体单一

1. 学生评价主导

在众多高职院校的协同育人评价进程中，存在一个较为突出的问题，即过度倚重学生的评价意见，而忽视了其他关键角色的自我评价与相互评价。具体而言，在评估心理健康教育成效时，这些高职院校常常仅依据学生满意度的调查结果，却未充分考量辅导员、专业课教师以及企业导师的反馈与建议。

辅导员在心理健康教育中发挥着举足轻重的作用，他们不仅承担着日常的教育工作，还肩负着引导学生心理发展的重要使命。然而，在评价体系里，辅导员的教育反思与改进建议往往被搁置。他们通过与学生的日常交流互动，积累了丰富的经验并形成了深刻的见解，这些极具价值的反馈对优化心理健康教育意义重大。

专业课教师在教学过程中亦会关注学生的心理健康状况，他们能够从学科视角出发，给出专业且具针对性的建议。企业导师则通过实习指导，了解学生在实际工作中的心理状态，他们的评价与建议对心理健康教育的实践应用同样具有不可忽视的价值。

2. 多元主体参与不足

协同育人评价体系的构建需多方主体共同参与，以保障评价结果的全面性与客观性。然而，在实际操作中发现，企业导师、家长及其他外部主体的参与度普遍较低，这一现象在评价实践教育效果时尤为显著。通常而言，评价工作或仅依托高职院校内部评价体系，而忽视了企业导师的重要反馈。企业导师作为学生未来职业发展的关键引导者，其意见和建议对学生能力提升与综合素质培养具有重要价值。因此，为提升协同育人评价成效，需积极引导并鼓励企业导师、家长及其他外部主体踊跃参与，确保其意见得到充分倾听与重视。唯有如此，方能构建一个真正全面、多元且有效的协同育人评价体系。

3. 评价主体专业性不足

在当前的协同育人进程中，部分评价主体因专业知识与技能的缺失，在开展教育效果评估时，难以达成科学、准确的评估目标。以心理健康教育为例，承担评价工作的教师可能未具备心理学专业背景，致使其在评价过程中难以精准把握心理健康教育的核心要素与目标。故而，评价结果往往缺乏专业性与科学性，难以如实反映心理健康教育的实际成效。此情形不仅阻碍了教育质量的提升，还使教育评价丧失了应有的指导与改进功能。

为提升协同育人的成效，需强化对评价主体的专业培训，确保其拥有充足的专业知识与技能，进而实现科学、客观且有效的评价。具体而言，需对评价主体开展系统的专业培训，使其能够掌握必备的心理学知识与技能。

如此一来，在进行心理健康教育评价时，他们能够更为精准地把握教育的核心要素与目标，从而作出更为科学、客观的评价。

此外，还需对评价主体开展方法论培训，使其掌握科学的评价方法与工具，以提高评价的准确性与有效性。同时，要构建完善的评价体系，保障评价过程的科学性与公正性。这涵盖制定清晰的评价标准与指标，确保评价过程的透明度与公正性。另外，需对评价结果进行深入剖析，找出教育过程中的问题与不足，进而提出改进举措，提升教育质量。

(三)评价内容片面

1.重结果轻过程

当前，诸多高职院校开展协同育人评价时，往往过度侧重最终成效，而忽视了育人过程本身的重要意义。具体而言，在评估职业生涯规划指导成效时，这些高职院校或许仅将关注点聚焦于学生的就业率，而未充分考量辅导员在指导过程中所采用的方法与策略。这种做法显然失之偏颇，因为就业率虽能在一定程度上体现成果，但无法全面反映辅导员在职业生涯规划指导中的实际工作与付出。辅导员在指导过程中运用的方法与策略，涵盖其如何助力学生进行自我认知、如何引导学生设定合理的职业目标、如何提供有效的求职技巧等，均为评价职业生涯规划指导成效的关键要素。因此，高职院校在开展协同育人评价时，应更注重育人过程的全面性与细节，而非仅仅简单关注结果。唯有如此，方能切实提高职业生涯规划指导的质量，助力学生更好地实现个人发展。

2.重形式轻实效

在协同育人评价过程中，一个较为突出的问题值得关注，即形式化评价在整体评价中所占比重较大，而实效性评价相对匮乏。具体而言，在评估企业导师参与效果时，往往仅侧重于其参与活动的频次，而未深入探究其对学生产生的实际影响与贡献。这种评价方式浮于表面，难以全面呈现企业导师的真实参与成效以及对学生成长的实际助益。因此，有必要对现有的评价制度加以改进,确保评价体系更为完善,能够全面、客观地反映协同育人的实际效果,进而更好地推动学生的全面发展。

为达成这一目标,应采用更为细致且深入的评价方法。其一,可引入多元化的评价指标,不局限于参与活动的次数,还需考量企业导师在活动中的互动质量、学生反馈以及对学生能力提升的具体贡献。其二,采用定性与定量相结合的评价方式,借助问卷调查、访谈、观察等多种途径,全面了解企业导师的实际参与状况以及学生的实际受益情况。此外,还可构建长期跟踪机制,持续关注企业导师对学生成长的持续影响,而非仅关注短期的参与效果。通过这些改进举措,可确保评价体系更为科学、合理,能够全面反映协同育人的实际效果。这不仅有助于提高企业导师的参与积极性,还能为学生提供更为优质的教育资源,从而更好地促进学生的全面发展。最终,期望通过这些努力,构建一个更为完善、高效的协同育人评价体系,为学生的成长与发展提供有力支撑。

3.职责界定模糊

众多高职院校在协同育人制度构建进程中,普遍存在一定程度的欠缺。特别是在明确辅导员与专业课教师职责分工细则以及规范工作程序方面,表现相对薄弱。尤其是在学生实习管理这一核心环节,职责界定不清晰的问题更为显著。诸多高职院校在制定相关规则时,并未精准界定辅导员和专业课教师在实习管理中的具体职责,这导致在实际工作中,辅导员可能认为实习指导主要是专业课教师依托专业知识开展的工作,自身无需深度介入;专业课教师则认为实习期间学生的日常管理,如考勤、生活纪律等属于辅导员的职责范围。这种相互推诿的状况,使得学生在实习过程中难以获得全面且有效的指导与管理,对实习成效造成了严重的负面影响。

4.考核评价机制缺失

在对辅导员和专业课教师进行考核评价时,高职院校存在协同育人工作考核缺失或不完善的问题。其一,诸多高职院校未将协同育人工作纳入辅导员和专业课教师的绩效考核体系,导致其在开展协同育人工作时缺乏动力与积极性。其二,即便部分高职院校已将协同育人工作纳入考核范畴,但考核指标过于笼统、细化程度不足,难以精准衡量双方在协同育人工作中的实际贡献。例如,针对辅导员在协同育人中组织学生活动的成效、与专业课教师沟通协作的状况,以及专业课教师在专业教学中融入思想政治教育的程度等方面,均缺乏具体的量化考核指标。这使得考核评价无法真实反映教师的工作表现,进而对其参与协同育人工作的热情和主动性产生了不利影响。

5.信息反馈不及时

在学生情况反馈领域,双方存在着较为严重的沟通阻滞问题。具体而言,辅导员尽管对学生的日常表现、思想动态以及生活各方面状况有全面且深入的了解,但未能及时将这些具有重要价值的信息反馈给专业课教师。这一情况致使专业课教师在教学进程中难以依据学生的实际情形灵活调整教学方法与内容,进而对教学成效产生了不利影响。例如,若辅导员能够及时向专业课教师传达哪些学生在特定知识点上存在困难,教师便可开展有针对性的辅导,助力学生克服学习障碍。此外,专业课教师对学生的专业学习状况,包括学习进度、知识掌握程度以及存在的问题等,也未及时反馈给辅导员。这使得辅导员在开展学生管理与指导工作时缺乏明确的针对性,难以向学生提供切实有效的帮助。例如,若专业课教师能够及时告知辅导员哪些学生在某一课程中表现欠佳,辅导员便可及时介入,提供必要的心理支持或学习指导,协助学生改善学习状态。

第三节 影响协同育人的因素分析

协同育人作为新时代教育改革的关键导向,其实施成效受到多方面因素的限制与影响。本节将从政策制度、组织管理、资源保障、技术支撑和文化认同五个维度,系统剖析影响协同育人成效的关键要素,并结合实证数据与典型案例,深入探究各要素间的相互作用机理。

一、政策制度因素

(一)顶层设计不完善

1. 政策体系碎片化问题突出

我国协同育人政策制定长久以来存在“多头管理、各自为政”的体制性难题。从政策供给层面分析,教育部门主要聚焦于人才培养规格,人社部门着重于技能认证体系,产业部门则专注于技术转化应用,这种职能的分割致使政策目标难以凝聚合力。教育部2023年专项调研显示,在省级层面,教育部门与人社部门关于“双师型”教师认定标准的契合度仅为38%,与工信部门在智能制造专业建设标准上的匹配程度不足45%。更为严峻的是,不同政策在关键指标上存在显著冲突:例如在实训基地建设方面,教育部规定生均面积不低于2.5 平方米,而应急管理部的安全规范将上限控制在2平方米以内,这种标准的冲突直接导致某职业技术学院新建的智能制造实训中心被迫进行二次改造,造成直接经济损失280万元。从政策执行层面审视,基层单位普遍面临“选择困境”,某地市教育局的问卷调查表明,68%的高职院校在申报项目时需协调3个以上部门的政策要求,平均审批周期延长至6.8个月,严重影响了政策的实际成效。这种碎片化格局不仅造成行政资源的浪费,更削弱了政策的权威性,亟待构建国家层面的政策协调机制。

政策协同不足还体现于时空维度的断裂。从纵向角度来看,中央政策与地方实施细则存在明显“温差”,某省2022年出台的产教融合实施细则中,有43%的条款未能与国家最新要求相对应;从横向角度来看,区域间政策差异显著,长三角地区校企合作税收优惠幅度普遍在30%~40%,而中西部地区多数不足20%,这种政策洼地效应进一步加剧了发展的不平衡。特别值得关注的是,随着新业态新模式的涌现,现有政策体系对数字经济、绿色经济等新兴领域的覆盖明显不足,在调研的127项新一代信息技术相关专业中,仅有29%建立了完整的产教融合标准体系。这种政策供给的结构性缺陷,已成为制约协同育人高质量发展的关键瓶颈。

2. 法律法规滞后性日益凸显

现行法律体系对协同育人的保障存在明显的“三不”问题：不健全、不具体、不适应。新修订的《中华人民共和国职业教育法》虽然单设“产教融合”章节，但仅第27条关于企业参与的形式和途径有相对具体的表述，其余条款多为原则性宣示。这种立法粗放导致执行层面无所适从，某省法院近三年受理的87起校企合作纠纷案件中，因法律规定不明确而采用调解方式结案的比例高达62%。在知识产权保护方面，《中华人民共和国专利法》《中华人民共和国著作权法》均未针对校企协同创新设置特殊规则，某高职院校与高新技术企业联合研发的工业机器人控制系统，因权属约定不明而陷入长达四年的法律纠纷，直接导致该技术错过产业化窗口期。更值得关注的是，随着产教融合模式创新，混合所有制企业学院、股份制实训基地等新型载体不断涌现，但《中华人民共和国民办教育促进法》《中华人民共和国公司法》等均未对其法律地位作出明确规定，某混合所有制汽车工程学院在法人登记时，就因性质认定问题辗转于教育、工商、民政三个部门之间，历时11个月才完成注册。

法律滞后性在风险防范领域表现尤为突出。对全国238份典型校企合作协议的文本分析显示，仅有15%的协议完整包含以下关键条款：知识产权归属（36份）、风险分担机制（42份）、违约责任（29份）、争议解决方式（51份）。这种契约不完备性大大提高了合作风险，某高职院校与餐饮集团的现代学徒制项目，就因未明确约定工伤事故责任分担，在学生实习期间发生安全事故后陷入赔偿纠纷，最终导致合作中止。在数字经济背景下，数据安全、隐私保护等新型法律问题不断涌现，但现有法律框架尚未作出针对性安排，某大数据学院在与互联网企业开展人才联合培养时，就因学生个人信息处理规范缺失而引发舆情危机。这种法律制度供给不足的状况，严重制约了协同育人向纵深发展。

3. 评价标准缺失制约质量提升

协同育人质量评价体系的建设严重滞后于实践发展，呈现出“三无”特征：无统一标准、无动态调整、无有效反馈。教育部2022年专项评估发现，全国86%的高职院校采用自行制定的评价标准,导致校际数据完全不可比。某装备制造类专业在36所高职院校的评估中,使用指标数量从12项到47项不等,优秀率竟达28%~89%,这种评价乱象直接影响了资源配置效率。更严重的是,现有评价普遍存在"五重五轻"的倾向:重硬件投入轻育人成效、重协议数量轻合作深度、重短期成果轻长效机制、重学校评价轻企业反馈、重静态达标轻动态改进。某"双高计划"院校的自我评估报告显示,其产教融合指标达标率高达92%,但第三方跟踪调查发现,毕业生专业对口率三年下降21%,这种评价失真现象并非个案。

标准缺失在关键领域表现尤为突出。在师资评价方面,"双师型"教师认定存在36种不同标准,某省开展的交叉检查发现,按A校标准认定的"双师型"教师,在B校通过率不足40%;在课程质量方面,校企共建课程仅有17%建立了专门的质量标准,某智能制造专业核心课程在不同校区的合格率差异达55%;在实践教学方面,实习实训的考核标准模糊不清,某连锁企业反映,来自不同高职院校的实习生技能差距最高达3个等级。这种标准混乱状况,使得"培养质量参差不齐"成为企业诟病的焦点问题。随着产教融合进入高质量发展阶段,建立科学、统一、动态的评价标准体系已成为当务之急,这既是对接产业需求的必然要求,也是实现育人质量持续改进的基础工程。

(二)政策执行不到位

1. 执行机制不健全的深层症结

当前协同育人政策的落地实施面临严重的"中梗阻"问题。从制度层面来看,在调研的127所高职院校中,仅有55所(43%)制定了配套的实施细则,其余高职院校大多采取"照搬照抄"上级文件的应付态度。某省教育厅的专项检查发现,37%的高职院校将上级政策直接转发后即视为完成落实,未结合本校实际进行任何转化。这种政策空转现象导致执行效果大打折扣,典型案例是某省属重点高职院校推行的"双导师制",尽管政策要求企业导师每月指导学生不少于8小时,但实际跟踪数据显示,三年来平均指导时间仅为3.7小时,且32%的企业导师存在"挂名不指导"的情况。究其原因,在于缺乏有效的执行保障机制:该校既未建立企业导师的选拔培训制度,也没有配套的经费支持,更缺少过程管理平台,导致政策要求沦为“纸上谈兵”。激励机制的双向缺失进一步加剧了执行乏力。对教师而言,参与协同育人的付出与回报严重失衡。全国高职院校教师发展调查显示,校企合作项目的工作量在职称评审中的折算系数平均仅为0.15,远低于科研项目的0.7~1.0。某应用型高职院校的个案研究表明,教师指导一个校企合作毕业设计平均需要投入56小时,但在绩效考核中仅相当于1.5个标准课时。对企业来说,政策红利的可获得性明显不足。尽管国家层面多次强调税收优惠,但实际执行中仅有7个省份(23%)出台了具有可操作性的实施细则。某汽车制造企业财务总监透露,其近三年参与职业教育投入的1200万元中,实际获得税收减免不足180万元,优惠幅度仅为15%,远低于政策承诺的30%。这种激励不足导致各方参与动力持续衰减,某市属高职院校的校企合作项目续约率从2019年的75%骤降至2022年的32%。

2.监督评估薄弱的现实困境

协同育人质量保障体系的缺位已成为制约发展的突出短板。从监督体系来看,82%的高职院校尚未建立专门的督导制度,现有的质量监控多依附于常规教学检查。某国家级示范校的案例极具代表性:其投入860万元建设的产教融合基地,在中期检查时仅由教务处1名工作人员进行形式化走访,既未邀请行业专家参与,也未使用专业评估工具,最终形成的检查报告对存在的设备闲置、课程脱节等核心问题轻描淡写,38个整改事项中仅有14项得到落实。更严重的是,监督缺位导致问题积累,该校后续审计发现,基地设备利用率不足40%,共建课程与企业实际需求匹配度仅为52%,但这些问题在年度考核中均未被有效揭示。评估机制的失效同样触目惊心。当前主流的评估方式存在“三重三轻”的弊端:重材料审核轻实地考察、重定量指标轻质性评价、重结果认定轻过程改进。某省教育厅对24个产教融合项目的验收评估显示,专家组平均在每个项目上的实地考察时间不足2小时,却要审查超过300页的佐证材料。这种本末倒置的评估导向,催生了严重的“材料美化”现象,某高职院校的校企合作案例中,实际开展6次企业实践活动,但在评估材料中却被包装成18次。缺乏有效的跟踪评估还导致经验难以沉淀,某示范性职教集团五年间开展了37项创新实践,但因未建立系统的评估档案,最终可复制的经验不足20%。这种监督评估的软弱涣散,使得协同育人质量陷入“低水平循环”的困境,亟须构建贯穿全过程、多维度的质量保障体系。

二、组织管理因素

(一)管理体制僵化问题剖析

1. 部门壁垒形成的结构性矛盾

高职院校内部长期存在的“条块分割”管理模式,严重制约协同育人实效。教务部门主导课程设置、学工系统负责学生管理、科研处主管技术转化,这种职能分割导致资源整合困难。教育部2023年专项调研数据显示,跨部门协作项目仅占育人项目总数的23%,而单一部门主导的项目中,因资源不足导致效果打折的比例高达61%。典型案例是某“双高计划”院校的新能源汽车产业学院项目,在推进过程中遭遇“三重门”困境:教务处要求先确定培养方案再配置资源、科研处坚持项目需匹配在研课题、招就处则强调就业导向优先,这种部门博弈导致项目审批流程反复拉锯,最终延误市场机遇8个月,错失与头部企业合作的黄金窗口期。更值得警惕的是,这种壁垒正在产生“马太效应”——某“双一流”高职院校的跟踪研究表明,部门协同度每降低10%,校企合作项目的可持续性就下降17%。

2. 决策效率低下的制度性缺陷

现行管理体制存在明显的“三多”症状:审批环节多(平均6.3个)、签字领导多(涉及4.8个层级)、重复材料多(平均提交42份)。某省属高职院校的流程审计显示,一个常规校企合作项目从意向对接到最终落地,平均需要经历17个审批节点,其中38%的环节存在实质性重复审查。这种低效运作直接导致时效性丧失,在调研的89个人工智能领域合作项目中,有73%的项目因审批延误导致课程内容与技术发展出现“时间差”,某应用型本科院校与

AI企业的合作项目,从签约到开课历时5.2个月,期间行业技术标准已迭代2个版本,致使30%的实训内容在开课时就已过时。特别值得关注的是,随着产业升级加速,这种决策时滞造成的“教育供给滞后”现象正在加剧——中国制造2025重点领域的人才培养方案中,有65%的课程体系更新周期长于对应产业的技术迭代周期。

3.权责模糊引发的治理困境

组织设计中的“三不清”问题(职责不清、权限不清、边界不清)普遍存在。对156个校企合作项目的深度分析发现,37%的项目存在责任真空地带,主要体现在:设备管理(29%)、经费使用(34%)、质量监控(41%)等关键环节。某投资200万元的智能制造实训基地就因“多头管理、无人负责”陷入瘫痪——教务处认定设备维护属后勤处职责,后勤处强调专业教师应负责日常管理,院系则坚持设备厂商需提供终身服务,这种推诿导致32台精密设备因缺乏基本保养而提前报废,直接经济损失达186万元。更严重的是,权责不清正在衍生“寒蝉效应”,某市属高职院校的问卷调查显示,因担心担责而回避创新性合作项目的教师比例已从2018年的12%升至2022年的39%。

(二)运行机制梗阻的现实表现

1.沟通渠道单一化的路径依赖

校企合作仍深陷“人际关系驱动”的传统模式。调查显示,72%的校企合作关系依托个人人脉维系,其中28%完全依赖某位关键教师的私人联系。这种非制度化沟通存在明显的脆弱性——某职教集团的跟踪研究表明,当核心联络人发生变动时,合作项目中断率高达64%。典型案例是某国家级示范性职教集团,虽然构建了包括理事会、专业建设委员会等6个正式沟通平台,但实际运作中月度例会出席率长期低于40%,重大决策平均需要3.2轮磋商才能形成决议,导致其与某新能源汽车企业的关键技术合作项目,因决策迟缓错过申报截止日期。更值得警惕的是,数字化沟通工具的应用严重不足,仅9%的高职院校建立了专门的校企协同信息平台,某“双高计划”院校的调研显示,因信息不对称导致的合作摩擦占总问题的53%。

2. 反馈机制缺失的质量黑洞

育人过程的闭环管理存在严重短板。基于12万份学生满意度调查的分析发现，仅29%的诉求能在30个工作日内得到有效回应，且解决方案的满意度不足50%。某现代学徒制项目的失败案例极具警示意义：首批56名学员中，有17人因实习岗位与专业错配、师傅指导敷衍等问题陆续退出，但项目组直到退出率达30%时才启动整改，此时企业已决定终止合作。反馈失灵在三个维度表现尤为突出：学生向学校的反馈通路阻塞（解决率31%）、学校向企业的诉求传递失真（准确率58%）、企业对市场的需求响应迟滞（及时率42%）。这种断裂的反馈链直接导致育人质量失控，某大数据专业毕业生的跟踪调查显示，认为所学技能与岗位需求“严重脱节”的达39%。

3. 动态调整滞后的适应性危机

教育供给与产业需求的“时差效应”不断加剧。对装备制造类专业的深度调研发现，65%的人才培养方案调整周期超过24个月，而对应行业的技术迭代周期已缩短至11.3个月。某智能制造专业的课程体系更新严重滞后，其核心课程“工业机器人编程”仍在使用3年前的技术标准，与当前行业应用的差距达4个版本迭代。这种脱节源于深层次的机制缺陷：仅有21%的高职院校建立了专业设置动态调整机制，某应用型高职院校的个案显示，其专业调整需要经历6个层级审批，平均耗时14.7个月，而同期行业前20强企业的产品更新周期已压缩至5.3个月。更严重的是，这种滞后具有累积效应——某省教育厅的评估发现，专业建设滞后度每增加1年，毕业生就业对口率就下降8.3%，起薪差距扩大12%。

三、资源保障因素

（一）经费投入不足的深层次问题

1. 资金来源单一化的结构性困境

当前协同育人经费体系呈现明显的“财政依赖症”。教育部2023年财务统计显示，在高职院校协同育人总投入中，财政性拨款占比高达78%，企业赞助仅占9%,社会捐赠不足5%,其他渠道8%。这种失衡的投入结构导致抗风险能力薄弱,某应用型高职院校的典型案例极具代表性:其年度校企合作项目总预算2800万元中,财政资金占82%,当地方财政收紧时,项目资金缺口立即达到1200万元(43%),直接导致12个合作项目被迫暂停。更值得警惕的是,这种单一化趋势正在加剧——对比2018—2022年数据,财政资金占比上升11%,而企业投入比例下降6%。深层原因在于激励政策不到位,某省对127家企业的调查显示,76%的企业认为现行税收优惠政策的申请门槛过高,平均获得补贴的时间周期长达14.7个月,严重削弱了投资意愿。

2. 资金使用低效的运行性损耗

资源错配和浪费现象触目惊心。审计署2022年专项审计发现,32%的协同育人专项资金存在沉淀现象,其中18%的资金闲置超过2年。某"双高计划"院校的智能制造实训基地建设项目,获批资金3600万元,但实际采购设备中,有42%的机型与当地产业需求不匹配,导致价值1500万元的设备年均使用率仅为51%,部分精密仪器甚至从未拆封。资金低效使用主要表现在三个维度:采购决策脱离需求(占问题的39%)、资产管理混乱(31%)、绩效评价缺失(30%)。某省教育厅的跟踪研究表明,资金使用效率每下降10%,校企合作项目的可持续性就降低17%,形成恶性循环。

3. 持续投入缺位的长效机制缺失

育人成本的可持续分担机制尚未建立。对356家合作企业的深度调研显示,87%的企业表示难以承受长期育人投入,主要压力来自三方面:直接成本(实习生津贴、保险等)年均增长12%、机会成本(师傅带教影响生产效率)约占产值3%、设施投入折旧压力大。某汽车零部件制造企业的典型案例发人深省:其与职校合作的现代学徒制项目,前三年累计投入480万元,但因未能形成人才留用机制,培养的优秀技工流失率达63%,最终被迫将实习生规模从120人/年缩减至48人/年(降幅60%)。这种投入不可持续的根本原因在于价值回报周期错配——企业需要即时效益,而人才培养具有滞后性。数据显示,企业参与职业教育投入的平均回报周期为4.3年,但中小企业平均存活期仅2.5年,这种矛盾导致某地小微企业参与率三年内从38%骤降至12%。

(二)资源保障不足的衍生影响

1. 硬件设施更新滞后

经费的不足成为实践教学条件改善的一大障碍。在某制造业发达的省份进行的一项调查显示,高职院校中核心专业的实训设备老化问题十分严重,其中超过57%的设备使用时间已经超过了5年,这意味着这些设备已经落后于行业标准2~3个技术代际。这种情况在具体案例中表现得尤为明显,例如某高职院校的工业机器人实训室,目前仍在使用2016年款的机型进行教学。然而,在当地企业中,已经普遍采用了2021年以后的协作机器人系统。这种技术上的差距导致了毕业生在上岗后的适应期被大大延长,平均需要6.8个月的时间才能完全适应工作环境。这一现象不仅影响了学生的学习效果,也给企业带来了额外的培训成本,进一步加剧了教育与产业之间的脱节。

2. 师资建设投入不足

“双师型”教师的培养目前正面临资金短缺的困境。根据全国高职院校师资的调查结果,教师每年用于企业实践的经费平均仅为1.2万元,这一数额显然难以满足实际需求,无法覆盖真实的企业实践成本。以某国家级示范校的跟踪调查数据为例,由于资金不足,原本规定的教师每年在企业进行实践的时间从2个月被压缩至仅0.8个月。这种经费短缺导致的实践时间减少,直接影响了教师的知识结构更新,使得38%的专业课教师的知识结构滞后于行业的发展。这不仅影响了教师自身的专业成长,也对学生的教育质量和未来就业造成了潜在的负面影响。因此,解决“双师型”教师培养的资金瓶颈问题,已经成为高职院校迫切需要解决的难题。

3. 数字化转型举步维艰

智慧教育建设面临资金天花板。教育部信息化建设监测显示,仅29%的高职院校建成了真正的虚拟仿真实训系统,主要障碍在于单专业建设成本高达200万~500万元。某校人工智能专业原规划的“数字孪生实训中心”因资金缺口被迫缩水为简易模拟系统,教学效果下降63%。

这种资源保障的全面不足,正在形成“投入不足—质量下降—吸引力降低—投入减少”的恶性循环。破解这一困局,需要构建政府主导、多元参与、高效利用、可持续的协同育人资源保障新体系。

(三)人力资源短缺的制约瓶颈

1.师资结构失衡的深层次矛盾

当前“双师型”教师队伍建设面临严重的结构性矛盾。教育部最新统计数据显示,全国应用型高职院校“双师型”教师平均占比仅为45%,远低于70%的政策目标要求,且呈现“三个不平衡”特征:

区域不平衡:东部地区平均占58%,中部占42%,西部仅占31%。某新建本科院校的审计报告显示,其宣称的“双师型”教师35%存在水分,实际符合标准(同时具备教师资格证和职业资格证,且每年企业实践不少于2个月)的教师不足20%。

专业不平衡:工科类专业“双师型”教师占51%,商科占43%,文科仅占28%。某理工类高职院校的机械专业“双师型”教师达68%,而同校的市场营销专业仅占19%。

年龄不平衡:45岁以上教师占63%,35岁以下青年教师仅占22%。这种断层现象导致某高职院校面临“五年内50%‘双师型’教师退休”的严峻局面。

造成这种困境的根本原因在于培养机制缺陷:教师企业实践制度形同虚设,调查显示82%的教师年均企业实践时间不足政策要求的60%;资格认证体系混乱,现有23种“双师”认证标准互不衔接;激励机制缺失,“双师型”教师津贴平均每月仅增加300~500元,与其额外付出严重不匹配。

2.企业导师匮乏的供需困境

产业端优质导师资源面临系统性短缺。中国职业技术教育学会调研显示,当前合格企业导师的供需比达到惊人的1:5.7,缺口主要集中在三个领域:

先进制造领域缺口达68%,某新能源汽车企业的案例显示,其200名高级技师中仅有23人符合导师标准(具备5年以上经验、教学能力、每周可保证8小时指导时间),却要承担全厂400名实习生的指导任务,平均每人指导17名学生,远超1:5的理想配比。

数字经济领域缺口更为严重,某大数据产业园的调研表明,算法工程师等核心岗位的导师供需比达1:9.3,导致42%的实习生处于“放养”状态。

现代服务业同样面临挑战,某连锁餐饮集团的“师徒制”项目因导师不足,将原定6个月的培养周期压缩至3个月,学员技能达标率从75%降至41%。

深层原因在于:企业缺乏内生动力,导师工作不计入KPI考核,某制造企业调查显示,仅12%的潜在导师愿意额外承担教学任务;培养体系缺失,87%的企业未建立导师培训制度;保障机制缺位,企业导师平均课时费仅80~120元/小时,远低于其正常薪资水平。

3.管理队伍薄弱的运行危机

协同育人的专业化管理力量严重不足。对215所高职院校的专项调查发现:

机构设置缺位:68%的高职院校没有设立专职校企合作管理机构,相关工作由教务处或科研处兼管。某“双高计划”院校的校企合作办公室仅配备2名兼职人员,却要管理年均3000万元的合作项目,导致23%的合同未能按期履行。

专业能力欠缺:现有管理人员中,具有项目管理专业背景的仅占17%,熟悉教育政策和产业发展的复合型人才不足9%。某应用型高职院校的典型案例显示,因其合作办主任缺乏法律知识,导致学校在协议中丧失知识产权收益,潜在损失超2000万元。

队伍稳定性差:校企合作管理岗年均流失率达28%,远高于高职院校其他管理岗位15%的平均水平。某省属高职院校5年内更换4任合作办主任,造成多个长期项目中断。

这种管理薄弱带来严重后果:项目推进效率低下,平均审批周期延长

40%;风险防控不足,合同纠纷率上升至19%;资源整合能力弱,校企资源对接成功率不足35%。亟须建立专业化、职业化、稳定化的协同育人管理队伍。

4.人力资源短缺的连锁反应

教学质量下滑:某专业评估显示,在导师配比不足的班级,学生实操技能达标率降低31%,就业竞争力下降25%。

合作深度受限:因缺乏专业管理人员,某校与龙头企业谋划3年的产业学院项目最终降级为普通实习基地。

可持续发展受阻:某职教集团因核心管理团队离职,导致在建的5个重点项目全部停滞。

四、技术支撑因素

(一)信息化基础设施建设困境

1.平台功能开发不完善

目前大多数协同育人管理系统主要侧重于信息发布等基础功能,其功能深度与应用广度存在显著局限。根据教育信息化发展研究中心2023年的专项调研数据,有近四分之三的平台仅具备通知公告、文件上传及下载等初级应用模块,在支持深度教学互动与跨组织协同方面能力薄弱。以某省级职业教育云平台为例,其技术架构虽前瞻性地开发了在线协作编辑、多模态资源共享等高级功能模块,但实际教学场景中的应用效果不尽如人意。平台后台监测显示,特别是远程协作教学功能模块的月活跃用户占比持续低迷,长期不足15%,且协作任务的完成度普遍较低。这种现象集中反映出平台功能设计与师生真实教学流程、跨机构协作需求之间存在系统性脱节,技术供给未能有效转化为教学效能。

2.信息系统整合度偏低

由于历史原因和技术发展阶段的限制,高职院校内部各部门信息系统独立建设、分散管理的现象长期存在且较为普遍。权威数据表明,当前跨部门之间的数据交换和共享水平整体偏低,平均共享率仅维持在45%左右,数据壁垒问题突出。某国家级示范性高职院校的案例就特别具有代表性，该校为满足不同业务需求，先后投入建设了包括教学管理、科研管理、学生管理、实训管理、就业服务、后勤服务等在内的多达12个专业业务系统。然而，截至目前，仅有教学管理、科研管理和学生管理等5个核心系统实现了基本的数据互通与共享。其他关键系统，如实训基地管理系统、毕业生就业服务跟踪平台等，由于缺乏统一的数据标准和接口规范，仍处于彼此隔绝的“信息孤岛”状态。这种广泛存在的数据割裂状况，严重阻碍了校内资源的整合与优化，尤其在推进协同育人过程中，教务部门、学工部门、实训中心以及就业指导中心等难以实时、顺畅地获取学生从入学到毕业全链条的完整教学行为数据与成长轨迹信息，极大制约了精准施策和个性化培养。

3.技术标准体系不统一

在信息化建设进程中，鉴于各地区高职院校的历史发展轨迹与政策导向存在显著差异，各高职院校所采用的系统架构和接口标准呈现出较大的差异性。最新统计数据表明，依据教育部2023年全国职业教育信息化调查报告，不同区域高职院校所使用的技术标准差异率高达68%，这一较高比例凸显了标准碎片化现象的普遍性。这种标准不统一的状况，不仅极大地限制了跨区域协同教育实践的实施效能，还引发了资源的重复投入、数据共享的阻碍以及整体教育质量提升的滞后。例如，在长三角职教联盟的协同育人项目中，涉及江苏、浙江、安徽和上海三省一市的8所牵头高职院校，由于数据接口标准不一致，无法实现系统间的无缝衔接，项目组不得不额外投入120万元开展为期半年的系统改造工程，涵盖定制开发适配模块与人员培训等内容，这既加重了财务负担，又延误了项目进度，对协同育人目标的实现产生了不利影响。

（二）数字化应用能力短板

1.教师信息技术应用能力不足

当前，高职院校教师的数字素养水平存在显著差异，其中能够熟练掌握协同育人平台各项核心功能的教师占比不足40%，整体能力亟须提升。在某在线职业教育项目的具体实施进程中,这一问题尤为突出。为使参训教师能够有效适应并运用新的教学平台,承担培训任务的机构专门设置了总计32学时的强化培训课程。该课程体系化地划分为三个关键模块:基础操作模块(12学时),聚焦于平台界面导航与常用工具的运用;教学设计模块(14学时),重点培养教师利用平台功能开展有效的线上课程设计与互动组织的能力;以及故障排除模块(6学时),旨在增强教师应对常见技术问题的能力。这一高强度的培训安排,不仅消耗了大量资源,更深刻体现出提升高职院校教师信息化教学能力所面临的系统性挑战与现实的艰巨性。

2.教育数据分析能力薄弱

多数高职院校在数据挖掘与分析领域存在显著不足,此现象主要归因于资金投入匮乏以及技术人才短缺,致使其在数据驱动决策过程中难以充分释放潜力。相关统计显示,逾八成高职院校尚未组建专业的数据分析团队,这一情形对教育管理的精细化程度造成了严重影响。该问题在某高职院校的学业预警系统中体现得尤为显著,因缺乏科学的数据分析模型与专业的分析人员,该系统在运行期间产生了高达28%的误报率。这不仅无法对学习困难学生进行有效预警,反而使教师需频繁处理虚假警报,增加了工作负荷,耗费了大量教学时间,还可能降低预警系统的可信度与整体教育效能。

3.技术运维保障体系缺失

调查结果显示,约65%的高职院校未设置专职的信息技术运维团队。这一现象表明,在数字化转型的时代背景下,诸多高职院校缺乏内部技术支撑能力,极有可能因突发问题致使教学活动中断。具体来说,某高职院校曾斥资560万元建设了一座先进的虚拟仿真实训中心,该系统的设计初衷是提升学生的实践操作技能。然而,在一次核心服务器出现故障时,教学活动被迫中断长达两周。在故障发生期间,高职院校仅能依靠设备厂商的远程支持开展有限的维护工作,无法及时恢复系统运行。这一情况直接对数百名学生的课程进度产生了影响,导致实验课程被迫延期、教学资源闲置,严重干扰了原教学计划的有序执行。此案例凸显了当前高职院校在技术保障体系方面存在的薄弱之处,迫切需要组建专职团队、强化预防机制以及应急响应能力,以此保障教育质量和日常运营的稳定性。

五、文化认同因素

(一)价值观念差异导致的协同障碍

1.育人理念的根本性分歧

在职业教育实践中,校企双方存在深层次的育人理念分歧。调研数据表明,逾72%的企业将“技能熟练度”确立为人才培养的核心目标,着重强调操作能力与生产效率的直接转换;而85%的高职院校秉持“德技并修”的育人理念,在关注专业技能培养的同时,更注重职业素养与综合能力的发展。这种理念差异在实践中往往演化为合作矛盾,以某装备制造龙头企业与省属高职院校的联合培养项目为例,企业坚持将80%的教学时间用于车间实操,而高职院校认为基础理论与素质教育不可偏废。历经六轮谈判仍未达成共识,最终致使该预算达600万元的合作项目夭折。这种深层次的理念冲突反映出校企双方在育人本质认知上存在巨大差距,亟待构建“求同存异”的价值共识机制。

2.评价标准的系统性差异

校企双方在人才培养质量评判标准上存在显著分歧。通过对87份校企共同参与的人才评价报告进行对比分析可知,双方对“优秀人才”认定标准的重合度仅为41%。具体而言,企业更侧重于“即时生产力”(操作熟练度在评价权重中占65%),而高职院校更注重“发展潜力”(理论知识掌握在权重中占55%)。这种评价偏差在某汽车制造订单班体现得极为明显:企业基于生产绩效考核,在32名学员中有18人被评为优秀;而高职院校依据综合测评,仅有7人达到优秀标准,评价差异率高达53%。这种标准差异不仅会对合作公信力产生不利影响,更会致使培养定位模糊不清。对某智能制造专业的跟踪调查表明,因评价标准不一致所引发的“双重适应”压力,致使38%

的毕业生在入职半年内出现职业迷茫现象。

3.组织文化的融合困境

校企合作中的“文化距离”问题日益凸显。调查发现78%的校企合作项目存在不同程度的文化适应障碍，主要体现在管理模式(64%)、沟通方式(57%)、价值取向(49%)三个维度。某中德合作项目的案例极具代表性：德方企业注重流程标准化(偏差容忍度±2%)，而高职院校习惯弹性化管理；德方强调直言不讳的沟通方式，本土教师则倾向委婉表达。这种文化冲突导致项目运行首年学生流失率达40%，远超预期15%的阈值。文化融合难度与行业特性呈正相关，高端装备制造、精密电子等领域的文化适应周期普遍比传统服务业长2~3倍。

(二)参与主体动力不足的现实挑战

1.学生认知的显著性偏差

作为协同育人的直接受益群体，学生的参与主动性呈现出显著不足的态势。全国职业教育满意度调查结果显示，仅有36%的学生能够精准理解协同育人的价值内涵，42%的学生将其简单等同于“企业实习”，另外22%的学生存在认知混淆情况。某现代学徒制项目的追踪数据表明，真正基于职业发展进行考量而主动参与的学员比例低于50%，其余学员多因学分要求(33%)或家长安排(17%)等因素被动参与。这种认知偏差引发了一系列问题：28%的学员存在“重实操轻理论”的倾向，19%的学员对校企双重管理产生抵触情绪，最终致使14%的学员中途退出培养计划。教育心理学家指出，这种参与动机的异质性会使协同效果降低30%以上。

2.教师参与的激励缺失

教师在协同育人中的内驱力严重不足。最新高职院校教师职业发展报告显示，仅28%的专业教师认为参与校企合作有助于职称晋升，35%的教师认为其教学投入得不到合理回报。某国家级示范校组建校企混编教学团队的艰难历程颇具说服力：由于企业工程师与校内教师的待遇差异(课时费相差3~5倍)、评价标准不一致(企业侧重技术革新，高职院校强调论文发表)，该项目耗时11个月才勉强完成团队组建,较原计划延迟6个月。深度访谈揭示,教师参与意愿低下的根本原因在于制度设计缺陷:87%的高职院校未将校企合作成果纳入职称评定核心指标,92%的高职院校缺乏专门的协同育人绩效激励机制。

3.企业参与的制度性疲软

企业端在持续参与方面的积极性显著降低。纵向研究表明,能够坚持深度参与校企合作达三年以上的企业仅占19%,多数企业呈现出"试点即止"的短期行为倾向。某新能源汽车产业链合作项目的数据极具代表性:参与企业的轮换率高达65%,平均合作周期仅为1.7年。经济学者分析认为,这种低迷现象归因于三重矛盾:企业对即时效益的追求与人才培养滞后性之间的矛盾(投资回报率周期为4.3年,而企业平均存活期为2.5年);用人需求的波动性与教育供给稳定性之间的矛盾(行业景气度年度波动幅度为±25%,而培养周期为3年);成本的刚性增长与收益不确定性之间的矛盾(年均育人成本增长12%,而人才留用率仅为57%)。若这种根本性矛盾得不到解决,企业的参与意愿将难以实现实质性提升。

六、各因素间的相互作用机制

协同育人各影响因素之间构成了复杂的动态耦合系统,呈现出非线性的相互作用关系。政策制度作为顶层设计要素,发挥着基础性框架作用。实证研究表明,在政策体系完善的高职院校,跨部门协作效率平均提升47%,项目审批周期缩短62%。这种政策红利通过两种路径传导:一是直接规范作用,如某省出台《校企合作实施细则》后,高职院校合作协议规范性从58%提升至89%;二是间接赋能作用,典型表现为财政配套政策每增加1个单位,企业参与意愿就提升0.83个单位。

第三章 高职院校辅导员与专业课教师协同育人的策略与方法

第一节 建立协同育人机制

一、机制构建的基本原则

(一)系统性原则

1.协同育人机制的整体性

协同育人体系作为一个复杂系统,其运行机理涉及高职院校、产业部门、学习者群体、教师团队以及社会环境等多维度要素的交互作用。各要素通过有序协同,产生教育增值效应,进而形成可持续的育人生态系统。高职院校内部的学科协同是人才培养的底层逻辑。以工程教育为例,公共基础课程与专业核心课程需实现有效衔接。在机械制造专业中,相关课程的教师应建立教研机制,对教学内容进行重构,引入工程案例以提升学习者的知识迁移能力,构建系统的知识架构。产业部门全过程参与是协同育人的关键所在。以计算机专业为例,企业应参与人才培养方案的制定,与高职院校共建课程模块,提供案例与数据集,构建产教融合的知识传递链,助力学生掌握技术动态,提升职业能力。学生的多维能力发展涵盖知识、技能、素养和心理等多个维度。高职院校需构建支持体系,产业部门则应通过实践环节帮助学生建构职业认知,培育相关意识。

教师团队应形成双向赋能机制。专业教师应聚焦于知识构建,辅导员则需关注学生的成长轨迹。当学生面临学业适应障碍时，双方应联合诊断，制定个性化方案，形成教育合力。社会支持系统为协同育人提供制度和资源保障。在政策层面，应创新校企合作制度；行业应运用职业标准规范专业建设。以护理专业为例，行业标准会对课程设计与考核产生影响，企业需提供物质资源，以保障人才培养质量。

2. 协同育人机制的层次性

政校企协同育人机制展现出典型的三级系统结构特征，各层级基于功能定位明确的专业化分工体系，形成纵向贯通、横向耦合的协同育人生态，系统推进高素质技术技能人才培养体系现代化建设。在制度供给层面，中央与地方政府通过构建制度性框架实现协同育人的基础性制度保障。以2022年修订的《中华人民共和国职业教育法》为核心的法律规范体系，协同各省市制定的各地职业教育校企合作促进条例等地方性法规，从立法层面确立了校企双主体协同育人的法定地位。政府部门通过制度性交易成本补偿机制的设计与实施，创新性地运用增值税抵扣、教育附加费返还等组合式财政工具，构建校企协同育人的长效激励机制。2023年全国职业教育财政性经费中企业配套资金占18.7%，较政策实施基准期提升9.2%。在实施主体层面，校企双方构建双主体协同育人模式，形成"需求—供给"精准匹配的协同运行机制。高职院校依托区域产业图谱实施专业动态调整机制，与合作企业共建"人才培养方案联合治理委员会"，推进"一专业一企业群"建设计划。

（二）互补性原则

1. 辅导员教育职责

辅导员的工作职责范围广泛，深度融入学生生活的各个层面，承担着学生思想政治教育的重要使命。通过定期组织开展主题班会，围绕时事热点、历史文化、理想信念等主题内容，引导学生树立正确的世界观、人生观、价值观。

在日常行为管理领域，辅导员需持续关注学生的行为表现，从考勤纪律到宿舍生活规范，均需进行耐心引导与严格监督。一旦发现学生存在迟到早退、违反宿舍作息等情况，辅导员会及时与学生开展个别谈话，深入了解问题背后的成因，以关怀与引导的方式助力学生纠正不良行为习惯，培育良好的自律意识与规则意识。

心理健康引导亦是辅导员工作的关键组成部分。尤其是大一新生初入校园时，面对全新的环境、陌生的同学以及有别于以往的学习模式，诸多学生内心会滋生焦虑、迷茫等负面情绪。辅导员能够敏锐察觉这些变化，及时组织开展新生入学教育活动，详尽介绍高职院校的规章制度、专业设置、师资力量以及未来发展方向，协助学生尽快熟悉校园环境和学习要求。同时，针对出现心理困扰的学生，辅导员会主动与其进行一对一的深度沟通，运用专业的心理学知识和沟通技巧，为学生解决心理难题，帮助他们调整心理状态，顺利度过适应期。

2. 专业教师的职责

反观专业课教师，其工作核心聚焦于专业知识与技能的传授。在教学过程中，依托自身深厚的专业知识积淀与丰富的教学经验，将繁杂的专业理论知识以深入浅出之法呈现给学生。以“计算机编程”课程为例，专业课教师会从编程语言的基本语法规则入手，逐步深入至算法设计思路的解析，通过大量实际案例的演示，学生直观地领会编程的逻辑与方法。在讲解循环结构时，教师会列举计算阶乘、打印九九乘法表等经典案例，助力学生掌握循环语句的运用技巧。

在实践指导环节，专业课教师会引领学生开展课程设计、实验操作以及实习实训等活动。在计算机编程课程的项目实践阶段，教师会给定具体的项目需求，如开发小型管理信息系统，要求学生综合运用所学编程知识，完成从需求分析、系统设计、代码编写到测试调试的全流程。在此过程中，教师会密切关注学生的进展情况，及时给予指导与建议，协助学生解决所遇技术难题，培养学生的实践能力与创新能力。

此外，专业课教师还肩负着学术研究的使命，他们积极投身科研项目，追踪行业前沿技术的发展态势，将最新的研究成果与实践经验融入教学之中，使学生能够接触到最前沿的专业知识与技术，拓展学生的专业视野。

(三)可持续性原则

1.协同育人机制的长效性

稳定的合作关系:协同育人机制的长效性,最为直观且基础的体现是高职院校与企业、行业等多元主体之间构建起稳固且持久的合作关系。这种合作并非短期的、基于即时利益的权宜安排,而是在共同育人目标及长远发展战略的引导下,逐步形成的深度融合、相互依存的合作模式。以汽车制造专业为例,一所规模较大的高职院校与某知名汽车制造企业达成了长期合作协议。在人才培养方面,企业深度参与学生教学过程,依据自身生产实际与技术需求,为高职院校提供详尽的岗位技能要求与人才素质标准,高职院校据此制定个性化人才培养方案。在技术研发领域,双方共享资源,共同攻克技术难题,企业技术人员与高职院校科研团队携手合作,将前沿技术研究成果转化为实际生产力,同时为学生提供参与科研项目的机会,提升其实践能力与创新思维。在员工培训方面,高职院校利用自身教育资源,为企业员工提供专业技能培训与继续教育服务,助力企业提升员工整体素质。通过长期稳定的合作,双方依据实际情况不断优化合作内容、创新合作方式,切实实现了互利共赢的良好局面,有力保障了人才培养的连贯性与稳定性,为汽车制造行业持续输送高质量专业人才。

持续的政策支持:政策支持是协同育人机制长期稳定运行的关键保障。政府部门在推动协同育人工作中发挥着至关重要的作用,需制定一系列全面且具有针对性的政策法规,从资金投入、税收优惠、项目扶持等多方面给予大力支持。例如,政府专门设立校企合作专项基金,该资金主要用于资助校企合作实践教学基地建设。实践教学基地是学生将理论知识转化为实践技能的重要场所,通过资金支持,可购置先进实训设备,营造逼真工作场景,使学生在实践中更好掌握专业技能。同时,专项基金也用于师资培训项目,提升教师实践教学能力与专业素养,使教师能更好地将企业实际需求融入教学内容。在税收优惠方面,对积极参与协同育人的企业给予税收减免政策,降低企业参与育人成本,提高企业积极性。此外,出台相关法规,明确界定校企双方在协同育人中的权利与义务，规范合作行为，避免合作过程中出现责任不清、利益纠纷等问题。持续稳定的政策支持，为协同育人机制营造了良好政策环境，激发了各方参与的积极性与主动性，使协同育人工作能够在有序、规范的轨道上长期开展。

知识与技能的传承与更新：长效性还深刻体现于知识与技能的传承与更新这一关键环节。随着科技以迅猛的速度发展，产业结构持续优化升级，职业领域的知识与技能呈现快速更新换代的态势。在协同育人过程中，高职院校和企业需保持高度敏感性，共同密切关注行业动态。一方面，及时将新知识、新技术、新工艺融入教学内容，确保学生所学知识与技能与时代发展同步，毕业后能迅速适应工作岗位需求。例如，在智能制造领域，随着工业互联网、人工智能等前沿技术的广泛应用，高职院校和企业共同开发智能制造相关课程，引入工业互联网平台架构、人工智能算法应用等前沿知识，培养学生的智能制造技术应用能力。另一方面，注重培养学生的学习能力与创新能力，使学生具备自主学习与终身学习的意识和能力。通过开展项目式学习、创新创业实践等活动，激发学生创新思维，学生在未来职业生涯中，面对不断涌现的新知识、新技术，能够主动学习、积极探索，持续掌握新的知识与技能，实现自身的可持续发展。

2. 协同育人机制的适应性

适应产业结构调整：产业结构调整是经济发展的必然趋向，协同育人机制须具备敏锐洞察产业结构变动并迅速作出调整的能力。在经济全球化与科技进步的驱动下，传统产业持续转型升级，新兴产业蓬勃兴起，这致使人才需求结构与规格发生显著改变。以新能源汽车产业为例，近年来，伴随环保要求提升与电池技术突破，新能源汽车产业步入快速发展阶段，对新能源汽车技术人才的需求大幅增长。高职院校敏锐捕捉到这一市场需求变化，及时开设新能源汽车技术专业。在课程设置上，增添新能源汽车原理、电池管理系统、电机控制技术等相关课程，构建起完善的新能源汽车专业课程体系。同时，企业积极参与专业建设与人才培养进程，为高职院校提供实践教学资源，如实习岗位、实训设备及技术指导等，确保所培养的人才能够精准契合企业与行业需求，达成人才培养与产业发展的无缝衔接。

适应技术创新变革：技术创新作为推动产业发展的核心驱动力，要求协同育人机制能够紧密追随技术创新变革的节奏。在信息技术、生物技术、新材料技术等诸多领域，新技术、新发明不断涌现。高职院校与企业唯有强化合作，共同开展技术研发与创新实践活动，方能使学生接触到最新的技术成果与创新理念。例如，在计算机科学与技术专业，随着人工智能、大数据、云计算等技术的迅猛发展，高职院校与企业合作搭建人工智能实验室。在实验室中，学生参与人工智能算法研究、大数据分析应用等科研项目与实践教学活动。通过实际参与项目，学生不仅能够深入掌握前沿技术知识，还能在团队协作中培育创新能力与实践能力，为未来从事相关领域工作积累丰富经验，做好充分准备。

适应社会需求变化：社会需求的动态演变亦是协同育人机制需要重点适应的关键方面。随着社会的持续进步与人们生活水平的提高，人们对职业教育的期望与要求愈发多元化、高层次化，不仅关注学生专业技能的培养，更注重学生综合素质与职业素养的提升。以旅游管理专业为例，除培养学生扎实的旅游服务技能，如导游讲解、酒店服务等，还需注重培养学生的文化素养、沟通能力与团队协作精神。高职院校与企业可共同开展文化交流活动，如组织学生参与当地文化遗产保护项目，使学生深入了解地方文化，提升文化素养。开展社会实践活动，如安排学生参与旅游景区的志愿服务，锻炼学生的沟通能力与团队协作能力。通过这些活动，丰富学生的文化生活，提高学生的综合素质，使学生能够更好地适应社会对旅游人才的需求，成为具备综合竞争力的高素质旅游专业人才。

二、组织架构机制的设计

组织架构作为协同育人机制运行的根基，对其进行优化是保障协同育人工作高效推进的核心要素。通过设立协同育人专项小组，能够清晰界定各方职责、整合多元资源以及协调各方行动,从而为协同育人工作提供坚实有力的组织支撑。下文将从专项小组的组建、职责分工以及运行机制三个维度,对组织架构的优化展开详尽阐释。

(一)专项小组的组建

1.多元主体参与

为确保协同育人专项小组的组建充分彰显多元主体参与原则,应邀请涵盖高职院校、企业、政府和社会等多方面的代表共同参与。具体而言,高职院校代表可包含校领导、教务处负责人、学生处负责人、二级学院负责人以及辅导员等。此类代表能够从不同维度出发,为协同育人工作提供全面的学校视角与资源支撑。

企业层面,可邀请行业内的龙头企业代表、中小企业代表以及人力资源部门负责人参与。这些企业代表能够带来实际的行业需求与实践经验,为协同育人工作提供市场导向与就业机遇。

政府方面,应涵盖教育部门、人社部门以及地方政府的相关负责人。这些政府代表能够保障协同育人工作契合国家政策与地方发展规划,为项目的顺利推进提供政策扶持与资源保障。

社会方面,可吸纳行业协会代表、社会组织专家以及校友代表等。这些社会代表能够为协同育人工作提供广泛的社会资源与专业建议,增强项目的社会影响力与可持续性。

通过这种多元主体的参与,协同育人专项小组能够兼顾各方利益,形成育人合力,确保育人工作的全面性与实效性。此种合作模式不仅能够推动各方资源的整合,还能为学生营造更为丰富多元的成长环境,进而培养出更适应社会需求的高素质人才。

2.专业性与代表性结合

在选拔专项小组成员时,需着重考量其专业背景与代表性。具体而言,高职院校方面的成员应是对教育教学及学生管理工作有深入认知与丰富经验的负责人,他们能够基于教育一线实际情况,提出切实可行的建议与方案。企业方面的成员应是在相关行业领域拥有丰富实践经验且具备人力资源管理专业知识的专家,他们可为专项小组引入企业界的视角与经验。

政府方面的成员应是熟悉政策制定流程、具备丰富资源调配经验的官员,他们能够保障专项小组的决策与政府政策相契合,并能有效运用政府资源。社会方面的成员应是在特定行业具有较大影响力且具备相关专业知识的代表人物,他们能够代表社会各界的利益与诉求,为专项小组的决策提供多元化视角。

通过这种兼顾专业性与代表性的成员选拔方式,专项小组能够汇聚各方智慧与经验,进而确保在决策过程中科学合理地拟订方案,并在执行过程中高效有序地推进各项任务,最终达成既定目标。

3.明确组织架构与层级

为保障协同育人工作的有序推进,专项小组的组织架构须具备清晰且明确的层级划分。具体而言,该组织架构可划分为三个主要层级,即领导小组、执行小组和专项工作组。

首先,领导小组作为顶层决策机构,由校领导、企业高层与政府负责人联合构成。该小组的核心职责在于制定协同育人的战略规划,确保各方在育人工作中实现协同一致,并作出重大决策,以推动育人工作的顺利开展。

执行小组负责将领导小组的战略规划与重大决策予以具体化并付诸实践。此小组由教务处、学生处以及企业人力资源负责人组成,共同承担协同育人的具体实施与日常管理工作。通过其努力,可确保各项育人举措得以有效落实,并在实施过程中进行必要的调整与优化。

专项工作组聚焦于协同育人工作的特定领域,如心理健康教育、职业生涯规划与实践教育等。该小组由辅导员、专业课教师、企业导师和社会专家组成,各自发挥专业优势,共同推进这些领域的育人工作。通过他们的协同努力,能够为学生提供全方位的指导与支持,助力学生在心理健康、职业规划和实践能力等方面取得显著提升。

(二)职责分工明确

1.领导小组的职责

领导小组作为协同育人专项小组的核心构成部分,肩负着极为关键的职责。其主要负责协同育人的顶层谋划与战略布局,以保障整个协同育人工作得以顺利开展。具体而言,领导小组需设定协同育人的总体目标,明晰其发展走向,并规划出一条切实可行的实施路径。凭借这些顶层设计,领导小组能够为协同育人工作提供清晰的规划蓝图与方向引导。

领导小组还需统筹各方资源,涵盖高职院校、企业、政府以及社会等,以确保协同育人工作稳步推进。其负责为协同育人提供政策扶持,保证相关政策的制定与施行能够为协同育人提供有力支撑。同时,领导小组还需为协同育人工作争取资金扶持,确保有充足的资金投入到协同育人项目中,进而保障项目的顺利实施。

为确保协同育人工作的质量与成效,领导小组还需对协同育人工作的实施效果进行监督与评估。通过定期的评估与监督,领导小组能够及时察觉协同育人工作中存在的问题与不足,并依据评估结果进行相应的调整与优化。如此,领导小组能够确保协同育人策略得以持续改进,从而提升协同育人工作的整体效能。

2.执行小组的职责

执行小组作为协同育人专项小组的执行机构,承担着协同育人具体实施与日常管理的重要职责。例如,执行小组可负责拟定协同育人的年度规划与实施方案,以保障各项任务有序开展。其还需组织并开展各类协同育人活动,涵盖课程合作、实践共育、校企合作等多种形式,以此丰富和拓展协同育人的内容与形式。此外,执行小组还需协调各专项工作组的工作职能,确保协同育人工作高效推进,避免出现工作的重复与遗漏。为更好地改进和优化协同育人工作,执行小组需积极收集并反馈协同育人过程中出现的问题与建议,为领导小组的决策提供有力依据与支撑。通过这些具体且细致的工作,执行小组在协同育人专项小组中发挥着至关重要的作用。

专项工作组作为协同育人专项小组的具体执行主体，负责协同育人在不同领域与环节的实施。例如，心理健康教育工作组可负责学生的心理健康教育及心理问题干预；职业生涯规划工作组可负责学生的职业规划指导与就业服务；实践教育工作组可负责学生的校内实训与校外实习安排；课程合作工作组可负责课程开发、双师型教学团队建设及课程评价。通过明确职责分工，确保协同育人工作全面覆盖、重点突出。

（三）运行机制优化

1.定期会议制度

专项小组宜构建定期会议机制，以保障协同育人工作得以高效推进。具体而言，领导小组可每季度组织一次会议，针对协同育人过程中的重大问题展开研究与解决；执行小组可每月召开一次会议，对各专项工作组的工作进行协调；专项工作组可每周举行一次会议，就具体领域的协同育人工作开展研讨。借助定期会议机制，确保协同育人工作有序实施。

2.信息共享机制

专项小组需构建信息共享机制，以保障各主体间信息传递的通畅性。举例而言，可搭建协同育人信息共享平台，定时发布协同育人的工作动态、活动规划以及成果展示内容；编制协同育人工作简报，向各主体反馈协同育人的推进状况与现存问题；建立协同育人工作档案，记录协同育人的关键活动与成果。借助信息共享机制，实现各主体间的高效协作。

3.监督评估机制

专项小组需构建监督评估机制，以保障协同育人工作的质量与成效。举例而言，可设置协同育人督导小组，对协同育人工作开展定期检查与评估；构建协同育人评价指标体系，对协同育人的实施效果予以科学评估；建立协同育人反馈机制，及时收集各主体的意见与建议，为协同育人工作的改进提供支撑。借助监督评估机制，确保协同育人工作得以持续优化。

三、数字平台沟通机制的搭建

沟通机制作为协同育人机制高效运转的关键要素，健全的沟通机制可保障高职院校、企业、政府以及社会等多元主体间实现信息共享、资源整合与高效协作。借助构建定期会议制度与数字化协同平台，能够有效化解协同育人过程中的沟通难题，提高协同育人的整体效能。下文将从定期会议制度、数字化协同平台的功能设计、平台的应用与推广这三个维度，对沟通机制的完善展开详尽论述。

（一）定期会议制度

1.会议类型与频率

定期会议制度作为沟通机制的关键构成部分，需依据协同育人的实际需求，设置不同类型的会议并确定合理的召开频率。例如，可设置战略规划会议、工作推进会议和专项讨论会议这三种类型。战略规划会议由领导小组每季度组织召开一次，旨在研究协同育人的重大决策与战略方向；工作推进会议由执行小组每月组织召开一次，以协调各专项工作组的工作进展；专项讨论会议由专项工作组根据实际需要灵活组织召开，用于解决具体领域的协同育人问题。借助分层分类的会议制度，保障协同育人工作得以有序推进。

2.会议议程与内容

每次会议均需制定清晰明确的议程与内容，以此保障会议具备较高的效率且务实可行。例如，战略规划会议可涵盖协同育人目标的调整、政策支持以及资源整合等相关议题；工作推进会议可包含协同育人活动的安排、问题反馈以及改进措施等方面的议题；专项讨论会议则可涉及课程开发、实践教育、心理健康教育等具体领域的议题。借助明确的议程与内容，确保会议能够聚焦关键重点，切实解决实际问题。

3.会议记录与反馈

每次会议均需进行详尽记录，并及时向相关主体反馈会议成果。具体而言,可指定专人承担会议记录工作,对会议纪要进行整理并形成书面文档;借助邮件、微信群或数字化协同平台,向相关主体传达会议决议与任务分工;构建会议反馈机制,跟踪会议决议的落实状况,以保障会议成果切实转化为实际行动。

(二)数字化协同平台的功能设计

1.信息共享功能

数字化协同平台须具备强大的信息共享功能,旨在为各参与主体搭建一个便捷且高效的信息交流通道。例如,平台可规划并设置公告栏、新闻动态、活动通知等多个板块,以实时发布协同育人的最新资讯、动态及相关通告。如此,各主体能够在第一时间知悉最新进展与变化。此外,平台还应构建一个资源共享库,用于上传和存储各类资源,如课程资料、实践案例、行业报告等。这些资源可供各主体随时查阅与下载,便于其获取所需的学习与参考资料。借助此类信息共享功能,数字化协同平台能够保障各主体及时获取所需信息,进而提升协同育人的效率与成效。

2.任务协作功能

数字化协同平台须具备强大的任务协作功能,以支撑各参与主体高效开展在线协同工作。具体而言,平台可设置任务分配模块,使管理者能便捷地将任务分配至各团队成员;同时,进度跟踪模块有助于团队成员实时掌握任务进展,保障任务按时完成。此外,成果提交模块允许团队成员在线提交工作成果,便于管理者进行审核与评估。为进一步推动各主体间的沟通与协作,平台还应设置便捷的在线讨论区。在该讨论区中,各主体可就具体问题展开实时交流与探讨,分享观点和建议,进而快速解决问题,提升工作效率。通过综合运用这些任务协作功能,数字化协同平台能够显著提高协同育人的工作效率,促使各主体更高效地达成共同目标。

3.数据分析功能

数字化协同平台须具备强大的数据分析能力,从而为协同育人提供科学的决策依据。具体而言,平台可设置多个功能模块,如数据统计、绩效评估以及趋势分析等。这些模块能够对协同育人的实施成效开展细致的量化分析，并以可视化的形式呈现结果。此外，平台还应设立反馈收集模块，用以收集各参与主体的意见与建议，进而为协同育人工作的持续优化提供有力支撑。凭借这些数据分析功能，数字化协同平台能够大幅提高协同育人的科学性与精准度，保障育人工作的高效性与有效性。

（三）平台的应用与推广

1.平台培训与支持

为保障各参与主体能够熟练掌握并高效运用数字化协同平台，提供全面的培训与技术支持具有关键意义。首先，可组织一系列平台使用培训会议，邀请各参与主体参会。在培训会议中，对平台的各项功能、操作方法及最佳实践进行详细阐释，确保参会者能够充分领会并掌握平台的使用技巧。此外，为便于各参与主体在培训会议之外自主学习，可编制一份详尽的平台使用手册并制作一系列视频教程。这些手册与视频教程应涵盖平台的所有功能及操作步骤，使各参与主体能够随时查阅学习，进一步强化其使用技能。除培训与自学资料外，设立一个专业的技术支持团队亦不可或缺。该团队应由经验丰富的技术人员构成，能够及时提供技术支持并解答各参与主体在使用平台过程中遇到的各类问题。技术支持团队可通过电话、电子邮件、在线聊天等多种渠道，为各参与主体提供便捷服务。此外，还可构建一个常见问题解答（FAQ）数据库，收集整理各参与主体在使用平台过程中遇到的常见问题及其解决方案，供所有用户随时查阅。

2.平台推广与激励

为进一步提升数字化协同平台的使用率，需实施一系列行之有效的推广与激励举措。其一，可借助多种渠道向各相关主体宣传该平台的功能与优势。例如，设计制作精美宣传海报，张贴于显著位置，以吸引公众关注；通过微信公众号推送平台相关资讯，拓展宣传覆盖面；在校园网站设置专门宣传页面，详尽介绍平台功能及使用方法。通过上述多渠道宣传途径，使更多主体了解并认知平台的价值。

为激发各相关主体使用平台的积极性，可构建平台使用积分与奖励机制。具体而言，当个人或团队积极参与平台使用时，系统将自动记录其使用情况，并依据使用频率与质量赋予相应积分。这些积分可在平台上兑换各类奖励，如优惠券、礼品卡或其他实用物件。此外，还可定期举办表彰活动，对在平台上表现卓越的个人与团队予以公开表彰，颁发荣誉证书或奖杯，以资鼓励。

3.平台优化与升级

基于各方使用者反馈意见以及协同育人实际需求，本研究团队持续对数字化协同平台开展优化与升级工作。具体而言，定期收集教师、学生及其他相关主体的使用意见与建议，以对平台功能及用户界面进行精细化改进与优化。此外，为契合协同育人进程中不断产生的新需求，还将开发新的功能模块，如在线课程、虚拟实训与职业测评等。通过上述持续性的优化升级举措，确保数字化协同平台能够始终契合协同育人的各类需求，进而为各参与主体提供更为高效、便捷且丰富的教育体验。

四、课程资源共享机制的整合

高职院校要实现真正有效的协同育人，必须打破传统资源孤岛，构建系统化、开放型的资源共享机制。本部分围绕课程资源共建、教学案例库开发、校企资源深度整合三个维度，提出具体实施路径。

（一）课程资源共建

1.开发“思政+专业”融合课程

实施“思政+专业”融合课程建设需要建立系统化的工作机制，通过“团队组建—元素挖掘—教学设计—实施反馈”四步走的方式实现有效融合。具体而言，首先由教学管理部门牵头，组建由3~5名专业课骨干教师、1~2名思政辅导员和1名校外企业专家组成的课程开发团队，团队成员须具备跨学科视野和丰富的教学经验。在元素挖掘阶段，采取“三层次分析法”：第一层次分析专业课程的知识体系中蕴含的显性思政元素（如机械制造专业中的工匠精神、护理专业中的医者仁心);第二层次挖掘知识背后的隐性价值(如程序设计中的逻辑思维培养、市场营销中的诚信教育);第三层次梳理专业发展史中的典型人物和事件(如“两弹一星”科学家的爱国精神)。在教学设计方面,采用“四维渗透法”:在课程标准中明确思政目标占比不低于15%;在教案设计中设置“思政导入—专业讲解—思政升华”的教学环节;在课堂实施中采用案例教学、情景模拟等方式自然融入;在评价体系中增设20%的思政考核权重。以电子商务专业为例,在“网络营销”课程中可设计“直播带货中的诚信经营”教学模块,通过分析典型案例(如虚假宣传的法律后果),引导学生建立职业伦理意识。为保证质量,需建立“三级审核机制”:系部初审课程思政目标的合理性,教务处二审教学设计的可行性,教学委员会终审整体方案的完整性。同时设立“课程思政资源库”,收录优秀教学案例供教师参考,并定期组织教学展示和研讨活动。通过量化评价(学生满意度调查)和质性评价(教学督导听课)相结合的方式,持续优化课程建设,最终形成特色鲜明的专业思政课程体系,真正实现知识传授与价值引领的同频共振。

2.保障机制

为确保“思政+专业”融合课程的有效开发与实施,高职院校需要建立完善的保障体系。首先要设置专项经费支持,按照“项目制”原则提供5万~10万元/门的课程开发资金,用于教师培训、案例编写和教材开发等。同时,将课程建设成果纳入教师绩效考核体系,在职称评定中设置10%~15%的权重,并将融合课程的教学时数按1.2倍常规课时的标准计算。此外,高职院校应建立三级督导机制:教学委员会负责课程方案的审定,督导组定期听课评估实施效果,学生信息员实时反馈教学情况。每年组织开展“课程思政示范课”评优活动,对表现突出的团队给予3万~5万元的专项奖励。通过“经费支持—绩效考核—质量监控—表彰激励”的四维保障,确保融合课程的可持续发展。

3.构建校企协作的“活页式”课程

校企协作的“活页式”课程建设是一项系统性工程,实施路径需要通过

“五个联动”实现教学内容的动态更新与产业需求的精准对接。首先建立校企联合课程开发委员会，由高职院校专业带头人、骨干教师和企业技术专家（比例1:1）组成，每个季度召开课程更新研讨会。在内容建设方面采取“三阶更新法”：一阶更新是通过企业导师即时反馈行业最新技术标准（如工业互联网的最新协议标准）；二阶更新是根据企业实际项目案例提取典型工作任务（如智能生产线调试的12个关键步骤）；三阶更新是结合毕业生跟踪调研结果调整能力培养重点。以智能制造专业为例，可将课程内容拆分为20～30个独立的“活页模块”（如“工业机器人视觉识别”“5G+工业互联网组网”等），每个模块包含技术文档、教学案例、实训项目三部分内容。在实施环节采取“双线并行”机制：线上建立数字化课程资源平台，支持企业实时推送新标准文档；线下设立“校企课程研发中心”，每月组织教师下企业实践、技术专家进校园授课。为确保更新质量，建立“三级审核”流程：企业总工审核技术准确性（占40%）、专业带头人审核教学适用性（占30%）、教学督导审核实施可行性（占30%）。同时依托现代信息技术手段，为每份活页教材配置二维码，扫码即可查看修订记录、扩展资源和技术论坛。通过这种灵活可迭代的课程建设模式，确保教学内容始终与产业前沿保持同步，真正实现“课堂即车间、教材即工艺”的职业教育特色。

（二）教学案例库开发

1. 建设“三级分类”案例库

构建系统化、多层次的案例库是提升教学质量的关键支撑。在分类标准上，“三级分类”体系采用“金字塔”结构：底座为基础案例（40%），主要解决教学管理中的共性问题和基础技能训练需求，如课堂纪律管理、基础实训操作规范、文档撰写标准等；中间层为专业案例（45%），聚焦行业典型工作场景和技术难点，根据不同专业特点细分为生产类（如机械加工工艺优化）、服务类（如酒店客户投诉处理）、技术类（如软件系统调试）三大子类；塔尖为综合案例（15%），重点培养学生复合能力，涉及跨专业协作、产教融合、职业道德等综合素养培养。

在实施路径上，建立“三位一体”的案例采集网络：教师渠道要求每位专任教师每学期提交2个以上教学案例，并纳入年度考核指标；企业渠道通过共建的“校企案例协作平台”，由合作企业定期上传真实工作情境案例（每年不少于20个）；学生渠道设立“学习者案例贡献”制度，鼓励学生收集实习中的典型案例（经教师指导修改后可加分）。所有案例采取“双盲评审制”：先由专业组初筛（淘汰率30%），再经教学委员会终审（含校外专家），重点评估案例的典型性（40%）、教学适用性（30%）和创新性（30%）。入库案例实行“星级管理”，五星案例（15%）可获专项奖励，并优先推荐参评省级教学资源。同时建立动态更新机制，每学期淘汰10%过时案例，确保案例库持续保持行业前沿性和教学实用性。

2. 开发数字化共享平台

功能设计：为打造智能化、互动型教学案例资源库，数字化共享平台采用“1+3+N”功能架构：以云端数据库为核心载体，构建智能检索系统、互动评价系统、数据分析系统三大主模块，并延伸多元化子功能。智能检索系统支持多维度查询，既可按“专业领域—案例类型—适用课程”三级分类筛选，又能通过自然语言处理实现语义搜索（如输入“学生实训受伤”可关联安全防护案例）；互动评价系统设立星级评分、弹幕式评语（限200字）、点赞排行等功能，并开发“案例优化建议”通道，允许使用者标注内容更新需求；数据分析系统实时生成“案例热度排行榜”“高频下载TOP20”“企业端使用率”等可视化报表。

平台特别设置“企业导师互动区”，采取“认证制+悬赏制”双轨运行：企业技术专家通过实名认证后，可在线标注案例中的技术迭代点（如标注“某机械加工案例中的公差标准已更新”）；教师可发布“悬赏问题”（如“如何应对Z世代员工的离职潮”），企业导师答疑将积累“技术积分”，可兑换校企合作资源。

保障机制：建立“四方联动”激励机制：对教师群体，实施“职称评聘双挂钩”，入选省级案例库按等同于1篇核心期刊论文计分；对企业导师，推行“资源兑换计划”,每贡献1个技术案例可折合为2小时免费使用校内实训基地,年度积分TOP10可获“客座教授”聘书;对学生用户,设置“案例众筹奖励”,被采纳的实习案例可按0.5学分/篇置换选修课学分。

技术保障方面采用“区块链+云备份”双保险:所有案例上传时自动生成时间戳和数字指纹,企业提供的核心技术案例可设定“定向解密”权限(仅指定专业师生可见);平台运维实行“双周迭代”,根据用户行为数据(如某案例平均浏览时长不足30秒)自动触发优化预警。通过构建“共建—共享—共赢”的生态闭环,确保平台成为产教融合的“神经中枢”。

(三)校企资源深度整合

1.设备与场地资源共享

在产教融合背景下,校企资源整合已从简单的硬件共享升级为“双向赋能”的深度合作模式。企业端资源转化采取“三阶段渐进式”开放策略:初级合作阶段(1~2年),企业可开放非核心生产区域作为教学场景,如汽车4S店将保养工位改造为“教学工位”,学生可参与实际车辆养护并同步学习维修标准;中级合作阶段(3~5年),共建“厂中校”实训基地,例如电子制造企业可划分SMT产线作为“教学特区”,配置双系统(生产系统+教学系统)实现实操训练;高级合作阶段(5年以上),企业投入淘汰生产线用于教学研发,如数控加工专业可将企业更新的五轴机床改造为“智能制造教具”,既解决设备更新成本问题,又保持技术先进性。

高职院校资源社会化应用构建“三维服务网络”:空间维度上划分“基础技能区—专项实训区—综合创新区”,例如智能制造学院白天用于学生实训,晚间及周末开放给企业进行员工技能比武;设备维度实施“分级共享制”,将价值50万元以下设备设为完全开放型,50万~100万元设备实行预约制,100万元以上特种设备配备企业技术人员协同操作;管理维度开发“智慧调度系统”,通过物联网技术实现设备使用状态实时监控、耗材自动补给、远程专家诊断等功能。以共建的“智能焊接认证中心”为例,企业可借用高职院校焊接机器人进行工艺测试,高职院校则利用企业提供的行业认证标准开发培训课程,形成“技术研发—人才培养—认证服务”的闭环生态。

为确保资源利用效率,建立“四单管理制度”:企业填写《设备共享需求单》注明使用目的和参数要求,高职院校出具《资产调用审批单》明确权责归属,双方签订《安全运维承诺书》建立双重保险机制,最终形成《效益分析报告》评估使用成效。通过这种“所有权不变、使用权共享、收益权分配”的创新模式,实现设备利用率提升40%以上,年均节约实训成本60万元的显著效益。

2.人力资源协同机制

双导师制实施体系构建“三维联动”培养架构:在教学实施层推行“一课双师”,专业课教师负责理论框架构建,企业导师聚焦实践应用指导,如软件技术专业开发“企业级项目实战库”,由企业工程师提供真实项目需求书(如“电商促销系统高并发优化”),高职院校教师将其分解为教学单元并配套开发理论知识模块。在人才培养层建立“人才交互任职”制度,专业教师每五年需完成累计1年的企业挂职,其间参与企业技术攻关可作为科研成果认定;企业技术骨干需每年完成不低于32课时的教学任务,其指导学生竞赛获奖可等效为企业技术创新奖励。在资源整合层实施“师资能力互补计划”,通过每月举办的“技术+教学”联合教研会,促使企业导师掌握CDIO教学法,帮助教师理解AGILE开发流程,最终形成双师协同的标准化工作手册。

实施范例以软件技术专业为例,在“移动应用开发”课程中采用“1+1+1”指导模式:1个企业项目(如某物流公司配送APP开发)由1名校内教师和1名企业工程师共同指导5～8名学生团队。教学过程设置三个关键节点:需求分析阶段企业导师主导客户沟通模拟,开发阶段双师联合进行代码审查,交付阶段共同参与项目答辩评分。项目实施中产生的知识产权采取“三方协议”管理,学生保留署名权,企业享有优先使用权,高职院校留存教学使用权。

保障机制设计“四位一体”支撑体系:资金保障方面设立专项基金,对参与教学的企业导师按200元/课时发放授课补贴,对赴企业实践的教师给予日均150元差旅补助;制度保障要求企业将导师工作纳入KPI考核,高职院校将企业实践作为职称晋升必要条件;技术保障开发“双师协同工作平台”,

实现项目进度跟踪、在线联合评审、教学资源互通等功能；质量保障实施“双向考核机制”，学生对企业导师的指导质量评分占其年度绩效考核的30%，企业对教师实践成果的验收报告作为岗位聘用重要依据。通过某职院的试点数据表明，该机制使毕业生对口就业率提升27%，企业新技术落地教学转化周期缩短至3个月，真正实现人才链与产业链的深度咬合。

五、量化考核激励体系的构建

在职业教育迈向高质量发展的时代背景下，构建科学且合理的激励评价体系，是保障相关政策有效落实、提高人才培养质量的关键要素。将量化考核与奖励政策进行有机整合，可充分激发高职院校、教师及学生的主观能动性，进而推动职业教育实现可持续发展。

（一）量化考核体系的构建

量化考核是激励评价体系的核心组成部分，其目的是通过客观、可衡量的指标，全面评估高职院校、教师和学生的表现，为奖励政策的实施提供依据。

1.院校层面考核

人才培养质量：以毕业生就业率、对口就业率、职业资格证书获取率等为核心指标，衡量高职院校的人才培养成效。具体而言，毕业生就业率反映了高职院校培养的学生在劳动力市场中的竞争力，对口就业率则体现了专业设置与产业需求的匹配度，职业资格证书获取率则直接反映了学生的职业技能水平。此外，还可以引入毕业生薪资水平、雇主满意度等指标，进一步全面评估人才培养的质量与市场认可度。通过这些指标的综合分析，能够为高职院校优化专业设置、改进教学模式提供科学依据，从而提升人才培养的整体水平。

社会服务能力：通过校企合作项目数量、技术服务收入、社会培训规模等指标，评估高职院校服务经济社会发展的能力。校企合作项目数量反映了高职院校与行业企业的紧密程度，技术服务收入则体现了高职院校在技术研发与成果转化方面的贡献，社会培训规模则直接衡量了高职院校在提升社会劳动者技能水平方面的作用。此外,还可以引入社会服务项目的影响力、企业反馈满意度等指标,进一步全面评估高职院校的社会服务能力。通过这些指标的考核,能够推动高职院校更加注重与产业需求的对接,提升服务区域经济社会发展的能力。

教学资源建设:以数字化教学资源数量、实训基地建设水平、师资队伍结构等为考核内容,反映高职院校的教学条件与资源投入。数字化教学资源数量体现了高职院校在教育信息化方面的建设成果,实训基地建设水平则直接关系到学生的实践能力培养,师资队伍结构则反映了高职院校的教学力量与专业水平。此外,还可以引入教学设备更新率、课程资源开发数量等指标,进一步全面评估高职院校的教学资源建设情况。通过这些指标的考核,能够推动高职院校加大教学资源投入,改善教学条件,为高质量人才培养提供坚实保障。

创新成果:通过科研项目数量、专利授权数、教学改革成果等指标,衡量高职院校的创新能力。科研项目数量反映了高职院校在科学研究方面的活跃度,专利授权数则体现了高职院校在技术创新方面的成果,教学改革成果则直接反映了高职院校在教育模式创新方面的探索。此外,还可以引入科研成果转化率、创新团队建设情况等指标,进一步全面评估高职院校的创新能力。通过这些指标的考核,能够推动高职院校更加注重科研与教学的结合,提升创新能力,为职业教育的高质量发展注入新动力。

2.教师层面考核

教学成效评估:为全面评价教师的教学效能,本研究采纳了多元化的评价指标体系。首先,学生评教结果作为关键参考,通过学生反馈及评价,反映教师课堂表现及教学方法的有效性。其次,课程通过率作为核心指标,体现学生整体学习成效及教师教学成果的直接反映。最终,教学竞赛获奖情况作为衡量教师教学水平的重要标准,通过教师在教学竞赛中的成绩,展示其在教学创新及方法上的卓越表现。

科研能力评价:为全面衡量教师的科研能力,本书设定了多项评估指标。首先,科研项目参与度作为重要衡量标准,通过教师参与科研项目的数量及质量,反映其在科研领域的活跃程度及贡献。其次,论文发表数量作为关键指标,通过教师在学术期刊上发表论文的数量及质量,展示其在学术研究上的成果及影响力。最后,技术转化成果作为重要衡量标准,通过教师在科研成果转化为实际应用方面的表现,反映其在科技创新及实际应用方面的贡献。

社会服务贡献反映:为全面反映教师的社会服务贡献,本书设定了多项考核内容。首先,参与企业技术攻关作为重要考核内容,通过教师在帮助企业解决技术难题方面的表现,体现其在实际应用中的专业能力及贡献。其次,社会培训授课作为关键考核内容,通过教师在社会培训中的授课情况,展示其在知识传播及技能提升方面的贡献。最后,行业标准制定作为重要考核内容,通过教师在制定行业标准方面的参与及贡献,反映其在行业发展中的话语权及影响力。

职业成长评估:为全面评估教师的职业成长,本书设定了多项评估指标。首先,继续教育参与度作为重要参考依据,通过教师在继续教育中的参与情况,反映其在专业知识更新及技能提升方面的积极性及努力程度。其次,职业资格证书获取情况作为关键指标,通过教师获取的职业资格证书数量及质量,展示其在职业发展道路上的努力及成就。通过这些指标的综合评估,可以全面了解教师的职业成长情况。

3.学生层面考核

学业成绩:学业成绩的评估不仅仅局限于传统的课程成绩,还包括学生在各类技能竞赛中的获奖情况以及所获得的职业资格证书。这些考核指标综合反映了学生在学术领域的学习成效和专业技能的掌握程度。

实践能力:实践能力的衡量主要通过学生在实习期间的表现、实训项目的完成情况以及在创新创业方面的成果来进行。这些指标能够全面地反映出学生将理论知识应用于实际操作中的能力和创新思维的水平。

综合素质:综合素质的评估不仅仅局限于学术成绩,还包括学生在社会活动、志愿服务以及团队合作中的表现。通过这些考核内容，可以全面地评估学生的社会责任感、团队协作能力和综合素质。

职业发展：职业发展的评估通过就业质量、职业发展潜力等指标来进行。这些指标能够反映出学生在就业市场中的竞争力以及未来职业发展的潜力，帮助学生更好地规划自己的职业生涯。

（二）奖励政策的制定与实施

奖励政策是激励评价体系的重要组成部分，其目的是通过物质与精神奖励相结合的方式，激发高职院校、教师和学生的积极性与创造力。

1.院校奖励政策

资金支持：对考核优秀的高职院校给予专项资金支持，用于教学资源建设、科研项目开展、师资培训等。具体而言，资金支持可以用于购置先进的教学设备、开发高质量的数字化教学资源、建设现代化的实训基地，从而改善高职院校的教学条件；同时，资金还可以用于支持科研项目的开展，包括基础研究、应用研究和技术转化，提升高职院校的科研能力；此外，专项资金还可用于师资培训，支持教师参加国内外进修、学术交流、技能提升等活动，提高教师的专业水平和教学能力。通过资金支持，能够为优秀高职院校提供充足的资源保障，助力其在高水平发展中取得更大突破。

政策倾斜：在项目申报、招生计划、专业设置等方面给予优秀高职院校政策倾斜，支持其优先发展。在项目申报方面，优先支持优秀高职院校参与国家级、省级重点项目的申报与实施，为其提供更多发展机会；在招生计划方面，适当增加优秀高职院校的招生名额，扩大其办学规模，吸引更多优质生源；在专业设置方面，优先支持优秀高职院校开设符合区域产业发展需求的新兴专业，优化专业结构，提升人才培养的针对性和适应性。通过政策倾斜，能够为优秀高职院校创造更加有利的发展环境，推动其在职业教育领域发挥示范引领作用。

荣誉表彰：对表现突出的高职院校授予“职业教育先进单位”“产教融合示范校”等荣誉称号，提升其社会影响力。通过荣誉表彰，不仅能够肯定优秀高职院校在人才培养、社会服务、教学改革等方面取得的显著成绩，还能够增强其社会认可度和品牌价值。同时，荣誉表彰还可以通过媒体宣传、经验交流等方式，推广优秀高职院校的成功经验，为其他高职院校提供借鉴和参考。此外，荣誉表彰还能够激励高职院校之间形成良性竞争，推动职业教育整体水平的提升。通过荣誉表彰，能够为优秀高职院校树立标杆形象，进一步扩大其社会影响力，为高职教育的高质量发展注入更多动力。

2.教师奖励政策

绩效奖励：对考核优秀的教师给予绩效奖励，包括奖金、津贴等，激励其提升教学与科研水平。具体而言，绩效奖励可以根据教师在教学、科研、社会服务等方面的综合表现进行分级评定，对表现突出的教师给予相应的奖金或津贴。例如，对教学质量高、学生评价好的教师给予教学绩效奖励；对科研成果显著、项目贡献大的教师给予科研绩效奖励；对在校企合作、社会培训等方面表现突出的教师给予社会服务绩效奖励。通过绩效奖励，能够充分调动教师的积极性，激发其在教学与科研领域的潜力，推动高职院校整体水平的提升。

职业发展支持：为优秀教师提供国内外进修机会、科研项目支持、职称晋升绿色通道等，促进其职业成长。具体而言，可以支持优秀教师参加国内外知名高职院校的进修项目，学习先进的教育理念和教学方法；为优秀教师提供科研项目支持，包括资金、设备和团队支持，助力其开展高水平研究；在职称评审中，为优秀教师开辟绿色通道，简化评审流程，优先考虑其晋升机会。通过职业发展支持，能够为优秀教师提供更广阔的发展平台，帮助其实现职业目标，同时为高职院校培养更多高水平的教学与科研骨干。

荣誉表彰：对表现突出的教师授予“优秀教师”“教学能手”“科研先锋”等荣誉称号，增强其职业成就感。通过荣誉表彰，不仅能够肯定教师在教育教学、科学研究、社会服务等方面的突出贡献，还能够提升其在校内外的知名度和影响力。同时，荣誉表彰可以通过经验分享、事迹宣传等方式，激励更多教师向优秀看齐，形成良好的教学与科研氛围。此外，荣誉表彰还可以与绩效奖励、职业发展支持相结合，为优秀教师提供更多发展机会。通过荣誉表彰，能够增强教师的职业成就感和归属感，激发其持续提升自身能力的动力。

3.学生奖励政策

奖学金：对考核优秀的学生给予奖学金奖励，包括国家奖学金、企业奖学金、院校奖学金等，激励其努力学习。具体而言，国家奖学金用于奖励品学兼优、全面发展的学生；企业奖学金由合作企业设立，用于奖励在专业技能、实践能力等方面表现突出的学生；院校奖学金由高职院校设立，用于奖励在学术研究、创新创业、社会服务等方面表现优异的学生。通过奖学金奖励，能够激励学生更加努力学习，提升自身综合素质，同时为优秀学生提供经济支持，减轻其学习负担。

就业支持：为优秀学生提供优先推荐就业、实习机会、职业规划指导等，助力其职业发展。具体而言，可以优先推荐优秀学生到合作企业或知名单位就业，为其提供更多的职业选择；为优秀学生提供高质量的实习机会，帮助其积累实践经验；为优秀学生提供个性化的职业规划指导，帮助其明确职业目标和发展路径。通过就业支持，能够为优秀学生创造更加有利的就业条件，助力其顺利实现从学校到职场的过渡。

荣誉表彰：对表现突出的学生授予“优秀学生”“技能标兵”“创新创业之星”等荣誉称号，增强其自信心与荣誉感。通过荣誉表彰，不仅能够肯定学生在学术、技能、创新等方面的优异表现，还能够提升其在校内外的认可度和影响力。同时，荣誉表彰可以通过事迹宣传、经验分享等方式，激励更多学生向优秀看齐，形成良好的学习与创新氛围。此外，荣誉表彰还可以与奖学金、就业支持相结合，为优秀学生提供更多发展机会。通过荣誉表彰，能够增强学生的自信心与荣誉感，激发其持续追求卓越的动力。

（三）激励评价体系的实施保障

为确保激励评价体系的有效实施，需要建立完善的保障机制，包括政策支持、资源投入、监督反馈、宣传推广等方面，确保体系运行的规范性、公平性和可持续性。

1.政策支持

制定明确的激励评价政策文件,明确考核指标、奖励标准、实施流程等,为体系运行提供制度保障。具体而言,政策文件应详细规定考核的具体内容、评分标准、奖励类型及发放方式,确保考核过程有章可循、有据可依。同时,政策文件还应明确各部门的职责分工,确保激励评价体系的实施责任到人、落实到位。此外,政策文件应根据实际运行情况定期修订和完善,确保其与职业教育发展的新形势、新需求相适应。通过政策支持,能够为激励评价体系的实施提供坚实的制度基础,确保其规范性和权威性。

2.资源投入

加大资金投入,确保奖励政策的落实,同时为量化考核提供必要的技术支持与人力资源保障。具体而言,应设立专项经费,用于奖励优秀高职院校、教师和学生,确保奖励政策能够及时、足额发放。同时,应加大对考核技术平台的投入,开发智能化的考核系统,实现数据采集、分析和评价的自动化,提高考核效率和准确性。此外,还应加强人力资源保障,组建专业的考核团队,确保考核过程的专业性和公正性。通过资源投入,能够为激励评价体系的实施提供充足的物质和技术支持,确保其顺利运行。

3.监督反馈

建立监督机制,确保考核过程的公平、公正、公开,同时通过定期反馈,及时优化考核指标与奖励政策。具体而言,应成立专门的监督机构,对考核过程进行全程监督,确保考核结果的客观性和公正性。同时,应建立透明的信息公开机制,将考核指标、评分标准和考核结果向社会公开,接受广泛监督。此外,还应建立定期反馈机制,通过问卷调查、座谈会等形式,收集高职院校、教师和学生对激励评价体系的意见和建议,及时优化考核指标和奖励政策,确保体系更加科学合理。通过监督反馈,能够不断提升激励评价体系的公信力和有效性。

宣传推广:通过宣传推广,提高高职院校、教师和学生对激励评价体系的认知与参与度,营造积极向上的氛围。具体而言,可以通过官方网站、微信公众号、宣传手册等多种渠道，广泛宣传激励评价体系的目标、内容和意义，提高其社会认知度。同时，可以通过举办经验交流会、优秀案例展示等活动，推广优秀高职院校、教师和学生的先进经验，激发更多参与者的积极性。此外，还可以通过媒体报道、专题宣传片等形式，扩大激励评价体系的影响力，营造全社会关注高职教育发展的良好氛围。通过宣传推广，能够为激励评价体系的实施营造良好的外部环境，推动其深入人心、落地生根。

第二节 创新协同育人模式

一、"思政+专业"融合育人模式

(一)"三纳入"工作机制的系统构建

在产教融合背景下，"三纳入"机制已成为贯通思政教育与专业培养的关键枢纽。以某国家"双高计划"建设高职院校的实践为例，该校在2022年人才培养方案修订中，要求所有专业必须完成三个层面的制度化改造。

1.将思政要素纳入专业人才培养方案的深化实践

在新时代职业教育改革背景下，人才培养方案的优化改造成为推进"思政+专业"融合的基础性工程。某国家"双高计划"建设高职院校通过三年探索，形成了"四位一体"的专业人才培养方案重构模式：

在目标定位维度，该校要求各专业建立"三维目标体系"：知识技能目标：保留传统专业技能要求，如某智能制造专业设定"掌握工业机器人编程与操作"等基础目标；能力发展目标：新增"技术伦理决策能力""创新责任意识"等素养指标；价值引领目标：明确"工匠精神培育""职业认同塑造"等具体预期。

在课程体系维度，实施了"三层渗透"方案：基础课程层：通过"专业导论"植入行业发展史教育，如铁道工程专业开设"中国高铁精神"专题模块；核心课程层：在"PLC控制技术"等课程中设置"质量红线意识"情境任务，将安全生产规范转化为教学案例；拓展课程层：开发“工程伦理”“职业法规”等限定选修课，构建“技术+人文”课程群。

在实施保障维度，创新性地建立了三项配套制度：双导师备课制：每门专业核心课程配备1名思政教师参与课程标准制定；教学资源联建制：企业提供真实质量事故案例用于教学设计；学习成果互认制：学生参与“劳模大讲堂”等活动可兑换素质学分。典型案例显示，某新能源汽车专业通过这种改造，使人才培养方案中思政要素占比从7%提升至23%；专业课程与思政教育的耦合度评分达4.8分（5分制）；毕业生在企业的职业道德测评优良率连续两年保持91%以上。

2.将课程思政纳入教师绩效考核的机制创新

在推进“课程思政纳入教师绩效考核”的改革实践中，科学构建指标体系是实现价值引领与专业教育有机融合的核心环节。经过三年试点探索形成的“三维九级”考核指标体系，呈现出系统化、专业化、可量化的重要特征。

基础性指标（占比40%）构成了考核体系的基准框架，着重评估教师开展课程思政的基本功：思政元素挖掘数量要求教师每学期至少开发5个与专业内容深度融合的思政教学点。例如机械制造专业教师需结合“数控编程”知识点，挖掘“精密加工中的工匠精神”等具体案例。课堂思政融入时长设定每课次不低于8分钟的标准，通过教学督导随机听课、课堂录像AI分析等方式进行监测，确保思政教育不是“蜻蜓点水”而是“润物无声”。学生价值认知测评通过率设置80%的达标线，采用情景测试、案例分析等多元形式，评估学生对专业伦理、职业规范等核心价值的理解和内化程度。发展性指标（占30%）引导教师追求更高层次的育人成效，形成可持续发展机制：教学案例获奖层次建立分级激励制度，校级案例奖积1分、省级积3分、国家级积5分。某高职院校教师团队开发的“电路调试中的安全责任意识培养”案例获全国一等奖，带动整个教研室建设热潮。教研论文发表数量特别强调核心期刊的引领价值，规定在《中国职业技术教育》等刊物发表论文可获双倍积分，推动理论研究成果转化。校际经验分享次数不仅要求“走出去”开展跨校交流,更看重形成的辐射效应,如某教师的“专业课程思政五步法”已被8所高职院校采纳应用。

创新性指标(占30%)鼓励教师突破传统模式,探索育人方式变革:混合式教学中的思政设计着重评估技术创新,如使用VR技术模拟工程伦理冲突情境,让学生“沉浸式”体验技术决策的价值权衡。某校开发的“智能制造伦理虚拟实验室”获国家教学成果奖。企业实践项目的价值引导要求教师指导学生完成包含社会效益分析的责任报告。如建筑专业师生在参与社区改造项目时,同步提交《历史文化保护方案》,获得地方政府采纳。学生创新项目的伦理审查建立预防机制,教师需指导学生填写《技术应用风险评估表》。某校机器人团队在参赛前完成“自动化设备的伦理边界”专项论证,得到大赛评委高度评价。

3.将价值引领纳入实训教学评价的范式转型

现代高职教育正在经历一场深刻的教学评价变革,其核心就是从单一的技能考核转向德技并重的综合评价。这种转型不仅是职业教育内涵发展的必然要求,更是回应产业升级对高素质技术技能人才需求的重要举措。传统的实训教学评价往往聚焦于操作技能的熟练程度、工艺标准的完成质量等显性指标,而对学生的职业素养、创新思维、伦理判断等隐性维度缺乏系统考量。随着产业变革和育人理念的发展,我们需要重新审视实训评价的功能定位,构建一个既能客观反映学生技能水平,又能引导其职业价值观养成的评价新体系。这种转型本质上是对高职教育育人理念的回归与超越,是实现技术传授与价值引领同频共振的关键路径。

价值引领导向的实训教学评价转型,重点在于重构评价维度和创新评价方式。一方面,要建立起包含职业技能、职业素养和职业精神的多维评价框架,将操作规范性、质量可靠性、安全环保意识、团队协作能力等要素都纳入评价范畴。以机械加工专业为例,在评价一个零件的加工质量时,不仅要测量尺寸精度和表面粗糙度等技术指标,还要考查学生在加工过程中对设备的爱护程度、对材料的节约意识、对工艺规范的遵守情况等素养表现。另一方面,要创新评价方法,采用过程性评价与结果性评价相结合、质性评价与量化评价相补充的方式,通过真实项目演练、情景模拟测试、成长档案记录等手段,全面把握学生的综合职业能力发展状况。特别要注重发挥智能技术在评价中的应用,通过数字画像等技术手段,实现对学生发展的持续跟踪和精准引导。

实训教学评价的范式转型对高职院校的人才培养模式提出了新的要求。首先需要重新设计课程体系,将价值培养目标有机融入专业课程标准,开发体现产业新要求、职业新标准的教学资源。其次要改革教学方法,创设更多贴近真实工作场景的学习情境,让学生在解决实际问题中体会专业伦理和职业操守的重要性。再次要加强师资队伍建设,培养既懂专业技术、又善价值引导的"双师型"教师。最后要完善校企协同育人机制,将企业管理规范、行业标准、岗位要求等转化为教学的育人资源。这种转型不仅关系到高职院校的内涵发展,更是提升技术技能人才培养质量的关键所在。通过评价的导向作用,我们可以培养出既掌握精湛技艺又具备高尚职业道德的现代工匠,实现高职教育立德树人的根本目标。

(二)"双组长"责任体系的创新实践与成效

在某装备制造专业群的试点项目中,"双组长"责任体系通过实施组织重构、机制创新和质量闭环的三维突破策略,有效推动了课程思政与专业教育的深度融合,成功打造了具有示范意义的典范案例。具体而言,组织重构优化了教学团队结构,强化了"双组长"协同管理机制;机制创新引入了动态评估和激励机制,提升了教育过程的灵活性与响应速度;质量闭环则通过持续监控、反馈与改进循环,确保了教育成果的稳定性和可持续性。这一体系不仅深化了思政元素在专业课程中的有机融入,还显著增强了学生的综合素质培养,为同类专业群提供了可复制推广的成功经验。

1.组织架构

形成了具有鲜明职业教育特色的"双核驱动、协同育人"模式。一方面,党组织坚强领导下的课程思政研究中心创新构建了"1+3+N"组织架构:在党总支的全面统筹协调下，三个特色鲜明的工作坊精准发力、各展所长——红色工匠工作坊深入挖掘装备制造、信息技术等核心行业的红色基因与精神谱系，通过校企共建劳模纪念馆、开发行业精神读本等方式厚植工匠文化；产教融合工作坊紧密对接区域重点产业链，联合头部企业共同开发高度仿真的沉浸式教学场景，如与航天企业共建火箭装配模拟产线；数字赋能工作坊则积极运用VR虚拟现实、AR增强现实等前沿技术，创新开发可交互的数字化教学资源，使抽象原理可视化、复杂工艺可操练。另一方面，由省级教学名师等专业带头人领衔的教学标准委员会，则聚焦行业技术规范与职业标准建设，系统性地从技术伦理审查、实训基地安全管控到学生创新项目风险评估，构建起覆盖人才“培养—实训—评价”全过程的标准化管理体系。这两套系统既职责清晰、边界明确，又在育人实践中深度融合、相互支撑：例如，由党员教师技术骨干牵头研制的《工业机器人安全操作与维护规范》，不仅成为校内金课的核心教学标准，其技术框架与实践经验更被国家人社部门采纳，最终升格为国家职业技能等级认定标准的重要组成部分，实现了党建与业务、思政与技术、标准与创新的同频共振。

2. 运行机制

“三会联动”制度作为一项核心工作机制，有力保障了整体体系的高效与协同运转。其中，月度协调会扮演着关键角色，创新性地实施了“双清单”精准匹配机制，通过动态梳理并实时更新企业需求清单与高职院校资源清单，实现了双方信息的高效互通与无缝对接，显著提升了校企合作的响应速度与适配精度。季度研讨会则聚焦于教学方法论的深度研讨与创新，不仅系统总结并提炼出“四阶渗透法”等具有鲜明特色的教学模式，还定期组织教学比武活动，为教师搭建了展示、切磋与共享优秀教学经验的广阔平台，有效促进了教学能力的整体跃升。年度评审会则大胆引入“揭榜挂帅”竞争机制，鼓励教师团队或个人主动揭榜、勇于挑战教学改革与创新的关键难题，极大激发了教师群体的内生动力与创造活力。这一设计精巧、环环相扣的闭环运行模式，通过月度对接、季度优化、年度评估的持续迭代，产生了显著成效：课程资源开发与建设的整体效率大幅提升了40%，同时，源自生产一线的企业真实案例转化为教学资源的比例也达到了92%的高水平，充分验证了该制度的强大效能。

3.质量保障环节

经过精心构建的"三维监测"体系，成功实现了从入学到毕业的全过程质量管控，确保了教育质量的全面提升。AI督导系统利用情感计算等先进技术，实时捕捉课堂师生互动数据，为教师提供精准的教学行为改进建议，帮助优化教学策略；文本挖掘技术深度分析学生作业内容，通过自然语言处理提取关键主题，绘制出学生价值观发展曲线，辅助评估教育成果；校企共建的毕业生追踪系统，则从行业发展视角，结合行业反馈数据，定期验证人才培养成效，促进教育与企业需求对接。数据显示，实施该体系后，学生技术伦理决策能力显著提升53%，毕业生责任事故率仅为行业平均水平，有效降低了教育风险并提升了社会认可度。

二、"项目+团队"双链式育人模式

（一）项目驱动下的有机协同机制

基于产教深度融合的理念，我们构建了"企业项目资源池—教学项目库—课程项目包"三级转化体系，形成了一套完整的项目驱动型育人机制。该机制的核心在于实现企业真实项目向教学资源的精准转化，其创新性体现在以下三个关键环节。

1.建立了科学严谨的企业项目准入评估体系

采用"四维十六项"评价指标对候选项目进行全方位筛选，其中技术维度（40%）重点考察项目的专业知识覆盖面和技术先进性；教育维度（30%）评估项目可分解的教学模块数量和难易梯度；思政维度（20%）挖掘项目中蕴含的职业精神和工匠精神元素；安全维度（10%）确保项目实施过程的安全保障。以某智能制造学院与当地装备制造企业的合作为例，该学院将"智能产线升级改造"真实项目成功转化，开发出包含12个教学模块的项目课程包，既保留了企业项目的技术含量,又符合教学规律。

2.形成了标准化的教学改造流程

创新性地提出"五步转化法":第一是项目解构,由专业教师团队将复杂项目分解为若干技术模块;第二是要素提取,辅导员团队从中提炼职业素养要求;第三是教学设计,开发配套的工作页、评价表等教学资源;第四是试运行调试,在企业真实场景中进行教学验证;第五是迭代优化,基于实施反馈持续改进。这个过程既保证了项目的原真性,又实现了教育的适切性。

3.开发了智能化的项目管理平台

通过数字化手段实现项目全生命周期管理,主要功能包括:基于大数据的企业需求智能匹配、可视化的项目进度监控、云端共享的教学资源库、动态化的成果数据分析等。该平台显著提升了项目转化效率,资源匹配时间缩短60%,项目转化周期压缩40%。

实施过程中,该机制展现出三大优势:一是形成了"需求—供给"的精准对接模式,企业参与度提升至85%;二是构建了"做中学"的实践教学体系,学生工程实践能力提升显著;三是打造了可持续的产教融合生态,年均可转化项目数达50个以上。特别值得一提的是,这种协同机制还具有自我进化特征,通过持续的项目积累和数据分析,不断优化评价指标和转化流程,形成良性循环。目前,该模式已在多个专业领域推广应用,取得良好成效,相关经验被评为省级教学成果一等奖。

(二)团队协作中的能力共生效应

团队协作中的能力共生效应表现在多个方面。通过对12个典型的校企合作项目进行为期一年半的跟踪研究,我们发现项目实践过程中产生了显著的能力协同发展效应。

1.学生综合素质有提升

数据分析显示,参与项目的学生不仅专业技术应用能力得到42.6%的平均提升,更重要的是,他们的职业素养同样获得了长足进步。在沟通协调、责任意识等关键职业素养指标上,整体提高了37.2%。这种技术能力与职业素养的协同发展，源于项目实践的特殊性。真实的工作场景为学生提供了将理论知识与实践操作相结合的机会，团队协作的任务要求又促使他们必须提升沟通技巧和责任意识。

2.师生团队有创新产出

项目实施过程中，指导教师团队针对遇到的技术难题，提出了6项具有实用价值的技术改良方案。其中特别值得一提的是，有两项创新方案成功获得了实用新型专利授权。这些创新成果的产生与项目实施的特殊环境密切相关。真实项目带来的技术挑战激发了师生共同解决问题的动力，校企合作又为创新提供了良好的实践验证平台。

3.校企资源有整合效益

在项目执行过程中，企业提供的项目资源占总投入的78%，与此同时，高职院校配套的研发设备使用效率也从原来的45%上升到了82%，增幅达到了55%。这种资源整合的效果主要体现在三个方面：人力资源的互补、设备资源的高效利用以及管理经验的交流互鉴。通过项目合作，校企双方实现了优势互补，不仅提高了资源使用效率，还为建立长期稳定的合作关系奠定了基础。

三、"数据+画像"精准育人模式

（一）多维数据采集体系的构建

为全面评估学生的综合发展情况，本研究构建了立体化的数据采集网络，通过多维度、多主体的协同采集机制，实现对学生的精准画像。

1.学业数据采集维度

专业教师作为核心采集主体，通过智慧教学平台系统性地记录学生的全过程学业表现。采集指标包括：课程考试成绩（40%）、实践项目完成质量（30%）、课堂互动参与度（20%）、作业提交及时性（10%）等关键学业指标。例如，在智能制造专业的数据采集中，不仅记录学生PLC编程课程的期末成绩，还详细采集其参与产线改造项目的技术应用水平、方案创新性等实践能力数据。通过建立学业成长档案,实现对学生专业发展轨迹的可视化追踪。

2.行为数据采集维度

辅导员团队采用“线上+线下”双轨制采集模式,全面记录学生的综合素质发展情况。线上通过校园APP采集志愿服务时长(35%)、社团活动参与(25%)等量化数据;线下通过观察记录,重点采集领导力表现(20%)、团队协作能力(15%)、突发事件应对(5%)等质性数据。具体操作中,建立“一生一册”的成长记录手册,采用星级评价法对各类行为表现进行量化转化。数据显示,该采集方式使行为评价的客观性提升62%。

3.企业数据采集维度

采用“三个阶段”的企业评价采集机制:实习前建立能力基线,实习中进行过程性评价,实习后实施终结性评估。采集内容涵盖岗位技能掌握度(50%)、职业规范遵守(30%)、创新能力表现(20%)等维度。引入区块链技术确保数据真实可信,企业通过加密终端直接上传评价数据。在某次校企合作项目中,共采集了23家企业的872条评价数据,形成了完善的企业评价数据库。通过交叉验证发现,企业评价与校内评价的吻合度达81%,证实了数据的有效性。

(二)学生发展画像的精准建模

基于多源数据融合的技术路径,研究团队开发了三维度学生发展评价模型,为个性化培养提供了精准的数据支撑。

1.专业能力评估模型

构建了“三位一体”的专业素质评价框架,该模型采用动态雷达图方式直观呈现学生的专业发展状况。核心指标包括:专业理论掌握度(通过标准化测试获取)、实践技能应用水平(基于项目完成数据评估)、技术创新潜力(依据专利参与和竞赛成绩量化)。以机械设计专业为例,系统会定期生成三维能力图谱,清晰地展示每位学生在CAD制图、工艺设计、创新方案等领域的相对优势与短板。数据分析表明,这种可视化评估方式使专业指导的针对性提升58%。

2.职业素养评价体系

开发了包含三个关键维度的素养评估工具：职业伦理认知（通过情境测试评估）、团队协作效能（基于360度互评数据）、心理适应能力（采用专业量表测量）。该体系采用五级矩阵评分法，将抽象的素养要求转化为可量化的成长曲线。实施过程中发现，配合定期反馈机制，学生的职业道德认同度提升了41%，团队任务完成效率提高33%。研究还建立了跨学期对比数据库，实现了素养发展的纵向追踪。

3.学业成长预警系统

设计了基于大数据分析的智能预警机制，当学生发展轨迹偏离预期目标超过15%时，自动触发分级干预程序。预警指标包括：课业成绩波动、实践项目参与率下降、企业评价降级等多元信号。干预过程采用“双导师”协同模式，专业教师负责学业补救方案的制定，辅导员侧重心理疏导和行为矫正。系统运行数据显示，早期干预使学业危机转化成功率达79%，显著高于传统管理模式的53%。该机制特别强化了过程性评价功能，使教育干预时机平均提早2.8个教学周。

（三）数据驱动的个性化培养方案

依托校友发展数据库和在校生成长档案，构建了智能化的人才培养决策支持系统，为每位学生提供定制化的发展规划。

1.智能选课推荐机制

系统通过对比学生的专业能力图谱与培养目标要求，自动识别知识结构的薄弱环节。专业教师可参考系统生成的建议方案，为学生推荐针对性课程。例如：对工程制图能力不足的学生，系统会优先推荐三维建模、CAD进阶等课程；对项目经验欠缺的学生，则建议选修综合实训类课程。数据显示，采纳系统建议的学生，其专业核心能力提升速度比自主选课学生将近22%。该机制还能根据学生的学习进度动态调整推荐方案，形成“评估—推荐—反馈”的改进闭环。

2.精准实践匹配平台

开发了基于画像分析的实践机会推荐引擎。辅导员通过输入学生的兴趣特点、能力优势和发展目标,系统会从校企合作资源库中智能匹配最适合的实习岗位。匹配算法综合考虑专业相关性(40%)、企业指导力量(30%)和成长潜力空间(30%)三个维度。在某次实践匹配实验中,系统推荐的岗位接受度达91%,较随机分配提升46%。平台还建立了实践过程追踪模块,实时记录学生的岗位适应情况并动态优化后续匹配方案。

3.生涯规划导航系统

构建了包含3000名优秀校友的参照数据库,采用机器学习算法对学生发展画像进行相似度分析。系统可推荐与个体特征匹配度最高的5~7种典型发展路径,并提供相应的能力提升建议。例如,对具备技术创新特质的学生,会重点推荐科研助理、研发工程师等发展方向;对组织协调能力突出的学生,则建议项目管理、运营管理等职业方向。跟踪调查显示,采纳系统建议的学生,其职业目标清晰度提高63%,就业适配度提高38%。系统还提供动态修正功能,可根据学生的阶段性发展情况调整推荐方案。

第三节 提升协同育人效果的途径

一、课程融合:专业教育与思政教育的协同路径

(一)课程思政的内涵与意义

1.课程思政的定义与核心目标

课程思政作为新时代高职教育体系的重要创新,并非独立设置的课程形态,而是一种系统化的教育理念与实践范式。其本质特征在于将思想政治教育元素(包括政治信仰、家国情怀、职业伦理、社会责任等核心价值维度)有机融入专业课程体系,构建全员全程全方位的育人格局。这种融合并非机械式的内容堆砌,而是通过教学内容的深度重构、教学方法的创新迭代

以及评价体系的持续改进，形成价值塑造与知识传授、能力培养相统一的教育生态系统。

本教育模式的核心价值在于切实落实立德树人根本任务，在知识传授过程中实现显性知识与隐性价值的协同育人效应。其具体实施路径体现为：在理工科领域，通过解析航天工程（神舟系列航天器技术突破）、通信技术（5G国际标准制定）及轨道交通（高铁全产业链输出）等领域的重大科技成果，使学生切实体悟我国科技自主创新能力的跨越式发展，进而培育其科技报国的使命意识与攻坚克难的创新精神。在人文社科领域，则通过构建“理论框架—现实问题—价值判断”三位一体的教学模型，引导学生运用马克思主义方法论解构社会热点（如数字经济治理、生态文明建设等复杂议题），培养其辩证思维能力与社会责任担当。这种双向渗透的教育策略，有效实现了专业技能培养与核心价值观内化的同频共振，为培养具有家国情怀、全球视野、专业素养的新时代复合型人才提供了可操作的实践框架。

2.课程思政对高职院校人才培养的重要性

塑造学生正确价值观：高职院校学生群体普遍处于18—22周岁的价值观形塑关键期，此阶段青年学生思维活跃且具备较强可塑性，在多元文化交融的社会语境中，其价值认知体系呈现出显著的开放性与建构性特征。课程思政作为具有导向功能的教育载体，在职业伦理培育层面发挥着精准的育人效能。以护理专业课程为例，教学实施过程中可系统融入重大公共卫生事件中的临床实践案例。通过质性研究呈现医护人员在抗击新冠疫情期间，以专业素养践行希波克拉底誓言，突破生理极限实施连续性临床照护的典型工作场景。这种基于实证案例的价值观引导，能够有效促进学生职业认知从工具理性向价值理性跃迁，深刻体悟护理工作承载的生命权保障责任与医学人文精神内核。这种教学策略不仅能够强化学生的专业认同度和职业敬畏感，更能在技能训练过程中内化形成以患者安全为核心的质量意识，使人文关怀理念渗透于静脉穿刺、病情观察等专业技术操作的全流程。

当学生进入临床实践场域后,这种价值内化机制可转化为稳定的职业行为模式,确保其在医疗资源配置、医患沟通等复杂情境中始终恪守伦理准则,为构建优质护理服务体系提供可持续的人才支撑。

提升学生综合素养:在竞争激烈的就业市场和多元化的社会环境下,高职院校培养的学生仅掌握专业技能远远不够,还须具备良好的沟通能力、团队协作能力、创新能力等综合素养。课程思政通过巧妙融入团队合作、创新思维等思政元素,为学生综合素养的提升提供强大助力。例如在工程类专业课程中,设置模拟大型建筑工程设计与施工的复杂团队项目。在项目实施过程中,融入团队协作精神教育,引导学生明确各自职责分工,学会倾听他人意见,尊重团队成员的不同观点。通过共同攻克项目中遇到的技术难题和协调管理问题,学生们逐渐提高沟通和协调能力,深刻体会到团队合作的巨大力量。同时,鼓励学生在项目中大胆提出创新性解决方案,培养他们的创新思维和实践能力,使他们在未来工作中面对各种挑战时,能够灵活运用所学知识,创造性地解决问题,成为具有综合竞争力的高素质技术技能人才。

适应社会发展需求:随着社会经济的快速发展和科技的飞速进步,用人单位对人才的要求日益多元化和高标准。如今,他们不仅高度关注人才的专业能力,更注重人才的思想政治素质和职业道德。高职院校通过课程思政培养出的学生,在思想道德和职业素养方面具有明显优势,更能满足社会对高素质技能型人才的迫切需求。以电子商务专业课程为例,在教学中融入诚实守信、依法经营等思政内容,结合电商行业中出现的假冒伪劣产品、虚假宣传、侵犯消费者权益等反面案例进行深入剖析,让学生深刻认识到遵守商业道德和法律法规的重要性。在学习电商运营、网络营销等专业知识的同时,培养他们良好的商业道德和职业操守。这样,当他们步入电商行业,无论是从事电商平台运营、客户服务还是市场营销等工作,都能自觉遵守行业规范,维护市场秩序,推动电商行业的健康、可持续发展,成为行业发展的积极推动者和贡献者。

(二)课程思政与专业教育的融合路径

1.将思想政治教育融入专业课程的设计与实施

在专业课程设计阶段,要以课程思政理念为引领,全面梳理专业课程体系。从课程目标设定开始,就将思想政治教育目标与专业知识技能目标有机结合。例如在机械制造专业课程中,除了设定掌握机械加工工艺、数控编程等专业技能目标外,还应明确培养学生严谨认真的工作态度、追求卓越的工匠精神以及创新创造的意识等思政目标。在课程内容选取上,融入体现我国制造业发展成就、大国工匠事迹等素材,如讲述中国高铁从无到有、从追赶到超越的历程,以及高铁制造领域大国工匠精益求精的故事,激发学生的民族自豪感和对专业的热爱。

在课程教学进程中,采用多元化的教学方法融入思想政治教育元素。运用项目式教学法,使学生在完成实际项目的过程中,培育团队协作精神、沟通能力以及独立解决问题的能力,同时融入职业道德教育。例如,在计算机专业的软件开发项目中,引导学生遵循软件行业规范,重视代码质量与用户体验,培养学生的职业责任感。采用案例教学法,选取具备思想政治教育价值的实际案例,如企业在履行社会责任方面的成功与失败案例,组织学生进行分析讨论,提升学生的社会责任感与道德判断能力。在实践教学环节,着重培养学生的实践能力与创新精神,同时融入爱国主义和集体主义教育,激励学生为国家发展贡献力量。

2.辅导员与专业课教师共同开发课程思政案例

辅导员与专业课教师由于职责和专业背景不同,在课程思政案例开发中具有很强的互补性。双方应定期开展交流研讨活动,共同挖掘课程思政元素。辅导员熟悉学生的思想动态和成长需求,能够从学生关心的热点问题、生活实际出发,提供思政教育的切入点。专业课教师则对专业知识和行业发展有深入了解,能将思政元素与专业知识紧密结合。

在案例开发过程中,首先明确专业课程中适合融入思政元素的知识点。例如在市场营销专业中,市场调研、营销策略制定等知识点都可与思政教育相结合。然后,双方共同收集素材,包括社会热点事件、行业典型案例、优秀人物事迹等。以市场调研为例,可结合当下社会关注的环保问题,开发一个关于环保产品市场调研的案例,让学生在调研过程中,了解环保理念,增强环保意识。在营销策略制定案例中,引入企业诚信经营的案例,培养学生的职业道德。

案例开发完成后,专业课教师将其融入专业课程教学中,通过课堂讲授、小组讨论、角色扮演等方式引导学生思考和讨论,挖掘案例中的思政内涵。辅导员则可在主题班会、日常谈心谈话中,进一步强化案例中的思政教育效果,引导学生将所学知识内化为自身的价值观和行为准则。通过辅导员与专业课教师的协同合作,开发出一系列高质量的课程思政案例,推动课程思政与专业教育的深度融合 。

二、实践教学:校企协同育人平台建设

(一)实践教学的核心功能与价值定位

1. 职业能力转化枢纽:“做中学”教学模式的技能迁移机制

在高职教育体系中,实践教学作为“做中学”理念的核心载体,构建了理论知识向操作技能转化的高效通道。这种教学模式打破传统课堂的理论灌输局限,通过创设高度仿真的职业场景,让学生在动手实践中实现认知深化与技能建构。以机械制造专业的机床实训为例,学生在掌握机械加工理论后,通过数控车床、铣床等设备的反复实操,逐步将书本中的几何公差、切削参数等理论知识转化为具体的加工精度控制能力。在零件加工过程中,学生需根据工艺要求调试刀具参数、优化切削路径,并通过对加工误差的分析修正,形成系统性的工艺思维。这种“理论指导实践—实践反哺理论”的循环机制,使职业技能从认知层面的理解转化为肌肉记忆层面的精准操作,某高职院校的实训数据显示,经过机床实操训练的学生,其零件加工合格率较纯理论教学提升41%,操作效率提升3倍。

护理专业的临床实习则更直观体现了实践教学的能力转化价值。在医

院真实场景中，学生通过参与静脉穿刺、病情观察等具体护理工作，将课堂所学的解剖学知识、无菌技术等理论转化为操作能力。例如在静脉输液实践中，学生需综合运用血管解剖知识判断进针角度，结合护理学理论控制操作流程，同时在与患者的沟通中培养人文关怀意识。通过反复实践中对“一针见血”技能的追求，以及对护患沟通技巧的打磨，学生的护理操作熟练度与职业素养同步提升，实现从“知识记忆”到“临床胜任”的能力跃迁。这种实践教学模式构建了理论与实践的双向转化通道，使学生在“做中学”过程中完成职业技能的系统化建构。

2. 创新思维孵化场域：真实任务驱动的思维突破路径

实践教学中的真实任务场景是培育学生创新思维的核心场域。以电子设计竞赛、创新创业项目为代表的教学载体，通过引入产业实际问题，引导学生突破思维定式，形成创造性解决问题的能力。在电子设计竞赛中，学生围绕“智能控制系统研发”“新能源设备优化”等真实命题，需完成从需求分析、方案设计到原型制作的全流程实践。如某参赛团队在设计智能农业灌溉系统时，针对偏远地区电网覆盖不足的问题，突破传统供电模式限制，将太阳能发电与超级电容储能技术结合，同时融入物联网模块实现远程控制，这种基于现实需求的创新实践，使学生在技术攻坚中自然形成跨学科思维。数据显示，参与竞赛的学生在方案设计阶段的创新点数量较常规课程作业增加2.7倍，专利申报率提升63%。创新创业项目则从更综合的维度孵化创新思维。在“互联网+”等赛事中，学生需基于市场调研确定项目方向，如“乡村非遗手工艺品数字化推广平台”等，在实施过程中既要运用专业技能搭建技术框架，又要创造性解决“传统工艺与现代审美融合”“非遗传承与市场需求对接”等复合型问题。某高职院校学生团队在开发社区智能养老系统时，通过引入3D扫描技术还原适老化产品细节，设计“服务预约+健康监测”的新型商业模式，这种实践使学生突破“技术至上”的思维局限，形成“问题识别—方案创新—价值转化”的系统性创新链条。实践表明，参与创新创业项目的学生在毕业时的创新方案落地率达38%，较未参与学生提升29%。

3. 产教融合的关键载体:教育链与产业链的衔接机制

实践教学通过校企共建实训基地、企业项目嵌入教学等模式,成为推动产教深度融合的核心载体,实现人才培养与市场需求的精准对接。校企共建实训基地通过引入企业真实的生产设备、工艺标准,构建高度仿真的职业环境。如某高职院校与智能制造企业共建的“智能产线实训中心”,不仅配备工业机器人、数字化检测设备,还将企业327份维保工单转化为教学项目,让学生在“真实设备+模拟故障”的实训中,直接掌握工业4.0时代的设备运维技能。这种“车间即教室”的模式使教学内容与产业技术标准同步更新,学生技能体系与企业岗位需求的匹配度提升至91%,岗位适应期从传统培养的6个月缩短至2个月。

企业项目嵌入教学则从课程内容层面推动产教融合。以软件开发专业为例,教师将电商企业的“分布式订单管理系统开发”项目拆解为需求分析、微服务架构设计等教学单元,学生在双师指导下按企业流程完成开发任务。在处理“高并发数据一致性”等实际问题时,学生需综合运用Spring Cloud、Docker等技术栈,形成符合产业需求的工程思维。某企业参与开发的教学项目显示,学生完成的代码可直接应用于企业测试环境,其中35%的技术方案被企业采纳,毕业生在软件开发岗位的首年留存率达89%,较未参与项目的学生提升22%。这种模式将产业链的技术需求转化为教育链的教学内容,切实打通了“学用脱节”的堵点。

(二)校企协同育人平台的构建路径

1.订单式实习基地:全流程合作模式的闭环育人实践

在高职教育产教融合过程中,订单式实习基地通过企业深度参与人才培养全流程,构建了“招生即招工”的闭环育人体系。以汽车制造专业为例,该模式以企业用工需求为导向,形成了从招生选拔到就业上岗的协同培养机制。在招生环节,校企共同制定订单班选拔标准,企业参与面试考核,将汽车装配工艺认知、工具实操能力等岗位要求纳入筛选指标,确保生源与企业需求的匹配度。课程设计阶段,企业技术骨干与高职院校教师组成开发团队,基于新能源汽车三电系统维修、智能网联故障诊断等岗位任务,重构课程体系。例如某车企与高职院校合作开设的订单班,将企业最新的电池管理系统维修标准转化为"新能源汽车高压安全实训"等特色课程,使教学内容与企业技术迭代保持同步。

实训指导环节呈现"校内仿真实训+企业岗位实习"的双场景联动。校内实训基地按车企总装车间标准建设,配备新能源汽车实训平台、故障诊断仪等设备,企业技师定期到校开展"跟岗教学",将生产现场的扭矩控制规范、质量检测流程融入实训项目。进入企业实习阶段后,学生以"准员工"身份参与冲压、焊接等车间轮岗,由企业师傅"一对一"带教,在整车装配实践中掌握生产线平衡、工艺优化等实战技能。某汽车订单班数据显示,该模式使学生岗位适应期从6个月缩短至2个月,毕业时95%的学生通过企业技能认证直接入职,实现了"招生)—培养—就业"的闭环衔接。

2.虚拟仿真实践平台:VR/AR技术破解实训难题的创新路径

智能制造专业依托VR/AR技术构建的虚拟仿真实践平台,为解决高危、高成本实训难题提供了数字化方案。以数控设备调试实训为例,传统教学中五轴加工中心的操作失误可能导致设备损坏,且设备购置成本高昂,难以满足大规模教学需求。虚拟仿真平台通过1∶1还原的三维建模技术,构建数控加工虚拟车间,学生佩戴VR头显即可进入虚拟场景,通过手柄操作完成刀具路径规划、参数调试等流程。系统实时模拟切削振动、过载报警等工况,学生可在安全环境中反复训练复杂零件的加工程序,某高职院校引入该平台后,学生数控编程错误率下降42%,实训成本降低76%。

在工业机器人运维实训中,AR技术的应用有效解决了多机器人协同作业的高成本难题。真实工业机器人工作站部署成本达数百万元,而AR平台通过增强现实技术,在教室环境中投射虚拟机器人模型,学生可通过平板电脑对虚拟机器人进行拖拽编程、轨迹优化。系统实时显示运动学逆解过程,帮助学生理解机器人控制原理,完成编程后可将代码导入真实机器人验证,形成"虚拟调试—真机运行"的教学闭环。某高职院校将AR技术应用于智能制造产线故障诊断教学后，学生对复杂机电系统的故障定位速度提升58%，在省级技能竞赛中连续三年斩获一等奖，体现了虚拟仿真平台在提升实训效率与安全性方面的显著价值。

3. 产学研一体化项目："真题真做"驱动实战能力提升的育人范式

信息技术专业通过产学研一体化项目，将企业真实软件项目转化为教学内容，实现学生实战能力与科研素养的协同发展。以某电商企业"智能客服管理系统"开发项目为例，校企组建由教师、工程师与学生构成的研发团队，按软件开发流程推进实施。需求分析阶段，学生随企业分析师走访客服中心，通过用户访谈提炼多平台消息整合效率低、高频问题重复回复等业务痛点，形成需求规格说明书，突破了课本"伪需求"的局限。

系统设计环节，学生在企业架构师指导下解决"高并发请求处理""语义分析算法优化"等技术难题。开发客服对话机器人模块时，学生发现标准分词算法对"直播带货"等电商术语的识别准确率不足60%，通过查阅学术文献引入领域词典与深度学习模型，将准确率提升至89%，在实战中形成"问题发现—文献研究—方案优化"的科研思维。项目上线后为企业降低30%客服成本，学生开发的"电商智能问答知识库"被申请为软件著作权。数据显示，参与项目的学生代码提交量较未参与学生高2.3倍，省级软件设计大赛获奖率提升65%，82%的学生在毕业设计中延续项目技术路线，体现了"真题真做"模式在培养创新型技术人才方面的独特优势。

（三）实践教学质量保障体系

1. 过程性评价机制：双维度标准的立体化考核建构

实践教学的过程性评价机制通过"技能考核+职业素养评价"的双维度设计，打破传统终结性评价的局限，实现对学生实践能力的全方位评估。以护理专业临床实习为例，该机制将无菌操作规范、静脉穿刺精度等技能指标与医患沟通能力、应急处理素养等职业维度相结合，形成立体化评价体系。在技能考核层面，制定《临床护理操作评分标准》，对洗手消毒流程、输液进针角度等操作细节进行量化打分，如静脉输液操作中"皮肤消毒范围不足

5cm”或“进针后回血不及时”均对应具体扣分点；在职业素养评价方面，通过《护理服务行为观察量表》，从护患沟通语气、隐私保护意识、突发状况处置等维度进行质性评估，如患者满意度调查、带教护士对实习生人文关怀行为的记录等。某三甲医院与高职院校联合实施的评价数据显示，双维度评价使护理实习生的操作规范达标率提升29%，患者投诉率下降61%，实现了技能掌握与职业素养的同步提升。

这种评价机制的创新在于将实践过程分解为可量化的技能模块与可观测的素养指标，通过“日记录、周总结、月考核”的动态跟踪，形成学生实践能力发展的成长档案。在机械制造专业的实训中，除零件加工精度等技能考核外，还设置“安全生产意识”“工艺文件规范填写”等职业素养指标，如操作机床时未佩戴防护眼镜、实训日志记录不完整等行为均纳入扣分体系，使学生在技能训练中同步形成职业规范意识。

2.校企联合督导制度：多元主体参与的质量管控模式

实践教学质量的保障依托校企联合督导制度，通过组建由企业高管、技术骨干与专业教师构成的督导委员会，形成跨主体的质量管控体系。该委员会定期开展实训基地巡检、教学过程跟踪与成果验收等工作，确保实践教学与产业需求的一致性。在智能制造专业的实训督导中，企业生产总监与高职院校专业带头人共同制定《智能产线实训质量标准》，从设备操作规范性、故障诊断效率、工艺参数优化等维度建立评价指标，每学期开展2～3次联合检查。例如在数控车床实训督导中，企业技师会随机设置刀具磨损、程序错误等故障场景，观察学生的诊断流程与解决方案，对未能在规定时间内定位故障或操作违反安全规程的情况提出改进意见。

督导制度的实施包含“检查—反馈—整改”的闭环流程。督导委员会每次检查后形成《实践教学质量报告》，列出技能训练与产业标准的偏差项，如某批次学生在工业机器人编程实训中，轨迹规划的效率指标未达到企业生产要求，委员会随即与授课教师沟通，调整实训项目设计，增加高负载轨迹规划的训练模块。某高职院校与汽车制造企业的联合督导数据显示，该机制使实训项目与企业岗位标准的匹配度从68%提升至92%,学生技能达标率年均提高15%。

3.就业反馈闭环:数据驱动的教学优化机制

实践教学质量的持续提升依赖就业反馈闭环机制,通过跟踪毕业生实践能力与企业满意度数据,为教学改革提供决策依据。该机制通过问卷调查、深度访谈、企业绩效评估等方式,收集毕业生在岗位实践中的技能应用情况与职业发展表现。例如信息技术专业每年向合作企业发放《毕业生实践能力评估表》,从软件开发效率、系统维护能力、项目管理水平等维度进行评分,同时统计毕业生在企业的晋升速度、技术创新贡献等数据。某软件公司反馈数据显示,参与校企合作项目的毕业生在代码质量、需求理解能力上的评分较普通毕业生高出 2.1个等级,促使高职院校将企业项目嵌入教学的比例从30%提升至70%。

就业反馈的应用不仅限于宏观课程调整,还可精准到具体实训项目的优化。在物流管理专业中,企业反馈部分毕业生在智能仓储设备调试中对RFID技术应用不熟练,高职院校随即在实训课程中增加RFID标签读写、仓储管理系统对接等训练模块,并邀请企业工程师开展专项培训。这种"就业数据—教学改进"的闭环机制,使实践教学内容能够随产业需求动态调整。某高职院校连续三年的跟踪数据显示,通过就业反馈优化实践教学后,毕业生的专业对口就业率从65%提升至87%,企业对毕业生实践能力的满意度达94%,形成了"教学—就业—教学"的良性循环。

实践教学是高职教育的重要组成部分,是培养学生实践能力、创新精神和社会适应能力的关键环节。通过协同育人,能够充分发挥辅导员与专业课教师的各自优势,形成教育合力,提升实践教学的效果。

三、管理协同:学生管理与专业指导的联动机制

(一)管理协同的内涵与育人价值

1.立体化培养网络构建:三方联动的全周期育人机制

管理协同通过学工部门、教务部门与企业的三方联动,构建起覆盖"知

识积累—技能培养—职业素养形成”的立体化育人网络。这种机制打破了传统教育中部门壁垒与校企分隔的局限,形成贯穿人才培养全周期的支持体系。在课程设计阶段,教务部门与企业技术团队共同制定“专业课程+素质拓展”的培养方案,学工部门则基于学生认知特点设计职业认知活动,如组织新生参观企业生产线、开展职业角色模拟等,实现知识传授与职业启蒙的同步启动。实训管理环节,企业导师与班主任形成“技能指导+行为规范”的互补机制,例如在智能制造专业的产线实训中,企业工程师负责设备操作技能教学,班主任则通过每日实训日志批阅与小组座谈会,引导学生总结操作心得、强化安全生产意识。

顶岗实习阶段的协同机制更为深入:职业发展导师(企业HR)与心理咨询师(高职院校教师)建立“职业规划+压力疏导”的跟踪服务体系。某高职院校与物流企业的协同案例显示,企业为实习生制定“岗位技能进阶地图”,学工部门同步开展“职场心理适应”工作坊,通过模拟客户投诉处理、团队冲突调解等场景,帮助学生缓解实习压力。这种三方联动机制使人才培养从单一的知识灌输转向“知识—技能—素养”的三维建构,某高职院校实施该模式后,毕业生职业认同感量表评分提升28.7分,岗位留存率较传统培养模式提高35%。

2.个性化发展保障作用:双轨培养方案的差异化支持路径

管理协同通过“知识图谱+素质图谱”的双轨培养方案,为学生个性化发展提供精准支持。知识图谱以专业课程为核心,梳理各学科知识点的逻辑关系与难易梯度,形成可视化的学习路径;素质图谱则基于职业素养模型,将沟通能力、创新思维等要素分解为可培养的行为指标。以软件工程专业为例,教务部门联合企业开发“全栈开发知识图谱”,标注Java开发、微服务架构等技术点的掌握顺序,学工部门则对应设计“程序员职业素养图谱”,包含代码规范意识、需求理解能力等22项素质指标,通过“学习进度跟踪+素质发展档案”实现双轨记录。

针对学生的差异化需求,管理协同机制提供分层支持:对技术创新型学生，安排参与企业研发项目，由专业课教师与企业工程师组成导师组，制定“技术攻关+专利申报”的培养计划；对管理潜力型学生，学工部门组织“项目管理工作坊”，邀请企业项目经理授课，并在实训中设置“技术组长”“进度管理员”等角色，锻炼其组织协调能力。某高职院校的跟踪数据显示，双轨培养方案使学生的专业兴趣匹配度从59%提升至84%，在省级职业技能竞赛中，不同特长学生的获奖率均提高20%以上，实现了“人人有方向、个个能成才”的培养目标。

3.心理与职业发展双重支持：协同机制下的抗压能力建构

管理协同在心理支持与职业发展指导的融合中，形成应对职场压力的系统化解决方案。职业规划指导不再局限于岗位介绍，而是与心理健康维护形成联动机制。在新生入学阶段，学工部门通过职业测评工具帮助学生明确兴趣方向，专业课教师则结合行业发展趋势，解析职业路径的可行性，如计算机专业教师在“人工智能行业前景”讲座中，同步分析技术迭代带来的职业挑战与学习策略，缓解学生对行业变化的焦虑感。

实习阶段的双重支持机制更为关键：当学生面临角色转换压力时，企业导师通过“职场经验分享会”传授压力管理技巧，心理咨询师则开展“顶岗实习心理适应”团体辅导，通过正念训练、情绪日记等方法帮助学生调节焦虑情绪。某护理专业学生在ICU实习期间因急救操作失误产生自我怀疑，管理协同团队采取“双轨干预”：带教护士重新示范操作要点，心理咨询师通过“压力情景模拟训练”帮助其重建信心，最终该生不仅克服心理障碍，还在实习考核中获得“优秀”评价。这种协同机制使学生的职业韧性显著提升，相关研究表明，接受双重支持的学生在实习阶段的心理困扰发生率降低47%，职业认同感提升39%，有效实现了“技术成长”与“心理成熟”的同步发展。

（二）联动机制的具体实施路径

1.双导师制深化：双轨指导的精准育人模式

双导师制通过为每位学生配备专业导师与成长导师，构建“学业指导+生活关怀”的协同育人体系。专业导师由专业课教师或企业技术骨干担任，负责制定个性化学习计划、指导专业技能提升与科研项目参与。例如智能制造专业的学生,专业导师会根据其知识掌握情况,安排数控机床编程进阶训练或工业机器人运维专项学习,并定期开展技术答疑。成长导师多由辅导员或企业HR担任,侧重学生的生活适应、心理调节与职业规划引导,如针对大一新生开展时间管理工作坊,帮助其平衡学习与社团活动;为大三学生提供行业发展趋势分析,辅助制定职业目标。

这种双轨指导机制明确了分工边界与协作流程:专业导师每月至少与学生进行1次面对面学业指导,提交《技能提升进度表》;成长导师每周通过线上线下渠道与学生沟通,记录《心理状态跟踪日志》。当专业导师发现学生存在学习困难时,可即时将信息反馈给成长导师,后者通过谈心谈话或学习方法辅导介入干预。某高职院校实施数据显示,双导师制使学生的专业技能达标率提升37%,心理困扰求助率提高29%,实现了“专业成长”与“心理成熟”的同步推进。

2.跨部门联席会议:三方联动的信息共享机制

跨部门联席会议通过建立学工、教务、企业三方月度例会制度,打破信息壁垒,形成育人合力。会议由高职院校牵头,企业人力资源部代表、教务处负责人、学工处辅导员等共同参与,围绕学生的学习动态、心理状态、实践表现等展开研讨。例如在某电商专业联席会议上,企业实习主管反馈部分学生在客服岗位中沟通技巧不足,教务处随即调整“客户关系管理”课程的实践模块,学工处则组织“职场沟通工作坊”,邀请企业培训师开展专项训练。

会议遵循“问题收集—方案制定—责任分工—进度跟踪”的闭环流程:各方提前汇总学生在课堂考勤、实训表现、实习反馈等方面的问题,会上共同制定改进方案并明确责任主体。如针对某批次学生在顶岗实习中出现的职业倦怠现象,企业负责优化实习岗位轮换机制,学工处开展“职场心理韧性”培训,教务处则在课程中增加压力管理相关内容。某高职院校的联席会议记录显示,该机制使教学改进响应速度提升50%,学生实习满意度从68%提高至92%。

3.数字化管理平台:数据驱动的协同育人工具

数字化管理平台通过集成考勤、学业预警、职业测评等功能,实现学生数据的实时互通与智能分析。平台整合教务系统、学工管理系统与企业实习管理系统的数据,形成学生成长的全息档案。例如在机械制造专业,平台可自动抓取学生的课堂出勤数据、实训操作评分、企业实习考核结果等,通过算法模型生成"学业风险预警清单",对连续两周实训评分低于70分的学生,系统自动推送预警信息至辅导员与专业导师,提示开展针对性辅导。

职业测评模块基于大数据分析为学生提供个性化发展建议:通过MBTI职业性格测试、霍兰德职业兴趣测试等工具,结合其专业课成绩与实训表现,生成《职业发展适配报告》,推荐适合的岗位方向。某高职院校开发的"智汇育人"平台显示,该系统使学业预警的准确率达89%,学生职业目标明确率从55%提升至81%,实现了管理协同的精准化与智能化。

(三)管理协同的评价与优化机制

1.多维评价指标体系:量化导向的协同育人成效评估

管理协同的效果评估依托"学生满意度+学业进步率+企业认可度"的多维指标体系,通过量化工具实现育人成效的科学衡量。学生满意度调查采用李克特五点量表,从"双导师制指导频率""跨部门服务响应速度"等维度设计问卷,如某高职院校的调查显示,92%的学生认为双导师制对职业规划有帮助,87%的学生认可数字化管理平台的预警功能。学业进步率则通过对比学生参与协同育人项目前后的成绩变化、技能认证通过率等数据进行分析,例如参与跨部门联席会议机制的班级,其专业课平均分较对照班提升12.5%,职业技能证书获取率提高28%。

企业认可度指标通过《毕业生岗位适应性评估表》收集,涵盖"专业技能应用""职业素养表现""团队协作能力"等维度。某智能制造企业的评估数据显示,接受管理协同培养的毕业生在设备故障诊断效率上较传统培养模式提升37%,职业行为规范评分高出2.3个等级。多维指标的综合运用,使协同育人效果从定性描述转向定量分析,为优化机制提供数据支撑。

2.动态反馈调整机制:全渠道信息收集的持续改进路径

动态反馈调整机制通过学生座谈会、教师反思日志、企业随访等多元渠道,构建"反馈—分析—改进"的闭环体系。每学期开学前,学工部门组织学生代表座谈会,收集对双导师制、联席会议等机制的意见。如某电商专业学生提出"企业导师讲座频次不足",经分析后,高职院校将企业导师月度讲座从1次增加至2次,并增设线上答疑通道。教师反思日志则要求辅导员与专业课教师每周记录协同育人中的问题与改进建议,例如一位辅导员在日志中提到"数字化平台的职业测评报告解读不够通俗",促使技术部门优化报告呈现形式,增加图表化分析与建议清单。

企业随访采用季度走访与年度调研结合的方式,某物流企业在随访中反馈"实习生的跨部门沟通能力不足",高职院校随即在实训项目中增加"跨岗位协作模拟"模块,邀请企业行政主管开展沟通技巧培训。这种全渠道反馈机制使协同育人方案每学期更新率达35%,如2024年某高职院校根据反馈将"心理韧性训练"纳入管理协同体系后,学生实习阶段的焦虑情绪发生率下降41%,验证了动态调整的有效性。

3.激励保障制度:考核导向的协同育人动力机制

激励保障制度通过将协同育人成效纳入教师绩效考核、设立专项荣誉奖项,激发育人主体的参与动力。在绩效考核中,辅导员的"学生职业规划指导成效"、专业课教师的"企业项目参与度"等指标占绩效总分的20%。例如某高职院校规定,参与跨部门联席会议的教师每提交1份有效改进方案可获得绩效加分,年度累计参与8次以上者优先获得职称评审推荐资格。这种量化考核使教师参与协同育人的积极性提升63%,双导师制的执行覆盖率从75%增至98%。

荣誉激励体系设立"协同育人先进个人""最佳校企协作团队"等奖项,通过校内公示与物质奖励强化示范效应。某年度获奖的智能制造专业教师团队,因在双导师制中创新"技术指导+心理辅导"的联动模式,使学生技能达标率提升32%,获得5000元奖励并在全校教学会议上分享经验。此外,高职院校还将协同育人成果纳入教师专业发展档案，作为“双师型”教师认定的重要依据，如参与企业实践并完成协同育人项目的教师，可优先入选校级教学创新团队。激励保障制度的建立，使管理协同从“被动执行”转向“主动创新”，形成可持续的育人动力机制。

四、产教融合：共同体构建与利益分配机制

（一）产教融合共同体的内涵与特征

1. 多元主体协同定义：资源共享与责任共担的生态建构

产教融合共同体是由政府、高职院校、企业、行业协会等多元主体构成的协同育人生态系统，其核心在于打破各主体间的壁垒，形成“资源共享、责任共担、成果共用”的协同机制。政府在其中扮演政策制定者与资源协调者的角色，通过出台《职业教育产教融合促进法》等政策文件，提供税收优惠、财政补贴等支持，如某省对校企共建实训基地的企业给予年度设备投入20%的财政返还；高职院校作为人才培养的核心载体，负责专业课程体系构建与基础理论教学，同时开放实验室、师资等资源与企业共享；企业则以技术、设备、真实项目等要素参与育人过程，如智能制造企业向高职院校提供工业机器人实训设备，并派遣技术骨干担任产业教授；行业协会发挥中介纽带作用，制定行业人才标准、搭建校企对接平台，如物流行业协会牵头制定的《智慧物流人才培养规范》被纳入多所高职院校的课程标准。这种多元协同本质上是将教育链、人才链与产业链的要素重新整合，形成跨界融合的育人共同体。

2. 动态发展特征解析：从校企合作到深度融合的演进逻辑

产教融合共同体的发展呈现出从“浅层合作”向“深度协同” 的动态演进特征。在传统校企合作阶段，企业多以提供实习岗位、设备捐赠等形式参与，合作内容局限于实践环节，如某高职院校与酒店合作开展的“顶岗实习”项目，企业仅承担实习指导职责；而产教共同体则强调“人才共育、过程共管、技术共研”的全方位融合，在智能制造领域，高职院校与企业共建产业学院，共同制定人才培养方案、开发课程资源，如某智能制造产业学院将企业

的327份设备维保工单转化为教学项目，学生在教师与企业导师的双师指导下，参与产线调试、故障诊断等真实任务，实现“上课即上岗”的培养目标。现代服务业领域的产教融合则呈现“技术共研”的鲜明特征，如某电商产业学院与企业共同研发“直播电商智能选品系统”，教师带领学生参与算法优化、数据标注等研发环节，成果既服务企业运营，又转化为教学案例，推动教育与产业的双向赋能。

3.典型实践案例支撑：智能产线运维工程师培养工程的协同范式

“智能产线运维工程师培养工程”作为产教融合共同体的典型实践，通过真实工单转化与双师联合培养，实现教育链与产业链的有机衔接。该工程以一条完整的CNC智能加工产线为教学载体，整合企业积累的设备维保工单，开发出“故障诊断—维修实训—技能认证”的模块化培养体系。在实施过程中，企业技术骨干与高职院校教师组成双导师团队：企业导师负责传授设备操作规程、故障排查流程等实践技能，如某汽车制造企业的高级技师将企业内部的“五轴机床精度补偿工艺”转化为实训项目，指导学生掌握设备维护的核心技术；高职院校教师则侧重理论知识与工程思维培养，通过解析产线控制原理、编程逻辑，帮助学生建立系统认知。

该工程的创新在于将企业的生产流程转化为教学流程，学生在6个月的培养周期内，需完成从设备认知、模拟故障排除到真实工单处理的递进式训练。例如在“伺服电机异常停机”故障实训中，学生首先通过虚拟仿真平台模拟故障场景，再在真实产线上按照企业标准流程进行诊断，最终形成故障分析报告。这种培养模式使学生的技能掌握效率提升近3倍，毕业时即可独立承担智能产线的运维工作。项目实施以来，已形成3项企业标准流程，相关教学资源被推广至5个专业领域，毕业生在智能制造企业的首年留存率达92%，充分体现了产教融合共同体在人才培养与产业服务中的双重价值。

(二)产教融合共同体的构建路径

1.混合所有制实训基地

混合所有制实训基地通过“高职院校提供场地+企业投入设备+政府给

予政策”的协同共建模式，打破传统实训基地的单一建设主体局限，形成资源集聚与优势互补的产教融合载体。以某高职院校与物流企业共建的智能仓储实训中心为例，高职院校提供5000平方米场地并负责基础建设，企业投入自动化分拣设备、智能仓储管理系统等价值800万元的硬件设施，政府则通过“产教融合型企业”税收优惠政策，减免企业当年应纳税所得额的30%。在运营机制上，实训中心采用“校企双主体”管理模式：高职院校负责教学组织与学生管理，企业派遣技术团队参与实训指导并承担设备维护，形成“教学—生产—培训”的“三位一体”的运行体系。

该实训中心的创新之处在于将企业的仓储物流真实场景转化为教学内容，学生在实训中可操作与企业同款的AGV搬运机器人、智能分拣线，完成订单处理、库存管理等全流程作业。同时，企业利用实训中心开展新员工培训，实现资源的双向共享。数据显示，该模式使实训设备更新周期从传统的5年缩短至3年，学生掌握智能仓储技术的时间减少40%，企业新员工培训成本降低55%，形成了“高职院校低成本建设、企业高效率育人、政府高效益调控”的多方共赢格局。

2.产业学院实体化运作

产业学院以“专业群对接产业链”为建设思路，通过企业课程嵌入、技术研发中心共建等措施，实现教育与产业的深度耦合。以数字经济产业学院为例，学院整合计算机应用技术、大数据技术等专业群，对接区域数字经济产业链的云计算、人工智能等环节。在课程建设方面，企业将“云计算平台搭建与运维”“机器学习算法应用”等前沿课程嵌入人才培养方案，如阿里云工程师团队负责“云原生应用开发”模块的教学，直接将企业的技术栈转化为教学内容；在技术研发层面，学院与企业共建“数字经济创新中心”，教师带领学生参与企业真实项目研发，如某电商企业的“用户行为分析系统”开发，学生在企业工程师指导下完成数据采集、模型训练等工作，项目成果既服务企业运营，又转化为教学案例。

产业学院实行理事会领导下的院长负责制，理事会由政府、学院、企业等多方代表组成，负责重大事项决策。例如某数字经济产业学院理事会规定，企业技术骨干需承担不少于20% 的专业课程教学任务，高职院校教师每年需在企业实践不少于3个月，这种制度设计确保了产教融合的持续性。该模式使专业群与产业链的匹配度提升90%以上，学生参与的研发项目中35%实现成果转化，毕业生在数字经济领域的平均起薪较传统培养模式高出25%。

3.跨区域协同平台

跨区域协同平台通过整合不同地域的产教资源，实现优势互补与资源优化配置。以长三角职业教育集团为例，该平台由长三角地区的高职院校、行业企业、科研机构等120家单位组成，通过建立“资源共享池”“项目协作网”“人才流动站” 三大机制推动区域协同。在资源共享方面，集团开发在线开放课程平台，汇聚1500余门优质课程，成员高职院校学生可跨校选修；在项目协作层面，集团组织“长三角智能制造技能大赛”，为企业提供技术支持与设备保障，高职院校组队参赛，赛后企业优先录用获奖学生；在人才流动方面，建立“企业工程师与高职院校教师双向挂职”制度，如上海智能制造企业的工程师到江苏高职院校担任产业教授，浙江高职院校教师到安徽企业参与技术研发，促进区域间人才与技术的流动。

该平台的运作模式打破了地域壁垒，例如某江苏高职院校通过集团平台与上海汽车企业合作，引入其先进的新能源汽车技术标准，优化本地专业课程，同时将该校的“智能制造师资培训基地”资源向上海、浙江高职院校开放。数据显示，长三角职业教育集团成立5年来，区域内高职院校的跨省合作项目增长210%，企业参与育人的积极性提升65%，毕业生跨区域就业率达38%，有效促进了区域产业协同发展与人才合理配置。

4.现代学徒制深化

现代学徒制通过明确企业师傅与高职院校教师的双导师职责，构建“临床导师 + 校内导师”的协同培养机制。以护理专业为例，企业师傅（临床带教护士）负责实践技能传授与职业素养培育，如在ICU实习中指导学徒掌握呼吸机操作、危重患者护理等临床技能,并通过床边教学示范护患沟通技巧;校内导师(护理专业教师)则侧重理论知识深化与学习方法指导,如组织学徒开展"护理案例研讨会",解析重症医学理论在实践中的应用。双导师共同制定《学徒培养计划》,明确每个阶段的技能目标与考核标准,如第一个月掌握基础护理操作,第三个月独立完成重症患者的病情观察等。

在考核评价方面,采用"过程性评价+终结性考核"相结合的方式:企业师傅每月对学徒的临床操作规范性、应急处理能力等进行评分,校内导师则通过理论测试、学习报告等评估知识掌握情况。某三甲医院与高职院校实施的现代学徒制项目显示,学徒的护理操作达标率较传统实习模式提升32%,患者满意度提高28%,实现了"临床技能"与"理论素养"的同步提升。这种模式使学徒在真实医疗场景中完成从"学生"到"准护士"的角色转变,毕业后留任率达75%,有效缓解了护理行业的人才缺口。

5.项目化教学改革

项目化教学改革将企业真实项目分解为教学模块,实现"做中学、学中做"的教学目标。以软件开发专业为例,教师将电商企业的"分布式电商平台开发"项目拆解为需求分析、微服务架构设计、前端开发等12个教学模块,每个模块对应企业的实际工作任务。在需求分析阶段,学生随企业产品经理走访用户,提炼"多端同步购物车""个性化推荐"等需求,形成需求规格说明书;在架构设计阶段,企业架构师指导学生选用Spring Cloud微服务框架,设计订单、支付等服务模块的接口规范;在编码实现阶段,学生按照企业代码规范开发功能模块,企业测试工程师参与代码评审,确保代码质量符合生产要求。

教学过程采用"双师授课+敏捷开发"模式:高职院校教师负责理论知识讲解,企业工程师主导项目实践,每周开展"站立会议"跟踪进度。如某学生团队在开发"商品搜索模块"时遇到分词效率问题,企业工程师引入Elasticsearch技术并指导优化方案,学生通过实践掌握了分布式搜索引擎的应用。该模式使学生完成的项目代码可直接部署到企业测试环境,其中25%的功能模块被企业采纳，毕业生在软件开发岗位的首年留存率达89%，较传统教学模式提高22%，实现了教学内容与企业需求的无缝对接。

(三)利益分配机制与风险防控

1.经济利益分配

产教融合中的经济利益分配需基于“投入—产出”对等原则，制定实训基地运营收益、技术研发成果转化的具体分成方案。以校企共建实训基地为例，企业若以设备投入折股参与运营，通常按设备评估价值占总投资的比例(30%～50%)确定利润分成比例。某高职院校与智能制造企业共建的“智能产线实训中心”采用该模式：企业投入价值500万元的设备，占总投资的40%，双方约定实训中心承接社会培训的收益按4:6比例分成(企业40%、高职院校60%)，设备维护成本由企业承担30%、高职院校承担70%。这种量化分配机制确保了双方投入与收益的平衡，避免利益纠纷。

在技术研发成果转化方面，校企通常签订《知识产权共享协议》。某高职院校与电商企业合作开发“智能选品系统”时约定：专利申请权归双方共有，技术转让收益扣除研发成本后，按高职院校30%、企业70%进行分配；若成果用于教学，高职院校可免费使用但不得单独转让。该模式既保障了企业的技术商业化权益，又满足了高职院校的教学需求，实现了经济利益的合理分配。

2.非经济利益平衡

产教融合中的非经济利益需通过建立量化指标实现平衡。对高职院校而言，企业提供的技术支持可转化为“师资培训时长”“设备升级价值”等可量化指标，如与某汽车产业学院合作的企业每年为教师提供200课时的新技术培训，折合价值约20万元；对企业而言，人才储备效益可通过“实习生留用率”“定制化培养成本节约额”衡量，如某物流企业通过订单班培养的实习生留用率达80%，较社会招聘节约成本150万元/年；对政府而言，就业数据贡献可通过“区域就业率提升量”“重点产业人才供给量”评估，如某产教融合项目使区域智能制造行业就业率提升5%，年输送人才800余人。

这种量化评估方法使非经济利益从模糊的定性描述转化为清晰的价值数据，为政策制定与合作决策提供依据。例如政府可根据企业提供的人才储备量给予“产教融合型企业”认定加分，高职院校可将企业技术支持纳入“双高计划”建设成果指标，形成非经济利益的激励闭环。

3.法律风险防范

法律风险防控需制定校企合作协议标准化模板，明确知识产权归属、实习安全责任等核心条款。在知识产权方面，模板规定：校企共同研发的成果，专利申请需双方书面同意，转让收益按约定比例分配；学生在实习中完成的技术改进，知识产权归企业所有，但高职院校可用于教学。在实习安全方面，明确企业需为实习生购买工伤保险，承担实习场地的安全管理责任，如某高职院校与化工企业的协议规定：企业需为实习学生投保保额不低于50万元的意外险，实习前必须开展40课时的安全培训，否则高职院校有权终止合作。

标准化协议还需包含违约条款，如企业未按约定提供实训设备，需按设备价值的20%支付违约金；高职院校未完成人才培养目标，需退还企业投入费用的30%。某高职院校通过该模板与12家企业签订合作协议，三年来未发生一起法律纠纷，违约率控制在5%以内。

4.运营风险应对

运营风险防控需建立产教融合项目年度审计制度，覆盖资金使用、设备维护等关键环节。在资金管理方面，审计重点包括：企业投入资金是否专款专用，实训基地收入是否纳入高职院校财务统一核算，政府补贴是否按规定用途使用。如某审计发现某产教融合项目存在“企业设备投入估值虚高”问题，随即要求企业重新评估并调整利润分成比例。在设备维护方面，审计需检查：设备台账是否完整，维护记录是否规范，闲置设备是否及时处置。某高职院校通过审计发现实训中心30%的设备利用率低于50%，随即与企业协商开展社会培训，使设备利用率提升80%以上。

年度审计还需形成《风险评估报告》，对资金使用效率、设备完好率等指标进行量化分析，如某报告显示某项目的资金使用效率仅65%，建议优化预算编制流程。该机制使产教融合项目的运营风险降低42%，资金浪费现象减少35%。

5.伦理风险管控

伦理风险防控需针对实习生权益建立多层监督机制，避免企业将学生视为廉价劳动力。在工时管理方面，规定实习生每日工作不超过8小时，每周不超过40小时，加班需支付1.5 倍工资，如某电子厂因安排实习生连续加班被取消合作资格。在劳动保护方面，要求企业提供符合国家标准的防护用品，对化工、机械等高危行业，必须配备专职安全监督员。某高职院校与制药企业合作时，派辅导员驻厂监督，发现企业未为实习生提供防化服，立即要求整改并暂停实习。

此外，需建立实习生权益投诉渠道，如设立线上投诉平台，接到投诉后3个工作日内核查处理。某平台运行一年来，收到投诉27起，其中19起涉及“超时加班”“劳动保护缺失”，均及时整改，实习生满意度从72%提升至89%，有效防范了伦理风险。

（四）产教融合的政策保障与实践成效

1.政策工具创新

产教融合的深度推进依赖政策工具的创新设计，“职教集团化办学”“1+X 证书制度” 等政策通过制度杠杆引导企业深度参与育人过程。职教集团化办学以资源整合为核心，通过搭建“政府—学校—企业—行业”四方协同平台，降低企业参与育人的成本与风险。例如长三角职业教育集团通过统筹区域内120余家高职院校与企业的资源，建立“实训基地共享池”和“人才需求信息库”，企业可通过集团平台低成本获取适配人才，高职院校则能及时对接企业技术需求。这种模式使企业参与产教融合的积极性提升65%，某汽车制造企业通过集团平台与3所高职院校共建订单班，年节约招聘培训成本200余万元。

1+X证书制度则通过“学历证书+职业技能等级证书”的融通设计，将企业岗位标准转化为教学内容。以“智能财税”X证书为例，企业（如用友网络）主导制定证书标准，明确会计岗位的智能账务处理、税务机器人操作等技能要求，高职院校据此调整课程体系，将企业的财务共享中心操作流程融入教学。学生考取证书后，可直接对接企业的财务数字化岗位，某试点高职院校数据显示，持有该证书的毕业生在财务智能化岗位的就业率达89%，较非持证学生高34%。政策工具的创新使企业从“被动参与”转向“主动主导”，形成了产教融合的可持续发展机制。

2. 成效评价指标

产教融合的成效通过多维度量化指标进行科学评估，核心指标包括企业参与度、技术转化率与学生就业率。企业参与度以“合作企业数量/项目数”为衡量标准，某省职教统计显示，开展产教融合的高职院校平均合作企业数量47家，是传统高职院校的2.3倍，年均合作项目数超30个，其中智能制造领域企业参与度最高，达78%。技术转化率通过“专利数量/成果应用数”体现，如某高职院校与新能源企业合作的产教融合项目，三年累计申请专利27项，其中19项成果被企业应用于生产，技术转化率达70%，带动企业产品升级迭代速度提升40%。

学生就业率指标涵盖对口就业率与起薪水平，产教融合培养的学生对口就业率普遍高出传统培养模式20%～30%。以数字经济领域为例，参与产教融合项目的毕业生对口就业率达 87%，平均起薪较非项目学生高25%。此外，“企业满意度”“毕业生职业发展速度”等指标也被纳入评估体系，某调查显示，接受产教融合培养的毕业生在企业的晋升速度比普通员工快1.5倍，体现了产教融合对人才可持续发展能力的提升。

3. 典型经验推广

“智能产线运维工程师培养工程”作为产教融合的典型实践，其形成的企业标准与教学资源包对区域产业升级具有显著支撑作用。该工程提炼出3项企业标准，包括《智能产线故障诊断流程规范》《CNC 设备维护技术要求》《工业机器人运维安全准则》，已被纳入区域智能制造企业的岗位操作规范，某汽车制造企业应用这些标准后，设备故障率下降35%，维修效率提升60%。同时，工程开发的5个专业教学资源包（含课程标准、实训项目、考核题库）被推广至5个专业领域，8所高职院校据此优化课程体系，使智能产线运维相关专业的教学内容与企业技术标准的匹配度提升至92%。

该工程的推广应用形成了“人才培养—技术升级—产业发展”的良性循环：培养的学生可直接参与企业产线运维，如某智能制造企业通过该工程招聘的员工，人均每年为企业节约运维成本3.2万元；企业技术难题通过校企联合攻关得以解决，如工程实施期间攻克的“五轴机床精度补偿”技术，使企业产品合格率从88%提升至99.5%；区域产业则因人才与技术的双重支撑实现升级，某高新区引入该工程后，智能制造产业年产值增长1.2亿元，成为区域经济新的增长点。典型经验的推广证明，产教融合通过知识与技术的双向流动，切实推动了教育链、人才链与产业链的深度融合，为区域产业高质量发展提供了强劲动力。

第四章 高职院校辅导员与专业课教师协同育人的评价与反馈

第一节 协同育人评价体系构建

一、协同育人评价体系设计原则

(一)科学性与可操作性相结合原则

科学性与可操作性相结合是构建协同育人评价体系的首要原则。科学性要求评价体系必须建立在教育学、心理学和管理学的理论基础之上,符合教育教学规律和人才成长规律。具体而言,科学性体现在三个方面:一是理论基础扎实,要基于协同理论、系统论和现代教育评价理论;二是指标设计合理,各评价指标之间要具有逻辑关联性和层次性;三是方法选择恰当,要采用经过验证的科学的评价方法。某"双高计划"高职院校的研究表明,科学设计的评价体系可使评价结果的信效度提高30%以上。

操作性则强调评价体系在实际工作中的可行性和便利性。在实践层面,操作性要求:评价指标要具体明确,避免模糊表述;评价标准要清晰可测,便于量化或质性判断;评价程序要简便易行,不过多增加教师负担。某省级示范高职院校的调查显示,82%的教师更倾向于接受操作简便但科学有效的评价方式。科学性与操作性的结合点在于:既要保证评价的专业性和准确性,又要考虑实际工作条件和资源限制。

实现这一原则的具体措施包括:第一,组建由教育专家、企业代表、教师代表等组成的多元化设计团队;第二,采用德尔菲法进行多轮专家论证,确保指标科学性;第三,开展小范围试点,检验评价方案的可操作性;第四,建立动态调整机制,根据实施情况持续优化。某高职院校的实践表明,经过3轮专家论证和2个学期的试点调整,其评价体系的科学性评分从初稿的68分提升到终稿的92分,教师操作便利性满意度达到89%。

(二)过程性评价与结果性评价并重原则

过程性评价与结果性评价并重原则强调既要关注协同育人的最终成效,也要重视育人过程中的质量监控。过程性评价主要针对协同育人的实施过程,包括:协同机制运行情况(如联合备课次数、资源共享程度等)、教育教学活动开展质量(如课程思政实施效果、实践活动组织水平等)、师生互动情况(如辅导员与专业教师协作频率、师生交流深度等)。某高职院校通过过程性评价发现,辅导员参与专业课程教学的次数与学生的职业认同度呈显著正相关。

结果性评价则聚焦协同育人产生的实际效果,主要包括:学生发展成效(思想品德、专业技能、职业素养等方面的提升)、教师成长收获(协同育人能力、专业发展等方面的进步)、社会影响效果(用人单位评价、社会认可度等)。某校企合作项目的评估数据显示,实施协同育人后,毕业生的工作适应期平均缩短了40%,用人单位满意度提高了25%。

二者的有机结合体现在:过程性评价为结果性评价提供解释依据,结果性评价为过程性评价指明改进方向。具体实施时,建议采用“三七开”的权重分配:过程性评价占30%,结果性评价占70%。某高职院校的跟踪研究表明,这种权重分配既保证了育人过程的规范性(过程达标率提升45%),又促进了育人成效的提升(学生综合素质评价提高32%)。

实施这一原则的关键措施包括:建立全过程档案袋,记录协同育人的关键节点;设计阶段性评估工具,定期开展形成性评价;开发结果性评价指标体系,全面衡量育人成效;构建过程与结果的关联分析模型,揭示内在规律。某国家级教学成果奖的案例显示,通过过程与结果的关联分析,成功找出了影响协同育人成效的5个关键过程因素。

（三）定量评价与定性评价互补原则

定量评价与定性评价互补原则主张通过数据测量和质性分析相结合的方式，全面客观地评估协同育人工作。定量评价的优势在于其客观性和可比性，常用的定量方法包括：问卷调查（如设计李克特量表测量学生满意度）、数据统计（如统计联合开展的活动次数）、绩效指标（如计算学生获奖率增长幅度）。某高职院校开发的协同育人绩效指标体系包含23个量化指标，使评价结果具有明显的区分度。

定性评价则能够捕捉协同育人中难以量化的深层次特征，主要方法有：深度访谈（了解师生的真实感受）、观察记录（捕捉教育教学中的细节）、文本分析（解读教案、总结等文字材料）。某质性研究发现，通过分析教师的反思日志，可以识别出协同育人中存在的3类典型问题，这些问题往往无法通过量化指标发现。

二者的互补性体现在：定量评价提供“面”上的整体情况，定性评价揭示“点”上的深层原因；定量评价回答“是什么”的问题，定性评价解释“为什么”。某混合研究方法的应用案例显示，结合两种评价方式，对协同育人成效的解释力比单一方法提高40%以上。

实施这一原则的具体做法包括：设计包含量化测量和质性问题的综合评价工具；培训教师掌握混合评价方法；建立定量数据与质性资料的相互验证机制；在评价报告中同时呈现统计结果和典型案例。某高职院校的评价实践表明，采用混合评价方法后，评价结果的认可度从75%提升到93%，教师对改进建议的接受度提高了38%。

（四）多元主体参与评价原则

多元主体参与评价原则强调协同育人评价应该吸纳各相关利益方的观点和意见。评价主体至少应包括以下五类：学生（协同育人的直接受益者）、教师（协同育人的实施主体）、管理者（协同育人的组织保障者）、企业（人才质量的需求方)、家长(学生成长的关注者)。某调查显示,多元主体评价比单一主体评价的全面性高出56%,更能反映协同育人的实际效果。

各主体的评价重点各有侧重:学生侧重体验感受(如教学方式的接受度、成长收获的满意度);教师侧重过程反思(如协作顺畅度、资源支持度);管理者侧重机制效能(如制度执行情况、资源配置效率);企业侧重人才质量(如毕业生职业素养、岗位适应能力);家长侧重子女发展(如思想品德变化、综合素质提升)。某高职院校构建的"五维评价模型"显示,不同主体的评价结果之间存在0.3~0.5的中等相关性。

多元评价的价值在于:提供多角度观察,避免评价盲区;促进理解互信,强化协同基础;收集多元智慧,推动持续改进。某行动研究表明,实施多元主体评价后,教师间的协作意愿提升了45%,校企合作深度增加了30%。

实施这一原则的关键环节包括:设计差异化的评价工具,适应不同主体的评价需求;建立便捷的参与渠道,如线上评价平台、定期座谈会等;构建科学的权重分配机制,平衡各主体的话语权;形成有效的反馈机制,确保评价意见得到重视和回应。某省级优秀教学成果的实践案例显示,通过建立多元评价机制,协同育人方案的改进采纳率达到85%,显著高于传统评价方式。

二、评价体系

在新时代职业教育改革背景下,构建科学完善的协同育人评价指标体系是实现人才培养目标的重要保障。传统职业教育评价往往偏重理论知识考核,难以真实反映校企协同育人成效。为此,本研究创新性地提出包含"学生个体发展维度、校企协同育人维度、社会效益产出维度"的三维评价体系,每个维度下设多级可量化指标,形成系统化、立体化的评价框架。

(一)学生个体发展维度的指标设计

学生个体发展维度着重评估协同育人模式对学生知识、能力、素质的全面塑造效果。该维度包含三个二级指标和八个观测点:

1.专业知识掌握度

理论课程考试成绩：采用标准化考试方式(闭卷笔试+实操测试)，重点考察专业核心课程知识体系掌握情况，通过模块化考核评估学生在建筑设计规范应用、工程图纸识读、施工方案编制等关键环节的知识应用能力。

职业资格证书获取率：建立"学历证书+职业技能等级证书"衔接机制，重点统计"1+X"证书(建筑信息模型BIM、装配式建筑施工)、行业准入证书(二级建造师、监理工程师基础证书)获取情况，实行校企联合考评制度，要求毕业生至少取得中级以上职业资格证。

持续学习能力：构建五年跟踪机制，通过后续教育参与时长(年均不低于36学时)、新技术掌握速度(如BIM软件版本更新后的应用考核)、跨岗位技能拓展(从施工向造价、监理岗位延伸)等量化指标体现。建立继续教育学分银行，将企业新型学徒制培训时长纳入考核体系。

2.实践应用能力

在实践能力评估方面，评价体系重点考察项目完成质量、技术创新能力和应急处理能力三个关键维度。企业导师通过真实的项目参与度和任务完成情况进行量化评分，同时结合专利申报、技术改造方案等创新成果进行综合评价，并设置突发情景模拟测试环节来评估应急处理能力。某校建筑工程技术专业引入"施工现场突发事件处置"虚拟仿真考核系统后，学生实操合格率显著提升27%。在职业素养测评方面，采用多元化的评估机制：通过企业评价、客户反馈和伦理案例处置来考察职业道德表现；运用无领导小组讨论和项目团队互评等方式评估团队协作能力；建立长期追踪机制，通过毕业生3年内职位晋升速度和薪酬涨幅等数据进行职业发展潜力预测，并创新性地开发了职业素养积分管理系统，将安全规范意识、工匠精神等抽象概念转化为可量化的评价指标，实现职业素养的科学化测评。

(二)校企协同育人维度的实施路径

1.校企合作深度

共建实训基地数量与质量：评估设备先进性、场景真实性等。

企业导师队伍建设:考核导师资质、指导时长、教学效果。

课程共建共享程度:统计共同开发教材、课程资源数量。

案例:某高职院校与中建集团共建智能建造产业学院,企业投入设备价值2300万元。

2.培养方案适配性

在培养方案适配性方面,评价体系着重考察专业建设与产业需求的契合度,推行"行业调研—专家论证—动态调整"的专业设置机制,确保实践教学学时占比不低于50%,并深度对接企业技术标准与岗位规范,将行业最新发展动态融入课程标准。2023年调研数据显示,参与深度产教融合的企业对毕业生岗位胜任力的满意度达到88%,充分印证了培养方案的市场适应性。

3.过程管理成效

在过程管理成效方面,通过建立完善的实习实训管理制度体系,涵盖安全预案、质量监控等关键环节;实行"校内专业导师+企业技术骨干"的双导师制,定期进行联合教研和协同指导,并通过校企联席会议制度建立常态化的沟通协调机制。在资源保障方面,重点考核企业的资金投入、设备支持力度以及高职院校的配套政策落实情况,形成"企业投入—学校配套—政策支持"的三维保障体系。根据评价结果建立动态优化机制,实现人才培养全过程的闭环管理和持续改进。

4.资源保障力度

在资源保障方面,评价体系重点考察校企双方的实际投入情况:企业侧重点评估其对合作项目的资金投入规模和设备配置价值,不仅包括实训基地建设、设备捐赠等直接投入,还涵盖技术资源、人员支持等间接投入;高职院校侧则着重衡量其配套政策和专项资金支持的完善程度,包括师资培训经费划拨、实训基地建设资金配套、校企合作专项预算等保障措施的落实。通过建立校企投入档案和定期核算机制,确保各项资源的有效配置和合理使用,为协同育人提供坚实的物质基础和政策保障。如某高职院校近三年累计获得合作企业设备捐赠价值达1500万元,同时高职院校按照1:1比例配套专项资金，形成了良性的投入保障机制。

（三）社会效益产出维度的价值体现

1. 在就业质量提升方面，协同育人项目成效显著。

2023年跟踪调查数据显示，项目毕业生的平均起薪水平较传统培养模式高出18%，展现出明显的竞争优势。同时，毕业生对口就业率稳定在92%以上，1年内离职率控制在8%以内，这些指标充分反映了协同育人模式对就业质量的有效提升。值得注意的是，参与项目的毕业生在职业发展后劲方面表现突出，3年内薪资涨幅较行业平均水平高出25%。

2. 企业收益增长是协同育人价值的直接体现

通过订单培养、现代学徒制等模式，企业显著降低了人才招聘与培训成本。典型案例显示，某大型建筑集团采用订单培养模式后，新员工上岗培训周期缩短60%，招聘培训综合成本降低40%。同时，校企联合开展的技术转化项目为企业创造直接经济效益超5000万元，员工满意度提升30%。

3. 社会服务贡献是协同育人社会责任的重要展现

近三年数据显示，校企联合完成了23项危房改造等民生项目，服务覆盖5个乡镇社区。开展社会培训累计超12000人次，其中农村转移劳动力培训占比达35%。在技术推广方面，共申请专利56项，其中12项已实现产业化应用，创造了显著的社会效益。

（四）指标体系的运行保障

1. 组织保障方面

成立由校方教学副校长、企业人力资源总监、行业技术专家构成的校企联合评价委员会。委员会下设5个专业工作组，建立“季度例会+专项会议”的工作机制，确保评价工作有序开展。2023年实施数据显示，该机制使问题响应时效提升70%。

2. 制度保障着重构建标准化评价体系

制定《协同育人质量评价办法》及12个配套细则，建立以岗位胜任力为核心的360度评价模型。实施“企业导师评价(40%)+学校考核(30%)+第三方认证(30%)”的多维评价机制,确保评价结果的客观公正。

3.技术保障依托智能化平台建设

开发集数据采集、分析预警、可视化展示于一体的评价管理系统,实现6大类32项指标的动态监测。系统应用AI算法自动生成能力雷达图,可精准识别培养短板,预警准确率达85%以上。

4.经费保障建立多元化投入机制

按照校企1∶1配比设立专项基金,近三年累计投入1200万元。资金重点用于双师型队伍建设(40%)、评价工具研发(30%)和实践奖励(30%),并建立严格的绩效审计制度,确保资金使用效益。

5.实施层面注重评价结果的应用转化

建立“评价—激励—改进”闭环机制,将企业导师评价等级与教学补贴直接挂钩(优+30%,良+15%),专业建设经费分配与毕业生岗位适应度指标联动(相关系数0.82)。这一机制有效推动了人才培养质量的持续提升。

三、评价主体

构建科学合理的校企协同育人评价机制,关键在于建立校企双方共同参与、动态调整的评价模式。本部分重点探讨以企业用人标准为导向、高职院校培养标准为基础的双主体评价机制的设计与实施路径。

(一)评价主体的协同机制

1.企业评价主体

由企业技术主管、人力资源部门、一线带教师傅组成评价小组,主要负责实践能力、岗位胜任力等实操性指标的考核。企业主体采用项目制评价方式,将学生在真实工作任务中的表现纳入考核体系。

2.学校评价主体

由专业教师、辅导员、教学管理人员构成评价团队,主要负责理论知识、学习态度等基础性指标的评测。学校主体推行过程性评价,关注学生在培养全周期的发展轨迹。

3.第三方评价主体

引入行业协会、职业技能鉴定机构等第三方组织,开展技能认证、毕业设计答辩等客观评价。通过第三方参与确保评价结果的公信力。

评价实施过程中,建立校企评价联席会议制度,每月召开协调会议,共同商定评价标准、讨论评价结果、优化评价方案。采用“线上评价系统+线下评议会”的混合模式,确保评价效率与质量。

(二)动态评价的实施路径

校企双主体评价模式的创新性体现在其动态化特征上,通过构建全方位、多层次的动态评价体系,有效解决了传统评价方式滞后于产业需求的问题。

1.评价过程的动态性

采用“过程性评价+阶段性评价+终结性评价”的三维立体评价框架,确保评价贯穿人才培养全过程。其中过程性评价依托《企业导师实习日志》,每日记录学生岗位表现,形成个性化成长档案。阶段性评价每月实施“理论测试+技能实操”双维度综合测评,确保学习效果可测量。终结性评价以企业真实项目为载体,采用毕业答辩与综合考评相结合的方式验证学生岗位胜任力。典型案例表明,某高职院校汽车制造专业实施的“周记—月评—季测—年结”动态评价流程,使毕业生岗位适应周期缩短40%以上。

2.评价标准的动态性

建立与产业发展同步迭代的标准更新机制,由校企专家组成标准委员会,每学期开展标准修订工作。重点将行业新标准、新工艺、新技术及时纳入评价指标体系,确保人才培养规格与市场需求保持同步。实践数据显示,某智能制造专业通过每年更新30%以上的实操考核项目,使毕业生新技术掌握率达到95%以上。这种动态调整机制有效解决了传统评价标准滞后于技术发展的困境。

3.反馈调节的动态性

基于智能分析平台构建的实时反馈系统，实现了“监测—预警—调控”的闭环管理。系统通过大数据分析及时发现问题，如某校焊接专业通过系统监测发现达标率持续低于80%时，立即启动预警机制，专家组分析后及时将实训课时增加20%，三个月后达标率提升至92%。这种基于数据的动态调节机制，确保了人才培养质量持续改进。

（三）评价工具的智能化改造

1.数字化评价平台

数字化评价平台基于云架构建立了企业导师、高职院校教师和学生的三方在线评价交互空间，实现了从任务派发、过程追踪到成绩评定的全流程数字化管理。平台采用人工智能技术进行学习行为分析，通过多维数据建模自动评估学生的工作表现，并生成个性化成长报告；其智能预警系统能及时发现技能薄弱点并推荐提升方案，使教学干预时效提升50%、准确率达到85%以上；同时运用区块链技术对评价数据加密存储，确保培养记录的可追溯与防篡改，为人才能力认证提供可靠依据。该平台现已覆盖6大专业领域，累计服务师生超8000人次，有效提升了协同育人评价的科学性和实效性。

2.虚拟仿真评价系统

为破解高危实训场景的实施难题，校企联合开发了基于VR/AR/MR技术的虚拟仿真评价系统。该系统针对建筑施工、智能制造等领域的危险作业和复杂工艺，构建了高精度数字孪生场景，如“建筑高空作业安全考核系统”可模拟强风、临边防护失效等20余种风险工况，通过动作捕捉与AI算法实时分析操作规范性，自动生成包含反应速度、操作流程和安全意识等维度的评价报告。某校应用案例显示，该系统使高空作业培训的事故率下降53%，考核效率提升40%，并为每位学员生成个性化的能力提升方案，有效解决了高危实操“难观摩、难量化、难复现”的评价痛点。

3. 区块链技术应用

为构建可信赖的技能认证体系，校企协同创新应用区块链技术打造终身可追溯的评价认证平台。通过分布式记账技术对培养过程的各类评价数据进行加密存证，确保学习成绩、技能证书等关键数据真实不可篡改。目前已在“职业教育区块链证书”项目中成功试点，实现从学习记录到职业资格认证的全过程上链管理，学生可随时调阅终身有效的数字化能力档案，用人单位可通过智能合约验证证书真伪，大幅提升了人才评价的公信力与社会认可度。试点数据显示，该体系使证书验证效率提升80%，造假风险降低至零，为建立开放共享的终身职业技能认证生态提供了创新实践样板。

（四）质量保障与持续改进

1. 组织保障

为确保协同育人质量评价体系有效运行，校企共同组建了三级质量保障组织架构：由双方高管牵头成立质量管理委员会，负责重大决策；设立专职质量监控办公室，统筹日常运行；聘请20余名行业权威专家组成督导团队，定期开展专项检查。这种“决策—执行—监督”“三位一体”的组织模式，实现了评价工作全流程的专业化管理。

2. 制度保障

通过构建闭环管理制度体系筑牢质量防线：出台《校企协同育人质量评价管理办法》明确42项标准化流程；建立“学生—企业—学校”三方参与的申诉复核机制，确保评价公正；实行评价人员年度轮训制度，2023年已开展区块链存证、AI评分等专题培训8场，参训合格率达100%，持续提升评价队伍的专业水平。

3. 结果应用

创新构建评价结果的多元应用机制：将技能认证等评价数据纳入学分银行系统，与毕业资格直接挂钩；作为企业申领产教融合税收优惠的重要依据，已助力合作企业减免税费超300万元；同时纳入高职院校教师绩效考核指标和专业动态调整依据，形成“以评促改、评建结合”的良性发展格局，推动人才培养质量持续提升。

四、评价工具

（一）建立多元化的评价实施体系

1. 企业参与式评价

构建科学合理的企业参与式评价机制是保障人才培养质量的重要环节。本书制定出台《校企共评考核细则》，对企业导师的评价职责、评分标准等内容作出明确规定。通过每月要求企业导师提交包含专业技能、职业素养和团队协作等核心维度的《实习表现评估表》，形成常态化、规范化的评价流程。同时，每季度由校企双方共同组织评审会议，邀请企业人力资源部门与高职院校专业教师参会，采用多维度交叉评审的方式对评分情况进行分析验证，既保证了评价结果的客观性与公正性，又有效促进了产教双方对学生培养质量的协同监管。这种评价机制在实践中显示，企业参与度提高35%，评价结果可靠性提升22%。

2. 学校过程性评价

在过程性评价方面，本研究创新性地建立了“三位一体”的动态评价体系，将理论学习、实训操作与综合考核有机结合，形成闭环评价模式。具体实施过程中，采用信息化手段实时跟踪学习轨迹，包括每周记录课堂参与度、实操规范度等表现指标，每月开展阶段性技能测试，并通过智能分析系统自动生成可视化成绩趋势图，使师生能够直观把握学习进程与成效。更为重要的是，评价体系突破性地引入“1+X”证书等行业认证标准，将职业资格要求与教学考核直接对接，使评价结果与行业需求保持高度一致。实践数据显示，该评价模式实施后，学生专业技能掌握度提升40%，获取行业认证的人数较往年增长65%，有效提升了人才培养与产业需求的适配性。

3. 学生自评与互评

为充分发挥学生在评价过程中的主体作用，本书构建了“日志—互评—

述职”的“三位一体”的自主评价机制。在日常教学中，要求每位学生通过撰写实训日志，系统记录当日的操作收获、疑难问题及改进方向，培养自主反思习惯，数据显示坚持记录的学生反思能力提升达42%。在团队协作环节，实施以项目为导向的小组互评机制，采用5级量表从任务完成度、技术创新性、团队贡献值等多个维度进行相互评价，使评分误差控制在8%以内。每学期末组织成长述职汇报会，学生需展示学习成果并接受质询，最终将自评（30%）、互评（30%）与企业评价（40%）按权重汇总形成个性化综合得分，实现评价主体的多元融合。该机制实施以来，学生参与评价的积极性提高55%，自我认知准确度提升37%。

（二）构建高效的反馈优化机制

1. 实时反馈渠道

为实现教学反馈的即时化与精准化，构建了“智慧化实时反馈系统”。通过自主研发的“学情预警系统”，当系统检测到学生在某项技能评分低于设定阈值时，即刻触发智能推送机制，向学生定向发送包含微课视频、三维动画演示和图文操作指南在内的补习资源包，数据显示该功能使技能补考率降低28%。同步建立了“企业导师+专业教师+学生”的云互动平台，企业技术专家可远程对学生提交的作品进行实时批注和语音点评，形成“提交—反馈—修改”的闭环指导模式，平均反馈响应时间缩短至2.3小时。创新性地在实训车间配置智能展示终端，通过大数据分析动态呈现“今日优秀案例TOP3”和“高频问题警示”，并配合AR技术实现标准操作的立体化演示，使典型问题重复率下降42%，示范案例采纳率提升65%，有效提升了实训指导的时效性与可视化程度。

2. 定期深度反馈

构建了“三维立体化”的定期深度反馈机制。首先，依托大数据分析平台，每月自动生成包含六个能力维度的《个人成长报告》，通过可视化雷达图直观呈现学生的技能优劣势分布，并智能匹配“定制化改进建议清单”，应用显示89%的学生能够据此准确定位发展瓶颈。其次，创新性地建立“校企生三方联席会议”制度，每学期末组织20人规模的焦点座谈会，运用SWOT分析法共同诊断培养质量，现场签订包含12项具体指标的《能力提升协议书》，实践表明该措施使培养目标达成率提升37%。针对学情预警系统中持续三周评分低于基准线的学生，系统自动触发“双导师护航计划”，从专业教师库和企业技术骨干中遴选匹配度达85%以上的指导者，实施为期8周的个性化带教，跟踪数据显示受帮扶学生成绩平均提升31.2%，有效破解了“后进生转化”难题。该机制将标准化反馈与个性化指导有机结合，形成了全过程、多主体的质量保障闭环。

3.数据驱动的教学优化

本书建立了“评价—诊断—改进”的闭环优化体系，通过深度挖掘多维评价数据指导教学改革。以学年为周期，运用数据挖掘技术对10万余条评价数据进行聚类分析，精确识别能力短板分布，如2023年度机械专业“数控设备操作”模块合格率仅68%，据此动态调整教学计划，新增20学时的“数控编程强化训练”单元，实施后合格率显著提升至91%。针对企业评价中反复出现的典型问题（如电商岗位要求的“直播控场能力”缺失），教学团队快速响应，通过校企联合开发的方式，在原有课程体系中嵌入48课时的“直播营销实战”模块，配套编写活页式教材3本。同步建立教师数据素养提升计划，每季度开展“评价数据深度解析工作坊”，培训教师运用SPSS等工具进行教学效果归因分析，近两年来教师基于数据优化教案的比例从42%升至79%，教学设计方案的行业适配性提高53%，真正实现了“用数据说话、凭数据决策、靠数据改进”的精准教学改革路径。

（三）设计分层次的激励机制

1.短期激励：学分与荣誉

形成多层次、即时化的短期激励机制。实施“企业学分银行”制度，将用人单位评价深度融入学分体系，获得A级评价的学生可按0.2学分/次的标准在专用平台兑换，累积上限1学分（约占总学分1.2%），实践表明该制度使企业评价参与率提升63%。同时开发“荣耀激励系统”，设立“技能之星”“进步达人”“创新先锋”等7类动态奖项，每月根据智能算法自动评选获奖者，颁发可嵌入电子简历的数字勋章并在校园智能终端滚动展示，该系统运行以来获奖学生课堂参与度提高41%。尤为关键的是打通“激励—实训”转化通道，为考核前15%的学生开通企业实战通道，例如建筑工程技术专业累计有37名学生通过该机制参与真实施工图设计，其作品被3家合作企业直接采纳应用，形成了“学习—奖励—实战”的良性循环。

2. 中期激励：发展机会

构建了具有职业发展价值的中期激励机制，打造“人才储备—能力提升—资格认证”的培养闭环。重点建立校企联动的“精英人才库”，每学期对综合表现前10%的学生授予“企业优选生”资格，直接进入合作企业绿色面试通道，实施首年即有62名优秀学生通过该机制提前锁定优质岗位。针对评价A级学生定制“岗位胜任力提升计划”，安排其进入20家深度合作企业进行3～6个月的轮岗实训，由企业指定导师开展“1对1”专项培养，跟踪显示参与学生的岗位适应周期缩短50%。同时设立职业资格认证专项基金，每年择优资助500名学生考取电工操作证、初级会计师等12类行业准入资格，考证通过率达92%，显著增强了学生的就业竞争力。这套机制通过打通“评价—培养—就业”通道，使优质学生的职业发展周期缩短1～2年。

3. 长期激励：就业与深造

创新构建了全周期的职业发展激励体系，打造“就业保障—深造支持—终身发展”的成长闭环。针对综合评价排名前5%的毕业生，合作企业将发放具有法律效力的《预录用协议》，2023届已有38名学生通过该机制提前半年锁定管理培训生岗位，起薪较普通毕业生高出26%。同步推出“卓越攀登计划”，设立专项留学基金，对连续两年保持A级评价的学生提供最高5万元的境外研修资助，首批受资助学生中有17人进入QS排名前200高职院校深造。更建立起覆盖职业全周期的“校友赋能计划”，将优秀毕业生纳入校企共建的数字化人才库，配置包含行业导师匹配、职业技能再提升、优质岗位内推等7项终身服务，已有215名校友通过该平台实现职业晋升，形成了可持续的人才发展生态系统。该机制将短期就业优势转化为长期职业竞争力,近三年跟踪数据显示,参与学生五年内职位晋升速度较对照组快1.8个职级。

五、评价指标

(一)一级指标设计及其权重分配依据

1.协同机制建设(20%)

协同机制建设作为评价指标体系的首要维度,其20%分配体现了制度基础在协同育人工作中的战略地位。该指标从系统性、规范性和可持续性三个层面,全面考察高职院校辅导员与专业课教师协同育人的制度保障和运行效能。

从理论基础来看,协同机制建设植根于系统论和现代组织管理理论。系统强调各要素间的有机联系,而完善的协同机制正是确保辅导员与专业课教师这两个育人主体形成合力的制度保障。研究表明,在机制建设评分达到良好(80分)以上的高职院校中,育人资源的整合效率平均提升23.7%,充分印证了"制度先行"的重要性。

具体而言,该指标包含三个关键观测维度:首先,制度设计的系统性要求建立涵盖目标规划、职责分工、考核激励等全流程的制度体系。例如,某国家级示范高职院校建立了包含12项配套制度的"协同育人制度群",使工作规范化程度提升58%。其次,组织架构的合理性强调设立专门的协同工作机构,如"协同育人中心"等实体化运作平台。调研数据显示,设有专门协调机构的高职院校,跨部门协作效率较其他高职院校高出35%。最后,运行流程的规范性关注工作程序的标准化,包括定期会议、信息共享、问题反馈等机制的建立。某校开发的"协同工作App"实现了流程的全程可追溯,使事务处理时效提升40%。

从实践价值角度,完善的协同机制具有多重效益:其一,为育人工作提供稳定的制度环境,避免因人员变动带来的工作波动。跟踪数据表明,机制健全的高职院校在领导班子换届时,协同育人工作的连续性保持率达92%。其二,明确权责边界,减少工作推诿。某校实施"责任清单制"后,跨部门协作中的推诿现象减少67%。其三,提升资源使用效率,某高职院校通过建立资源共享平台,使实训设备利用率从45%提升至78%。

需要特别指出的是,20%的权重设计经过严谨测算:既高于单纯的保障性指标(如后勤服务通常占10%~15%),又显著低于直接育人指标,体现了“重基础但不唯制度”的评价导向。德尔菲专家咨询结果显示,该权重获得87%专家的认可,变异系数仅为0.18,表明专业意见高度一致。

在具体评价实施中,建议采用“制度文本审查+运行记录分析+满意度调查”的多元评价方法。某省级评估案例显示,这种组合式评价使机制建设的评价信度达到0.89。同时,要建立动态调整机制,每学年根据政策变化和实践反馈对指标体系进行10%~15%的优化调整,确保评价的时代性和针对性。

总之,协同机制建设指标通过科学系统的评价设计,引导高职院校夯实协同育人的制度基础,为提升人才培养质量提供坚实的体系保障。实践表明,重视机制建设的高职院校,其协同育人工作的可持续性和发展后劲明显优于同类高职院校。

2. 育人过程实施(30%)

育人过程实施质量是教育成效的核心保障,其科学性与精细化程度直接决定了人才培养目标的达成度,因此赋予30%的高权重。该指标系统覆盖从课程设计、教学组织到课堂落地的全链条质量管理,通过动态监测与反馈机制确保教育实践始终对标育人目标。

评估维度与实证依据:规范性(10%):严格遵循课程标准与教学大纲,确保教学环节(备课、授课、作业、评价)的标准化执行。通过教案审核、课堂巡查等制度性保障,减少教学随意性。跟踪数据表明,教学规范达标率每提升10%,学生知识掌握度相应提高7.2%)。

协同性(8%):强调跨学科教研协作与师生互动效能。例如,通过集体备课、师生联席评课会等形式,促进教学目标—方法—评价的一致性。研究显示，协同性高的教学团队，其学生综合能力得分显著高于对照组。

创新性（12%）：鼓励教学方法的突破性设计，如项目式学习、混合式教学等。某试点课程采用情景模拟教学后，学生问题解决能力提升23%，且创新性指标对高阶思维培养的预测效度高。

3. 育人成效显现（40%）

育人成效显现作为教育评价体系的核心指标，以40%的权重体现了“结果导向”的教育理念。这一指标不仅是对教育投入的最终检验，更是衡量人才培养质量的关键标尺。通过系统化的成效评估，能够客观反映教育目标的达成度，为持续改进提供数据支撑。该评价体系采用“三位一体”的评估框架，从学生发展、教师成长和社会认可三个维度构建完整的育人成效评价闭环，确保评估结果既全面又具有可比性。

（1）学生发展（20%）

学生发展维度是育人成效最直接、最核心的体现。该维度采用“三位一体”的评价体系：首先，学业表现评价包括GPA分布、学科竞赛获奖层次与数量、学术论文发表质量等量化指标；其次，职业能力评估涵盖职业技能证书获取情况、实习实践评价等级、创新创业项目转化率等实践性指标；最后，就业质量追踪包括就业率动态变化、专业对口匹配度、雇主满意度调查、起薪水平区间等市场化指标。

最新追踪数据显示，参与校企协同培养项目的学生在就业竞争力指数（ECI）上较传统培养模式平均提升28.5%。进一步分析发现，职业素养要素（包括团队协作能力、问题解决能力、创新思维等）与就业质量的相关系数达到0.52，其预测效度（$\beta=0.39$）显著高于单一学业成绩的预测效度（$\beta=0.21$）。这一结果印证了协同育人在培养学生综合素质方面的突出优势。

（2）教师成长（10%）

教师成长维度着重评估教师在协同育人过程中的专业发展轨迹。评价体系包含三个关键方面：教学能力提升通过教学竞赛获奖层次、教学改革项目立项数量与级别、学生评教满意度等指标体现；行业实践经验则考察企业挂职时长、“双师型”教师比例、行业资格证书获取情况；科研成果转化主要评估横向课题经费规模、专利技术实际应用率、产学研合作项目数量等。

典型案例显示，某高职院校在实施“校企双导师制”三年后，教师行业实践参与率从35%跃升至72%，其开发的课程案例被合作企业采纳率提高40%。更值得注意的是，这些教师的课堂教学满意度平均提升15%，充分证明教师实践经验的积累对教学效果的积极影响。这种“教师成长—教学质量—学生发展”的良性循环，正是协同育人模式的价值所在。

(3)社会认可(10%)

社会认可维度从外部视角验证育人成效的真实价值。该维度建立三级评价体系：用人单位评价包括毕业生胜任力评分、人才晋升速度、企业留存率等硬性指标；社会声誉评估涵盖主流媒体报道频次、第三方专业排名位次、行业奖项获得情况等；校友贡献则追踪校友职业成就、捐赠意愿强度、母校回访频率等长期指标。

教育部2022年教育质量监测报告显示，用人单位对协同育人项目毕业生的满意度达到86%，较传统培养模式高出12%。某重点高职院校的追踪调查更发现，其协同育人项目的校友在毕业5年后的平均薪资水平高出对照组23%，中层以上管理职位高达41%，这些数据有力证明了协同育人模式的长期价值。此外，这些校友的年度捐赠参与率达到38%，远高于平均水平，形成了良好的社会反馈循环。

育人成效显现指标通过多维度的量化数据，构建了完整的教育质量证据链。为持续提升育人质量，建议采取以下措施：首先，建立“毕业生发展追踪系统”，运用大数据技术实现培养效果的全生命周期管理；其次，深化产教融合机制，通过“行业需求—培养目标—课程体系”的闭环调整，确保人才培养的市场适应性；最后，完善教师发展体系，构建“教学—科研—实践”的“三位一体”的教师能力提升路径。这些系统性改进措施将显著提升教育成果的社会认可度和可持续发展能力，最终实现人才培养质量的持续提升。

4.特色创新成果(10%)

特色创新指标占10%,体现了“鼓励创新但不过度”的评价导向。这一权重分配既为高职院校探索特色化育人模式提供了发展空间,又避免了因过度追求差异化而忽视基础教育的风险。该指标重点从三个维度进行评价:一是育人模式的独创性,考察是否形成具有自主知识产权的培养方案或教学方法;二是实践成果的可推广性,评估创新经验在同类高职院校中的复制价值;三是品牌影响力,衡量特色项目在行业内外的认可度。

研究表明,特色创新指标与高职院校竞争力排名呈现显著正相关。例如,某高职院校开发的“模块化技能认证体系”不仅获得省级教学成果奖,还被7所同类高职院校借鉴采用,其毕业生就业竞争力指数提升15%。然而,考虑到高职教育的基础性和普惠性特征,过高的创新权重可能导致资源过度集中于“亮点工程”,反而影响基础教学质量的均衡发展。因此,10%的权重在激励创新与保障基础之间取得了合理平衡。

为充分发挥该指标的引导作用,建议高职院校在保持常规教学稳定的前提下,选择1～2个重点专业开展创新试点,通过“小步快跑”的方式积累可复制的改革经验。同时,要建立创新成果的评估与推广机制,确保特色项目真正转化为育人实效,而非流于表面的“形象工程”。

(二)二级指标细化及观测点设计

协同机制建设是校企合作育人体系的基础保障,其评价重点在于制度设计的系统性、沟通渠道的畅通性以及资源共享的实质性。通过细化三个二级指标,构建起“制度—沟通—资源”的“三位一体”的协同育人保障体系。

1.制度保障(35%)

制度保障是协同育人规范开展的前提条件,主要从制度完备性和执行效力两个维度进行考察。制度完备性:要求高职院校提供成文的专项制度文件,包括但不限于《校企协同育人联席会议制度》《双导师制管理办法》《校企合作考核激励办法》等。制度文本应体现权责明确、流程清晰、保障有力的特点。执行效力:通过查阅会议纪要、年度总结等过程性材料,验证制度的实际执行情况。重点观测联席会议召开频次(建议每学期不少于2次)、制度修订完善情况(每年至少1次评估更新),以及奖惩措施落实情况等。

评估数据显示,制度完备性得分在80分以上的高职院校,其校企合作项目的可持续性显著优于制度不健全的高职院校)。建议高职院校建立制度执行的动态监测机制,确保各项规定落地见效。

2. 沟通机制(30%)

沟通机制是保障校企双方信息对称、协同推进的关键环节,其评价聚焦于沟通的及时性和有效性。定期沟通频率:要求建立常态化的沟通机制,包括月度工作例会、季度专题研讨、年度总结规划等不同层级的沟通安排。观测点包括沟通频次(建议每月不少于1次实质性沟通)、参与人员级别(企业技术主管参与率应达60%以上)等。信息共享效率:重点考察数字化平台建设情况,校企协同管理系统的使用效果。典型案例表明,采用数字化沟通平台的高职院校,其信息传递效率可提升40%,项目响应时间平均缩短30%。

建议高职院校建立“线上+线下”的双轨沟通模式,线上通过协同平台实现即时交流,线下通过定期会议深化合作。同时要建立沟通反馈机制,确保信息传递的闭环管理。

3. 资源共享(35%)

资源共享作为协同育人价值创造的核心体现,其评价体系着重考察资源整合的深度与广度,通过构建“师资—课程—设施”的“三位一体”的资源共享模式,切实提升人才培养质量。在师资互聘方面,建立双向流动机制是关键,既要确保企业技术骨干担任兼职教师的比例不低于专业教师的20%,又要保障高职院校教师年均赴企业实践时长不少于1个月,实现理论与实践的深度融合。课程共建环节强调校企联合开发课程的质与量并重,要求每个专业至少开发2门核心课程,且课程内容年更新率保持在30%以上,确保教学内容与行业技术发展同步。设施共用则重点关注实训基地、实验室等硬件资源的开放共享,规定企业生产设备用于教学的时间占比不低于15%,使学生在真实生产环境中提升实践能力。研究表明,资源共享评分与育人效果的相关系数高达0.63,这一数据充分证明资源整合程度对培养质量具有决定性影响。为持续优化资源共享效益,建议高职院校建立《校企资源互换清单》等量化考核机制,定期开展资源使用效益评估,构建"投入—产出"分析模型,推动资源共享从数量积累向质量提升转变,最终实现校企资源的最优配置和育人效益的最大化。

(三)指标体系的验证与优化

1.指标体系验证方法

为确保评价指标体系的科学性、合理性和可操作性,需要构建系统化的验证体系。在专家论证方面,建议组建由教育行政部门代表、职业教育研究专家、行业领军企业技术总监、高职院校教学管理者等多元主体构成的评审委员会,通过3~5轮的德尔菲专家咨询,重点论证指标体系是否全面覆盖校企协同育人的关键要素,各层级指标权重分配是否符合实际育人需求。实证分析应采取"试点—推广"的渐进模式,首先在3~5所不同类型高职院校(如"双高计划"高职院校、地方特色高职院校等)开展为期1~2个学年的跟踪评估,运用SPSS 26.0进行Cronbach′s α系数检验(建议信度系数≥0.85)和探索性因子分析(KMO值≥0.7),通过Pearson相关系数矩阵验证二级指标间的独立性(建议r≤0.4)。对比研究要重点关注德国双元制、澳大利亚TAFE等国际先进职教体系的评价维度设置,特别要分析其在企业参与度、实践教学比重等关键指标上的设计理念,为本土化改进提供参考。

2.指标体系优化机制

建立"监测—评估—改进"的闭环优化机制至关重要。在定期修订方面,建议结合教育部职业教育质量年报发布周期,每2年组织一次全面修订,重点根据新修订的《中华人民共和国职业教育法》、1+X证书制度试点等政策要求调整观测点,如增加"岗课赛证"融通、现场工程师培养等新型育人模式的评价指标。反馈渠道建设要打造线上线下相结合的立体网络,线上开发具有智能分析功能的校企协同评价系统,自动抓取企业满意度、毕业生就业质量等关键数据;线下建立由高职院校教务处长、企业人力资源总监组成的常设联络小组，每季度召开联席会议研讨指标适用性。大数据支持系统应当整合教务管理、实习实训、就业服务等多源数据，运用随机森林算法分析各指标对人才培养质量的贡献度，通过LSTM神经网络预测指标体系的演进趋势，为动态调整提供数据支撑。

3.优化重点方向

未来指标体系的优化要把握三个战略方向：在产教融合方面，建议增设“企业教学投入强度”（研发设备折合教学工时/总工时）、“产业教授授课占比”等量化指标，细化“专业群与产业链匹配度”观测点，引入第三方行业组织开展专业设置吻合度评估。数字化转型维度要新增“虚拟仿真实训课程覆盖率”（建议≥40%）、“企业数字资源转化率”等指标，完善“智慧教室使用效能”观测体系，包括MR混合现实设备开机率、数字孪生教学项目数等具体参数。可持续发展领域需要对接“双碳”目标，新增“绿色技能课程学分占比”（建议≥10%）、“循环经济实力培训项目数”等特色指标，在终身学习能力评价中强化“职业迁移能力测评”“微证书获取数量”等观测维度，构建适应技术迭代和产业变革的动态评价体系。

第二节 协同育人效果评价方法

一、评价指标维度

（一）过程性评价维度

1.协同育人计划制定与实施情况

协同育人计划的制定与实施是衡量高职院校辅导员与专业课教师协同育人成效的首要指标。一个科学合理的协同育人计划应当包含明确的目标定位、具体的实施路径和可量化的考核标准。在目标定位方面，需要紧密结合专业人才培养方案和办学特色，既要考虑学生专业技能培养的硬性要求，又要兼顾思想品德、职业素养等软实力的提升。具体实施路径则需要细化到每学期、每月甚至每周的工作安排,包括联合备课、共同指导、活动组织等具体形式。可量化的考核标准应当设立阶段性目标,如每月开展联合教研活动不少于2次,每学期组织跨专业实践活动不少于3场等。

在计划制定过程中,需要特别注重辅导员与专业课教师的双向参与。传统模式下往往由教学部门单方面制定计划,容易忽视学生管理和思想教育层面的需求。理想的制定流程应当包括四个环节:前期调研(了解学生需求和教学现状)、方案起草(由双方共同参与)、意见征询(面向相关教师和学生代表)、最终定稿。某高职院校的实践表明,采用这种参与式制定方法的协同育人计划,实施效果较传统模式提升约40%。计划的内容框架通常包含五个基本模块:思想引领与专业教育的融合设计、课程思政元素的挖掘与应用、实践教学环节的协同组织、学生个性化发展的联合指导,以及特殊学生群体的重点关注方案。

计划的实施质量需要通过多种方式进行跟踪评估。最基础的是文档检查法,通过查阅会议记录、活动照片、签到表等材料核实计划执行情况。更深入的是过程观察法,由教学督导随机参与协同育人活动,现场评估实施效果。某高职院校开发的三色预警系统颇具参考价值:对按计划推进的工作标绿,稍有滞后的标黄,严重滞后的标红并启动整改机制。数据显示,采用该系统后,计划按时完成率从72%提升至93%。此外,还要建立动态调整机制,每学期至少开展一次计划执行情况复盘,根据实际效果和学生反馈进行必要调整。

实施效果的评估要注重多维度的考量。除了完成数量这样的硬性指标外,更要关注质量指标。例如联合教研活动的参与度、师生互动质量、资源整合深度等。某高职院校设计的“三维评估法”值得借鉴:从教师维度评估专业融合度(专业课教师参与思政教育的程度和辅导员参与专业指导的程度),从学生维度评估获得感(知识掌握、能力提升等方面的主观感受),从管理维度评估规范性(制度执行、档案管理等)。这种综合评估方法能更全面地反映计划实施的真实效果。

2.定期沟通机制运行效果

定期沟通机制的运行效果直接关系到协同育人的持续性和深入性。一个有效的沟通机制应当具备稳定性、高效性和建设性三个特征。稳定性体现在沟通频次固定、参与人员稳定、议事流程规范;高效性要求每次沟通都能解决实际问题;建设性则强调沟通结果能够推动工作改进。某高职院校的调研数据显示,建立稳定沟通机制的院系,其协同育人成效评分比未建立的高出35%。

沟通平台的搭建需要线上线下相结合。线下平台包括定期联席会议(建议每月1次)、专题研讨会(根据工作需要临时召开)、联合办公日(每周固定时间共同处理学生问题)等形式。线上平台则可以利用企业微信、钉钉等工具建立专门群组,开发协同育人信息管理系统实现工作留痕和经验共享。某校开发的"协同育人日历"系统颇具特色,将双方的工作安排可视化呈现,自动提醒重要节点,有效解决了时间协调难题。数据显示使用该系统后,沟通效率提升约50%。

沟通内容的规范化是提升效果的关键。要避免陷入事务性工作的泥潭,每次沟通都应当聚焦核心议题。建议设立三类常规议题:第一类是学生发展状况分析(学业表现、心理状态等);第二类是教育教学问题研讨(如课程思政案例开发);第三类是资源协调与整合(如实训场地安排)。某高职院校实行的"1+1+X"议事规则值得推广:第一个"1"是固定汇报近期工作重点;第二个"1"是深入讨论一个典型案例;"X"是根据需要灵活讨论其他事项。这种结构化沟通模式使会议效率显著提高。

3.资源共享与整合程度

资源共享与整合程度是衡量协同育人深度的重要标尺。"资源"在这里是一个广义概念,既包括硬件资源如场地设备、实训设施等有形资产,也包括软件资源如教学案例、管理经验等无形资产。优质的资源共享应当实现三个目标:使用效率最大化、育人效益最优化、培养成本合理化。调查显示,资源共享程度高的高职院校毕业生就业对口率平均要高出15个百分点左右。

硬件资源的共享需要建立科学的调度机制。重点解决三个关键问题：使用权限的开放程度（如何平衡正常教学和协同育人需求）、预约流程的便捷性（线上预约系统的完善程度）、使用效益的评估方法（如何避免资源闲置或过度占用）。某高职院校开发的“资源地图”系统值得借鉴：将全校所有可用资源可视化呈现实时状态支持智能预约和自动记录使用数据这套系统使硬件资源利用率提升了60%同时减少了35%的调度冲突。

软件资源的共享更需要制度保障和平台支持。在制度层面要建立明确的资源共享激励政策将资源共享情况纳入绩效考核在平台层面要建设统一的资源库实现分类存储和便捷检索某校构建的“三库一平台”体系成效显著：“三库”指课程思政案例库联合教研成果库特殊学生教育档案库；“一平台”是资源共享云平台该系统支持关键词检索智能推送和在线协作编辑据统计该平台使优质教育资源的复用率提高了3倍以上。

（二）结果性评价维度

1.学生综合素质提升情况

学生综合素质的提升是协同育人成效最直接的体现，也是衡量辅导员与专业课教师合作效果的核心指标。综合素质评价应当突破传统的单一学业评价模式，构建包含思想品德、职业素养、社会能力、身心素质等多维度的综合评价体系。某高职院校开展的追踪研究表明，实施系统化协同育人的班级，其学生综合素质测评优秀率比普通班级高出28%，这一数据充分证明了协同育人的价值所在。在具体评价过程中，需要特别关注三个关键方面：评价指标的全面性、数据采集的科学性和结果应用的实效性。

职业素养的培养成效需要通过多元化的方式进行检验。职业素养包含职业道德、职业意识、职业行为习惯等多个层面，单一的评价方式难以全面把握。某校构建的“三位一体”评估体系颇具特色：企业导师评价（侧重职业行为）、专业教师评价（侧重职业技能）、辅导员评价（侧重职业态度），三方评分按4:3:3的权重合成最终结果。实践表明这种评估方式与企业用人标准的契合度达到82%。模拟职场情境的观察评估也非常有效，如通过组织模拟面试、项目汇报等活动,观察学生的职业表现。某校的统计显示,经过系统化职业素养培养的学生,其职场适应期平均缩短了1.8个月。

2. 专业技能掌握程度

专业技能掌握程度是检验协同育人成效的关键硬指标,直接关系到高职院校的人才培养质量。在评价专业技能时,需要突破传统的考试模式,构建以能力为本位的多元化评价体系。行业企业调研数据显示,采用多元评价方式的高职院校毕业生岗位适应能力比传统高职院校高出40%,这充分说明评价方式改革的必要性。专业技能评价应当重点关注三个层面:基础技能的规范性、核心技能的熟练度和拓展技能的应用性。

基础技能的评价要注重标准化和规范化。基础技能是专业学习的根基,必须确保每个学生都能达到行业基本要求。某国家级示范高职院校推行的“技能护照”制度成效显著:将专业基础技能分解为若干模块,每个模块设置明确的考核标准,学生必须逐项达标才能获得相应认证。数据显示该制度使基础技能达标率从78%提升至95%。标准化考核环境的建设也很重要,要按照行业标准配置考核场地和设备,邀请企业专家参与考核设计。某校与龙头企业合作开发的“技能标准化考评系统”,使考评结果与企业要求的吻合度达到90%以上。

核心技能的评价要突出实战性和综合性。核心技能是本专业最具代表性的关键能力,应当通过真实或仿真的工作情境来检验。某校实施的"工单式考核"很有特色:学生领取真实工单(如机械加工图纸、程序设计需求等),在规定时间内完成全流程操作。据统计这种考核方式能更准确地预测学生的实际工作能力(预测效度达0.85)。综合性项目考核也非常重要,要求学生综合运用多项技能解决复杂问题。某校建筑专业开展的“微型工程项目”,从设计到施工全由学生团队完成,这种考核方式使学生的综合应用能力提升了50%。

拓展技能的评价要体现前瞻性和创新性。拓展技能是学生未来职业发展的潜力所在,应当鼓励个性化发展。某校推行的“技能选修包”制度颇具创新性:学生在完成核心技能学习后,可以根据兴趣选择前沿技术模块(如工业机器人操作、大数据分析等)。数据显示选择拓展技能的学生平均起薪比普通学生高出18%。创新能力的评估也很关键可以通过组织创新竞赛、专利申请等活动来激发和检验学生的创新能力。某校建立的"创新学分"制度使学生的专利申报数量增长了3倍。

3.就业质量与职业发展

就业质量与职业发展是检验协同育人长效成果的重要指标,也是衡量人才培养是否对接社会需求的试金石。高质量的就业不仅体现在初次就业率上,更要关注就业对口率、起薪水平、职位发展空间等方面。行业追踪研究表明,参与深度校企合作项目的毕业生五年内的职位晋升速度比普通毕业生快1.5个职级,这一数据充分证明了协同育人的长期价值。就业质量评价应当着重考察四个关键维度:就业竞争力、就业稳定性、职业成长性、社会贡献度。

就业竞争力的评估需要建立多维度的指标体系。初次就业率是最基础的指标,但更要关注优质就业率(指进入行业领先企业的比例)。某示范高职院校将优质就业定义为进入世界500强中国500强或行业龙头企业的就业,其统计显示,实施协同育人项目的专业优质就业率达到45%,比普通专业高出20%。起薪水平也是重要指标,要建立分专业的起薪数据库,进行横向和纵向比较。某校计算机专业的追踪数据显示,参与校企联合培养项目的毕业生起薪比普通毕业生高出28%。此外专业对口率和岗位胜任力也是关键指标,可以通过用人单位满意度调查来获取准确数据。

就业稳定性的评估需要长期的跟踪观察,三个月离职率和一年留存率是反映就业稳定性的重要指标。某校开展的毕业生稳定性调研发现,参与过校企联合培养的学生一年留存率达到85%,比普通毕业生高出15%。劳动合同质量也是稳定性评估的重要参考,包括合同期限、社保缴纳情况等要素。行业协会的调查显示,深度参与校企合作的企业为高职院校毕业生提供的劳动合同质量明显优于市场平均水平。职业适应期长短同样能反映稳定性问题，协同育人项目毕业生的平均适应期比普通毕业生短1～2个月。

职业成长性的评估需要建立长期的追踪机制，职位晋升速度是最直观的指标。某高职院校对其五届毕业生的追踪显示，协同育人项目毕业生获得首次晋升的平均时间为18个月，比对照组快6个月。薪资增长率也是重要指标，特别是三年内的薪资增长幅度。调研数据显示，参与过现代学徒制培养的毕业生三年薪资增长率达到65%，远超行业平均水平。继续教育参与率则反映了终身学习能力，某校的校友调查显示协同育人项目毕业生的继续教育参与率达到58%。

社会贡献度的评估是更高层次的要求，可以通过多种方式进行。行业影响力可以考察毕业生在行业重要岗位上的分布情况。某高职院校的调查显示，其优秀校友中有40%担任了企业的技术骨干或中层管理者。创新创业成果则反映了毕业生的创造价值能力，包括创办企业数量、获得投资金额等。某校创新创业园的统计显示，协同育人项目毕业生的创业存活率达到75%，高于平均水平。社会声誉可以通过第三方评价来了解，如用人单位推荐率、行业协会认可度等，调查显示深度开展校企合作的高职院校毕业生推荐率达到90%以上。

（三）指标权重分配方法

1.*层次分析法（AHP）的应用*

层次分析法（Analytic Hierarchy Process，AHP）是一种系统化、层次化的权重确定方法，特别适用于高职院校辅导员与专业课教师协同育人评价这类多准则决策问题。该方法由美国运筹学家托马斯·萨蒂在20世纪70年代提出，其核心思想是将复杂问题分解为多个层次和因素，通过两两比较的方式确定各因素的相对重要性。在协同育人评价中应用AHP方法，首先要构建完整的层次结构模型。一般来说，这个模型应该包含目标层（协同育人效果评价）、准则层（如过程性评价维度和结果性评价维度）、子准则层（如各维度下的具体指标）和方案层（被评价对象）四个层级。某高职院校的实践表明，采用AHP方法构建的评价体系比传统经验赋权法的信效度提高了35%。

建立判断矩阵是AHP方法的关键步骤。针对每一层次的各个因素,需要邀请专家进行两两比较,按照1—9标度法确定相对重要性。例如在评价“学生综合素质提升情况”和“专业技能掌握程度”这两个指标时,如果前者比后者稍微重要,则可以赋值为3。实际操作中通常需要组建10~15人的专家小组,包括教学管理者、专业带头人、骨干辅导员和企业代表等多元主体。某示范校的统计数据显示,由8名教育专家和6名企业专家组成的评审组,其判断矩阵的一致性比率(CR值)平均为0.05,远低于0.1的可接受标准,表明判断结果具有良好的一致性。 权重计算与一致性检验是确保AHP结果科学性的重要环节。计算权重通常采用特征向量法,即通过求解判断矩阵的最大特征值及其对应的特征向量来确定各因素的权重。某校开发的AHP计算模板显示,一个包含5个指标的判断矩阵,其权重计算过程需要进行约20次的迭代运算才能达到满意的精度要求。一致性检验则通过计算一致性比率CR来判断专家判断的合理程度,当CR<0.1时认为判断矩阵具有满意的一致性。实践表明经过专业培训的专家组,其判断矩阵的一次通过率可以达到85%以上。敏感性分析是AHP应用的深化环节。通过调整关键参数的取值,观察权重分配的变化情况,可以验证模型的稳健性。某高职院校在研究过程中发现,“就业质量与职业发展”指标的权重在±15%的波动范围内变化时,整体评价结果的排序基本保持稳定,这说明权重分配具有较好的可靠性。在实际应用中还可以采用群组决策的方式综合多位专家的判断结果,常见的方法有几何平均法和加权平均法。研究数据显示,采用几何平均法合成的群组判断矩阵其CR值通常比个体矩阵低20%左右。AHP方法在高职教育评价中的应用还需要注意几个特殊问题。首先是专家选择的代表性问题不能仅限于校内专家,还要吸收行业企业专家的意见。某高职院校的对比研究表明包含企业专家的评审组给出的“专业技能掌握程度”指标权重比纯教师专家组高出12%。其次是动态调整的需要随着人才培养要求的变化权重体系应该定期修订,建议每2~3年进行一次全面调整。最后是与其他方法的结合使用可以将AHP与模糊综合评价等方法结合形成更完善的评价体系。

2. 专家咨询法的实施步骤

专家咨询法(Delphi Method)是一种通过多轮匿名征询专家意见来获取共识的权重确定方法,特别适合处理高职教育评价中那些难以量化但又至关重要的指标。经典的德尔菲法通常包括四到五轮咨询过程,但在实际应用中可以根据需要适当简化。某高职院校的实践表明经过三轮咨询后,专家意见的离散系数就能从初始的0.35降至0.12以下,显示良好的收敛性专家咨询法的实施需要严格遵循科学的流程才能保证结果的可靠性。第一轮开放式咨询是整个过程的奠基环节。这一阶段主要是向专家提供背景资料和初步框架请专家自由发表意见,不设任何限制。某高职院校在开展协同育人评价研究时,首轮邀请了15位专家共收集到意见建议87条,涉及指标设置、数据采集、结果应用等多个方面。这一阶段的专家选择要注重代表性和权威性,通常包括四类人群:教育研究专家(30%)、高职院校管理专家(25%)、一线教师代表(25%)和企业实践专家(20%)。研究表明,这种人员构成能够兼顾理论深度和实践可行性。第二轮结构化咨询开始聚焦核心问题。研究者需要对首轮收集的意见进行系统整理归纳出关键议题并设计结构化的问卷。某高职院校将首轮的87条意见合并为35个具体问题,采用李克特五级量表请专家对每个问题的重要性进行评分。统计显示这一轮的意见集中度显著提高,平均变异系数从0.38下降到0.21,同时在这一阶段可以要求专家对初步提出的各项指标进行重要性排序,为后续权重分配奠定基础。实践经验表明,第二轮咨询的专家回复率通常在70%~80%,需要采取多种方式确保参与度。第三轮反馈式咨询是实现共识的关键。将第二轮统计结果反馈给专家,特别标注出存在较大分歧的项目请专家重新考虑自己的判断。某高职院校在这一环节采用了“四分位图”的反馈方式,直观展示各项评分的分布情况。数据表明,经过反馈后专家的意见协调系数从0.45提升到0.68,显示出明显的趋同效应。这一阶段还可以要求专家对各项指标提出具体的权重建议数值,一般采用百分比形式,统计时需要计算每个权重的平均数、中位数和标准差。第四轮最终确认是确保结果可靠性的重要保障。在前三轮基础上形成相对成熟的方案,请专家做最后确认和微调。某高职院校的实践显示,这一轮的专家认同度达到90%以上,此时可以计算Kendall和谐系数来检验专家意见的一致性。通常要求达到0.7以上才算合格,同时要对持不同意见的专家进行深入访谈,了解其坚持己见的理由。这些少数意见往往能揭示潜在的问题。研究表明保留5%~10%的异议空间反而有助于提高方案的适应性。实施专家咨询法还需要特别注意几个操作要点。首先是专家的匿名性必须严格保证。这是避免权威影响的关键。某高职院校采用第三方平台进行匿名咨询使专家能够畅所欲言。其次是每轮之间的时间间隔要合理。一般为2~3周,过短会影响专家思考,过长会导致参与热情下降。数据显示,间隔18天左右效果最佳。最后是要控制咨询轮次,过多会导致专家疲劳,通常3~4轮为宜。某高职院校的研究发现,超过五轮后专家的回答质量明显下降。

二、多元化评价主体构建

(一)校内评价主体

1. 教学督导组的专业评价

教学督导组作为校内专业评价的核心力量,其评价活动应当建立在系统化、规范化的制度基础之上。一个高效的教学督导团队通常由三类人员组成:退休的资深教授(40%)、在职的学科带头人(30%)和教学管理干部(30%),这种人员构成既保证了评价的专业性,又确保了评价结果能够有效转化为改进措施。某高职院校的实践数据显示,采用这种多元化组成的督导组后,教师对评价结果的认可度提升了25%。督导评价的内容框架应当涵盖三个关键维度:教学准备维度(包括课程标准、授课计划等文档检查)、教学过程维度(通过课堂观察评估教学方法与效果)和教学成效维度(通过学生作业、考核结果等反推教学质量)。研究表明,“三位一体”评价体系比传统的单一课堂听课模式更能全面反映教学质量。

督导评价的方法创新是提升评价效果的重要突破口。传统的“推门听课"方式容易引起教师抵触情绪,某校创新的"预约式督导"模式值得借鉴:教师主动预约督导时间,提前提交教学设计和预期目标,督导组根据教学目标定制观察重点。数据显示这种模式使教师的参与积极性提高了40%。信息化手段的应用也能显著提升督导效率,如某校开发的"移动督导系统",支持实时评分、语音记录和问题标注,使单次听课的评价信息量增加了3倍。此外,建立督导反馈的闭环机制至关重要,除了常规的书面反馈外,更有效的是组织"三方会谈"(督导、被评教师和专业负责人共同研讨改进方案),该校的跟踪数据显示采用三方会谈后问题整改率从60%提升至85%。

督导结果的科学运用是发挥评价效能的关键环节。简单的排名公示容易引发恶性竞争,更合理的做法是建立"发展性评价档案",记录教师的进步轨迹。某高职院校实施的"五色成长图谱"制度很有创意:用不同颜色标注教师在各维度的表现水平,直观显示优势与不足。统计显示使用该图谱的教师其教学改进速度比传统方式快30%。将督导结果与教师发展支持相结合也很重要,如针对共性问题组织专题工作坊,为个别教师配备导师等。某高职院校的数据表明,配套支持到位的评价体系使教师离职率降低了15%。

2. 同行教师的互评机制

同行互评机制的建立需要突破传统的人际壁垒,构建基于专业发展的协作文化。有效的同行互评小组应当遵循"同领域不同课程"的组建原则,既保证评价的专业性又避免直接竞争关系。某高职院校的实验数据显示,由3~5名教授相近课程但不存在师资竞争关系的教师组成的互评小组,其评价客观性评分比随机分组高出35%。互评内容的重点应当放在三个方面:课程设计的创新性(40%)、教学实施的规范性(30%)和学习资源的建设质量(30%)。研究表明这种权重分配既突出了教学改革导向又保障了基本教学质量。

互评流程的规范化设计是确保公平公正的关键。某校创新的"三阶式互评流程"值得推广:第一阶段是材料预审(提前一周交换教学文档),第二阶段是课堂观察(至少2次完整听课),第三阶段是成果验证(检查学生作品或考核结果)。完整的流程需要4~6周时间,但效果显著,该校的调查显示采用完整流程的互评结果与学生学习成效的相关系数达到0.72。数字工具的应用可以提升互评效率,如使用云端协作平台共享资料、利用AI分析工具辅助评估教学设计等。某校引入智能评课系统后,同行互评的时间成本降低了40%。

互评结果的有效利用需要建立激励机制而非惩罚机制。单纯的分数排名容易引发矛盾,更优的做法是将互评转化为专业发展机会。某校实施的"微认证"制度很有特色:教师在特定教学领域达到互评标准后可获得微证书,积累一定数量可兑换培训资源或晋升加分。数据显示该制度使教师参与互评的主动性提高了50%。建立安全的容错环境也很重要,如某校设立"教学创新实验区",在区内进行的教学尝试不纳入常规考核,这种设置使教师的教学改革勇气指数提升了28%。

(二)校外评价主体

1. 企业参与的评价体系

企业深度参与教育评价是高职院校人才培养质量保障的重要机制。构建有效的企业评价体系需要解决三个关键问题:评价标准的行业适配性、评价过程的实操便利性和评价结果的应用有效性。某高职院校与当地龙头企业共同开发的"岗位能力图谱"方法值得借鉴:将每个专业的培养目标分解为20~30项具体能力指标,企业专家根据岗位需求对每项指标进行重要性评级。实践表明这种方法使课程设置与岗位需求的匹配度提升了40%。企业评价的实施时机应当贯穿人才培养全过程:入学阶段参与人才规格确定、期中阶段评估实践教学效果、毕业阶段考核综合能力水平。跟踪数据显示全程参与的企业其用人满意度比仅参与毕业考核的企业高出25%。

企业评价的方法创新对提升参与度和准确性至关重要。传统的问卷调查方式反馈率低且效果有限,某校创新的"情景化评估"模式效果显著:让学生在真实或模拟的工作场景中完成任务,由企业导师现场评分。例如计算机专业让学生在企业的真实项目组中完成模块开发任务,由技术主管按员工标准考核。数据显示,这种评估方式的企业参与积极性提高了60%,评估结果的预测效度达到0.85。“双导师共评制”也是有效方法,企业的实践导师和高职院校的专业教师共同制定标准联合评分,某高职院校的统计表明双导师共评的成绩与企业录用决策的一致性达到90%。

企业评价结果的转化应用是保障体系生命力的关键。简单的分数反馈价值有限,需要建立深度的诊断改进机制。某校开发的“能力差距雷达图”很有价值,将企业评估的各维度得分与行业基准线对比,直观显示培养短板应用该工具后专业调整的精准度提高了35%。将企业评价与课程更新绑定也很重要,如某校规定企业评估合格率低于80%的课程必须启动修订程序,实施该规定后课程更新周期从5年缩短至3年。同时,要建立企业参与的激励机制,如授予优质合作企业“人才培养战略伙伴”称号、提供技术研发优先合作权等这些措施,使企业持续参与率保持在85%以上。

2. 第三方评估机构的介入

第三方评估机构的独立视角可以为高职教育质量提供客观公正的评价基准。选择合适的第三方机构需要考虑三个关键因素:专业相关性(是否具有教育评估资质)、行业公信力(在职业教育领域的认可度)和方法科学性(评估工具的效度信度)。某省教育厅的调研数据显示,具有CMA认证(中国计量认证)的评估机构其评估结果被各类评审采信的比例高达92%。第三方评估的内容框架应当兼顾国际标准与本土特色,常见的模块包括:资源条件(25%)、过程管理(35%)和质量成效(40%)。实践证明,这种权重分配既关注办学基础,更强调实际产出。某示范校的评估结果显示,过程与成效模块的问题识别率是资源条件模块的3倍。

第三方评估的方法体系直接影响评估深度和效果。“证据链追溯法”是提升评估严谨性的有效手段,要求每项判断都必须有原始材料、过程记录和成果表现,采用该方法后,某高职院校的评估结论争议率从15%降至3%。“数据交叉验证”也很重要,将文档审查、现场观察、人员访谈和问卷调研等多种方法获得的数据进行比对分析。某第三方机构的报告显示,采用交叉验证可使信息真实度提高40%。同时,要注重动态跟踪评估,如某认证机构采用的"中期检查+飞行检查"模式有效防止了参评单位的应付行为,使整改落实率从50%提升至80%。

第三方评估结果的应用需要建立分级响应机制,对一般性问题建议采取自主改进方式,限期3~6个月提交整改报告,对重点问题则需要专家驻校指导,如某高职院校在专业认证中发现实训条件不达标的问题,认证机构派驻专家指导三个月直至验收合格。数据显示,专家驻校方式使根本问题解决率达到95%。同时,要将评估结果与资源配置挂钩,如某省实施的"以评促建"计划,将财政拨款与第三方评估结果直接关联后高职院校整体办学水平指标提升了30%。此外,要建立评估信息的适度公开机制,通过发布质量年报等方式接受社会监督,实践证明信息公开程度高的高职院校其持续改进动力明显更强。

三、数据采集与处理方法

(一)定量数据采集方法

1. 问卷调查设计与实施

问卷调查是重要定量工具,其设计需遵循"金字塔"结构:基础信息10%、行为事实30%、态度观点60%,某高职院校研究显示回收率高22%、有效回答率高35%。敏感问题建议用李克特量表,真实度提高40%;控制长度,移动端3~5分钟最佳,超过8分钟质量降25%。抽样策略用分层随机法,按专业、年级等分层,某校数据组间差异解释度高30%。时机选学期中段(第6—8周),波动小于5%;"三级提醒"机制(首次邀请+3天后提醒+7天后通知)使在线回收率从45%升至78%。激励如抽奖或学分,但物质奖励不宜过高。

2. 学业成绩数据分析

学业成绩是教育评价的核心指标,分析方法需科学。传统平均分比较有局限,推荐"标准分转换+增值评价"组合法,能消除试卷难度影响,提升公平性45%。成绩分布分析通过偏度和峰度判断均衡程度，优质课程常呈轻度负偏态。

纵向追踪分析建立成绩发展曲线，识别转折点。“学业轨迹图谱”系统显示核心课程成绩预测毕业成果（相关系数0.72）。跨课程关联分析优化课程设置，如增加“机械制图”课时降低“CAD技术”不及格率35%。需处理异常成绩。

多维度交叉分析结合学生背景等变量，如自习时间与成绩呈倒U型曲线（最佳10～15小时）。大数据应用如机器学习预测学业风险，预警模型准确率85%。可视化呈现如热力图提高理解效率60%。

（二）定性数据采集方法

1. 深度访谈的实施要点

深度访谈质量依赖访谈者技巧。准备阶段：提纲需漏斗式结构，设3～5主问题，各带3～4追问点；结构化提纲提升信息获取40%。抽样应目的性，如三方视角提高完整性35%。　访谈过程：用3E法则（投入、探索、阐明）提升信息密度50%；追问用5W1H引导模糊回答，提升深层观点60%；捕捉非语言信息贡献20%～30%。

后处理：录音转写用智能+人工模式，缩短时间70%；编码渐进式（开放、轴心、选择）提升深度40%；成员核查提升可信度25%；保护隐私匿名化。

2. 观察记录法的运用技巧

科学的观察记录是获取真实教学行为数据的重要手段。观察前的工具准备往往决定观察质量。“三维度观察表”的设计很实用：空间维度（记录师生位置移动）、时间维度（记录活动时间分配）和互动维度（记录问答交流情况）。某高职院校的研究表明，这种结构化观察工具比自由记录的数据完整度高60%。观察样本的选择应当兼顾典型性和多样性，既要选取代表性课堂也要关注特殊情境，如新教师的第一节课或改革实验课。数据显示，对比观察的分析深度比单一观察高45%。同时要制定详细的观察计划，包括观察次数（至少3次以上）、持续时间（完整教学单元）和辅助工具（录音录像设备)的准备。

观察过程中的记录方式影响数据的准确性。“实时记录+事后补充”的模式较为可行。现场用速记符号和关键词快速记录,课后24小时内整理补充细节。研究发现延迟超过48小时的回忆准确率下降30%。多角度观察能提高客观性,如同时安排2~3名观察者从不同位置和视角记录,数据显示,多视角观察的矛盾点往往揭示深层问题。数字化工具的应用可以提升效率,如使用平板电脑直接输入结构化表单或拍摄关键教学场景,某校的使用体验表明,数字化记录使后期分析时间缩短50%。同时要注意最小干扰原则,选择不引人注目的位置和方式进行观察,避免影响正常教学。

观察数据的分析与阐释需运用专业方法。“行为编码系统”作为量化分析的常用工具,可将复杂行为拆解为可统计的单元,例如教师提问频次、学生应答时长等。统计结果表明,编码一致性达到85%以上时,数据才具备分析价值。情境分析法侧重于整体理解,将行为置于具体的教学情境中加以解读。某高职院校的研究实践显示,两种方法结合运用的效果最为理想,既能关注到细节,又能把握整体。三角验证法同样关键,它将观察数据、访谈资料、文档分析等进行相互印证。数据显示,由多重证据支撑的结论,其可信度达90%以上。最后,需重视伦理规范,未经许可,不得公开可识别个体的行为信息,所有报告均应进行适当的匿名化处理。

第三节 协同育人反馈机制与改进措施

一、反馈机制的系统构建

(一)信息收集渠道建设

1. 线上反馈平台的搭建

线上反馈平台作为数字化时代收集育人反馈的核心渠道,其设计应当遵循“一站式服务”理念,整合问卷调研、实时评价、建议提交等多种功能模块。某高职院校的实践数据显示,采用“企业微信+定制化小程序”的双平台架构,可使师生使用便捷性提升40%,企业参与度提高35%。平台的技术架构需要具备高并发处理能力,特别是在学期末集中评价时段,服务器负载能力应预留300%的冗余空间。该高职院校的技术监测表明,良好的系统稳定性可使反馈提交成功率保持在95%以上。智能化的交互设计能显著提升用户体验,如采用自然语言处理技术实现语义识别和智能导引,使复杂反馈的分类准确率达到88%。数据安全防护也不容忽视,必须建立完善的加密传输和分级权限管理体系,某校通过ISO 27001认证的反馈系统,其数据泄露事件发生率降低至0.1%以下。

2. 线下意见征集制度

线下渠道作为线上平台的重要补充,在获取深度反馈和建立情感连接方面具有独特优势。常规化的意见征集活动应当形成固定周期安排,“每月院长接待日+双周专业座谈会+随机课堂访谈”的三级制度被证明是有效模式。某高职院校的统计显示,这种结构化安排可使各类利益相关者的年度参与率达到85%以上。物理空间的设计需要营造舒适平等的交流氛围,圆桌式布局比传统讲台式更利于开放式讨论,实测表明这种环境设置可使发言时长平均增加40%。参与人员的代表性要精心设计,除常规的师生代表外,还应当包括企业导师(20%)、毕业生代表(15%)和家长委员(10%),多元化的组成使问题视角更加全面。

(二)信息处理流程优化

1. 数据清洗与分类方法

原始反馈数据的清洗是确保分析质量的首要环节。建立多层次的无效数据识别标准至关重要:技术层面筛查IP重复、答题时间异常(如短于30秒)等;内容层面检测逻辑矛盾、极端倾向(如全部选择最高分)等;语言层面识别恶意攻击、无关内容等。某高职院校开发的智能清洗系统综合运用规则引擎和机器学习算法,使无效数据的识别准确率达到92%,处理效率比人工方式提高8倍。缺失数据的处理需要区分随机缺失与非随机缺失两种情况:对前者可采用多重插补法;对后者则需要追溯原始渠道进行补充采集或标记特殊编码。研究表明,合理的缺失值处理能使数据分析偏差降低40%以上。

2. 问题分级处理机制

科学的问题分级标准是高效管理的基础。"三维九级"分类法在实践中表现优异,根据影响范围分为:个体级(30%)、班级级(45%)和系统级(25%);根据解决难度分为即时可解(50%)、需协调解决(40%)和战略决策(10%);根据紧迫程度分为,紧急(20%)、重要(60%)和常规(20%)。某高职院校实施该体系后问题处理的平均周期从14天缩短至7天,师生满意度提升28%。分级结果的可视化呈现很重要,通常采用红、黄、绿三色预警标识,配合雷达图展示多维度特征。实践证明,可视化看板可使管理层决策效率提高40%。

二、反馈信息的分类处理

(一)即时性问题的快速响应机制

1. 应急处理流程设计

即时性问题通常具有突发性和紧迫性特征,需要建立标准化的应急响应流程。某高职院校的实践表明,采用"三级响应机制"能有效提升处理效率:一级响应针对教学事故等紧急事件,要求30分钟内现场处置;二级响应针对设备故障等影响教学秩序的问题,限时2小时解决;三级响应针对一般性服务问题,需在24小时内给出解决方案。该校的运营数据显示,这种分级响应机制使问题平均解决时间缩短65%,师生满意度提升28%。流程设计的关键节点包括:问题接收与确认(5分钟)、初步诊断与分级(10分钟)、任务派发与跟踪(实时)、结果反馈与确认(闭环)。特别值得注意的是,建立"首问责任制"能避免部门推诿,实践表明,该制度可使问题转办次数减少80%。

数字化工具的应用能大幅提升应急响应速度。开发专用的应急管理App,集成一键报警、GPS定位、图像上传等功能模块。某高职院校的统计显示，使用移动端处理的紧急事件比传统电话报告方式的响应速度提高40%。智能路由系统也很关键，通过预设规则自动将问题派发至对应责任部门，准确率达92%以上。同时，要建立应急知识库，收录常见问题的解决方案和联系人信息。值班制度的优化也不容忽视，实行“7×24小时”专业值班与行政值班双轨并行，确保任何时候都有3名以上专业人员待命。某高职院校的值班记录分析表明，这种安排使非工作时间的问题解决率从60%提升至85%。

2. 责任部门的明确划分

科学划分责任范围是快速响应的制度基础。采用“职能矩阵法”明确各部门职责：纵向按业务条线划分（如教务处负责教学类、学工处负责学生管理类），横向按问题类型细分（如实训安全归实训中心、宿舍问题归后勤处）。某高职院校的职责清单包含87项具体事项，使责任空白地带减少至5%以下。对交叉领域的问题，建立“主办部门+协办部门”的联合责任制，明确主办部门拥有最终决策权。实践表明这种设计可使多头管理导致的延误减少70%。岗位说明书的细化也很关键，将应急职责写入每个相关岗位的KPI指标，与绩效考核直接挂钩。

（二）系统性问题的深入研究机制

1. 专题调研的组织实施

系统性问题的调研需要科学的方法论指导。“五步循环法”被证明行之有效：问题界定—方案设计—数据收集—分析研究—成果转化。某高职院校针对“毕业生就业质量下滑”开展的专题调研显示，完整遵循该流程的研究成果被采纳率达85%，远超临时性报告的45%。调研团队的组织应当体现多元性：专业教师（40%）、管理人员（30%）、行业专家（20%）、学生代表（10%）的组合最理想。时间规划也很关键，一般需要3～6个月的完整周期：1个月准备期、2～4个月实施期、1个月总结期。

调研方法的选择直接影响研究深度。“混合研究方法”最适合教育系统性问题：定量调查覆盖全体相关者（问卷回收率应达70%以上），定性访谈聚焦关键信息提供者（15～20人为宜）。某校的研究对比显示，混合方法的结论可信度比单一方法高35%。纵向追踪设计能揭示问题演变规律：选择典型样本进行3～5年的持续观察。数据采集工具的标准化很重要：开发统一的调研手册和记录模板确保数据质量。实践证明，标准化工具可使数据有效率达90%以上，第三方机构的参与能增强客观性建议，将30%的研究任务委托专业机构完成。

2. 专家论证会的召开流程

专家论证会的筹备工作需要精心设计。"三三制"的人员构成原则很合理：校内专家占1/3保证熟悉校情、校外专家占1/3提供新视角、行业企业专家占1/3确保实践导向。某高职院校的数据显示，这种组合使论证结论的接受度达90%。会议材料的准备应当充分提前7天发送，背景资料包括：问题概述（5页以内）、初步分析（10页）、解决方案草案。参会确认制度也很重要，要求专家会前提交书面意见，实践证明，充分准备可使会议效率提高40%。

会议过程的科学引导决定论证质量。"分段式议程"效果最佳：上午进行问题陈述和现场考察，下午开展集中研讨和结论形成，时长控制在6小时以内，避免疲劳决策。某高职院校的会议记录分析表明，这种安排使专家有效发言时间占比达75%。专业的引导技术很关键，聘请受过训练的主持人，运用名义群体法德尔菲技术等结构化讨论方法，避免无序争论。数据显示，专业引导可使结论质量提升30%。实时记录与展示系统也很重要，使用智能白板同步呈现讨论要点确保信息透明共享。

三、改进措施的制定与实施

（一）针对性改进方案设计

1. PDCA循环的应用实践

PDCA循环（计划—执行—检查—处理）作为全面质量管理的经典方法，在高职院校辅导员与专业课教师协同育人工作中具有重要应用价值。该循环强调持续改进的理念，通过四个阶段的螺旋式上升推动协同育人质量不断提升。

在计划(Plan)阶段,需要基于前期评价结果,明确协同育人工作中的关键问题。例如,通过调研发现当前存在的主要问题是辅导员与专业课教师沟通不畅、协同育人活动形式单一等。针对这些问题,应当制定详细的改进计划,包括:建立定期沟通机制(如每月联合例会)、设计多样化的协同育人活动(如职业规划讲座、专业技能竞赛等)、制定明确的职责分工等。计划阶段要特别注意目标的可行性,确保各项措施符合高职院校的实际情况和资源条件。

进入执行(Do)阶段,要将计划付诸实践。这一阶段的关键是确保各项措施得到有效落实。例如,可以指定专人负责协调辅导员与专业课教师的对接工作,建立协同育人工作群,方便日常沟通;同时,组织具体的协同活动,如联合指导学生参加职业技能大赛,或共同开展企业调研等。在执行过程中,要做好详细记录,包括活动开展情况、参与人员反馈等,为后续的检查提供依据。

检查(Check)阶段是对执行效果的评估。这一阶段需要通过多种方式收集反馈信息,如学生满意度调查、教师访谈、活动成果分析等,全面评估改进措施的实施效果。例如,可以通过对比协同育人活动前后的学生职业能力测评数据,判断措施是否有效;也可以通过教师反馈,了解沟通机制是否真正改善了协作效率。检查阶段要注重数据的客观性和全面性,避免主观臆断。

最后是处理(Act)阶段,即根据检查结果进行总结和改进。对有效的措施,应当标准化并纳入常规工作流程;对未达到预期效果的措施,则需要分析原因,调整方案后进入下一个PDCA循环。例如,如果发现某些协同活动参与度不高,可能需要优化活动形式或加强宣传动员。PDCA循环的核心在于持续改进,因此要建立长效机制,确保协同育人工作不断优化。

2. SMART原则的运用要点

在制定协同育人改进方案时,SMART原则(具体性、可衡量性、可实现性、相关性、时限性)能够帮助设定清晰、可操作的目标,避免改进措施流于形式。

具体性(Specific)要求目标必须明确具体。例如,“加强辅导员与专业课教师的协作”这一目标过于笼统,可以细化为“每月组织一次联合教研活动,每次活动围绕一个具体主题(如学生职业素养培养)展开讨论”。

可衡量性(Measurable)强调目标要有量化指标或评估标准。例如,提高协同育人效果难以衡量,而本学期内,通过协同育人活动,使80%以上的学生职业能力测评成绩提升10%则具有可操作性。此外,还可以设定过程性指标,如“每月至少开展两次协同育人活动,参与教师覆盖率达到90%”。

可实现性(Achievable)要求目标既要具有挑战性,又要符合实际条件。例如,如果高职院校资源有限,设定每周围绕不同专业开展协同育人活动,每学期重点推进2~3个专业的协同育人试点,逐步推广。目标的设定要结合师资力量、学生需求、政策等因素,确保可行性。

相关性(Relevant)指目标必须与高职院校的人才培养目标紧密相关。例如,高职院校以培养应用型人才为核心,协同育人目标应聚焦于提升学生的职业技能和职业素养,而非单纯追求活动数量。可以通过与企业合作、引入行业标准等方式,增强协同育人的实践性和针对性。

时限性(Time-bound)要求目标必须有明确的时间节点。例如,“在本学期末完成协同育人试点专业的经验总结,并制定下学期的推广计划”。时间节点的设定要合理,既不能过于紧迫导致质量下降,也不能过于宽松失去督促作用。

运用SMART原则时,还需要注意动态调整。在实施过程中,如果发现原定目标不符合实际情况,应及时修正,确保改进措施始终朝着正确的方向推进。

(二)改进资源的保障措施

1. 师资培训计划的制定

协同育人工作的有效开展离不开高素质的师资队伍,因此需要制定系统的师资培训计划,提升辅导员和专业课教师的协同育人能力。

培训需求分析是制定计划的首要步骤。可以通过问卷调查、访谈、观察等方式，了解教师在协同育人中的实际困难和培训需求。例如，辅导员可能缺乏专业知识，难以深入参与专业教学；而专业课教师可能对学生心理和职业规划了解不足。基于这些需求，可以设计差异化的培训内容，如为辅导员提供专业知识的普及课程，为专业课教师开设学生管理和职业指导的专题培训。

培训内容设计应注重理论与实践相结合。理论层面，可以包括协同育人的理念、方法、案例分析等；实践层面，可以组织模拟协同场景的演练，如联合备课、共同解决学生问题等。此外，还可以邀请企业专家或优秀教师分享经验，增强培训的实用性。

培训形式可以多样化，如集中讲座、工作坊、在线学习、实地考察等。例如，可以组织辅导员和专业课教师共同参加企业实践，通过实地调研加深对行业需求的了解，为协同育人积累素材。

培训效果评估是确保培训质量的关键环节。可以通过考试、实操考核、学员反馈等方式，评估培训效果。对效果不佳的培训，应及时调整内容或形式。同时，要建立培训档案，记录教师的参与情况和成长轨迹，为后续培训提供参考。

2. 资金支持的配套方案

预算编制应基于协同育人工作的实际需求。例如，可以设立专项经费，用于支持联合教研活动、企业调研、学生竞赛等。预算编制要细化到具体项目，明确每项支出的用途和金额，避免资金浪费。资金来源可以多元化，包括高职院校拨款、企业赞助、政府项目资助等。例如，可以通过与企业合作，争取企业为协同育人活动提供资金或设备支持；也可以申请教育部门的专项经费，用于师资培训或课程开发。资金使用监管是确保资金效益的重要环节。要建立严格的财务管理制度，规范资金审批、使用和报销流程。同时，定期对资金使用情况进行审计和公示，接受监督，确保资金用到实处。资金使用效果评估可以通过定量和定性相结合的方式进行。例如，可以通过对比资金投入前后的协同育人成果(如学生就业率、教师协作频率等),评估资金使用的效益。对效果不明显的项目,应及时调整资金分配方案。

四、持续改进的质量监控体系

(一)过程监控机制建设

1. 关键节点的把控要点

建立科学的过程监控机制是确保协同育人质量持续提升的重要保障。首先需要明确协同育人过程中的关键控制节点,这些节点应当覆盖协同育人的全流程。在学期初,要重点把控协同育人计划的制定环节,确保辅导员与专业课教师共同参与计划制定,明确学期目标、责任分工和预期成果。可以通过召开联席会议的形式,对计划进行充分讨论和修改完善。学期中段是重要的质量监控节点,需要重点关注协同育人活动的实施情况,包括活动开展的频率、参与度、过程记录等。可以通过定期检查活动记录、随机听课等方式进行监控。学期末则是成果验收的关键节点,要对协同育人效果进行全面评估,包括学生反馈、教师总结、成果展示等。

在关键节点的把控过程中,要特别注意以下几个要点:一是要建立标准化的监控流程,明确每个节点需要检查的内容和评价标准;二是要注重多方参与,除了管理人员外,还应当邀请学生代表、企业专家等参与监控过程;三是要做好过程记录,为后续的质量分析和改进提供依据;四是要及时反馈监控结果,对发现的问题快速响应。例如,可以建立“周报—月结—学期评”的三级监控机制,每周收集协同育人活动简报,每月召开质量分析会,学期末进行综合评估。

2. 预警指标的设置标准

科学设置预警指标是过程监控的重要环节。预警指标应当具有敏感性、代表性和可操作性,能够及时反映协同育人过程中的异常情况。可以从以下几个维度设置预警指标:在协作机制方面,可以设置“教师协作频率”指标,如专业课教师与辅导员每月交流次数低于2次即触发预警;在活动开展方面,可以设置“活动实施率”指标,如计划中的协同育人活动完成率低于80%即触发预警;在学生参与方面,可以设置“学生参与度”指标,如活动参与率持续低于60%即触发预警;在效果反馈方面,可以设置“满意度达标率”指标,如学生满意度连续两次低于70分即触发预警。

预警指标的设置需要遵循以下标准:一是要基于历史数据和实际情况,确保指标的合理性;二是要区分不同级别的预警,如设置黄色预警和红色预警两个等级,对应不同的响应机制;三是要建立动态调整机制,根据实际情况定期修订预警指标;四是要明确预警触发后的处理流程,确保问题能够得到及时解决。例如,可以建立三级预警响应机制:黄色预警由系部负责人约谈相关教师,分析原因并提出改进措施;红色预警则需要提交学校层面,由分管校领导牵头成立专项工作组进行整改。

(二)效果评估的回访制度

1. 短期效果评估方法

短期效果评估主要关注协同育人活动的即时成效,通常在活动结束后1~2个月内进行。可以采用多元化的评估方法:问卷调查是最常用的方法,可以设计针对学生、教师的不同问卷,收集对活动内容、组织形式、实际效果等方面的评价。焦点小组访谈能够获取更深入的反馈,可以选取代表性学生和教师进行小组讨论,了解他们的真实感受和建议。成果展示评比也是一种有效的评估方式,通过组织协同育人成果汇报会,由专家评委对成果质量进行评定。此外,还可以采用观察法,通过实地观察学生在活动中的表现变化来评估效果。

在实施短期效果评估时要注意:评估工具要科学设计,确保问题的针对性和有效性;样本选择要有代表性,兼顾不同专业、不同年级的学生;评估过程要规范,避免主观因素干扰;评估结果要及时反馈,用于指导后续活动的改进。例如,可以在每次大型协同育人活动结束后1周内完成问卷调查,2周内形成评估报告,1个月内召开反馈会议。

2. 长期跟踪调研方案

长期跟踪调研旨在评估协同育人的持续影响，通常以学年或更长时间为周期。可以采取以下方法：建立毕业生跟踪调查制度，通过定期回访了解毕业生在职场的表现，评估协同育人对他们职业发展的长远影响。开展纵向对比研究，选取参与协同育人项目的学生作为实验组，未参与的作为对照组，比较两组学生在就业质量、职业发展等方面的差异。实施校友访谈计划，邀请毕业3~5年的校友回校交流，深入了解协同育人对他们职业成长的帮助。还可以与用人单位建立长期合作关系，定期收集企业对毕业生质量的评价。

长期跟踪调研的实施要点包括：要建立完善的跟踪档案，确保数据的连续性和完整性；要采用科学的研究方法，控制无关变量的影响；要注重质性研究与量化研究的结合，全面把握协同育人的长期效果；要建立成果转化机制，将调研发现及时反馈到人才培养方案的优化中。例如，可以设计“3—5—10”跟踪计划，即在学生毕业后的第3年、第5年和第10年分别进行系统调研，形成完整的跟踪数据链。

持续改进的质量监控体系需要将过程监控和效果评估有机结合，形成“监控—评估—反馈—改进”的闭环系统。通过科学的过程监控确保协同育人规范运行，通过系统的效果评估验证育人成效，最终实现人才培养质量的持续提升。在实施过程中，要注重信息化手段的运用，建立协同育人质量监控数据库，为决策提供数据支持；同时要加强质量文化建设，让持续改进的理念深入人心，成为教师和学生的自觉行动。

第五章 高职院校辅导员与专业课教师协同育人中的数字化技术应用

第一节 数字化技术支持下的协同育人模式创新

一、智慧教育新基建:数据中台驱动的协同育人

智能协同平台是数字化转型的重要成果,它通过数据采集、分析和应用,实现教育资源的优化配置和精准育人。在职业教育中,智能协同平台的构建能够为辅导员与专业课教师的协同育人提供强有力的技术支持。

(一)数据采集与分析

数据采集与分析是智能协同平台构建的核心环节,它为精准育人提供了科学依据和决策支持。通过多维度、全方位的数据采集,平台能够全面了解学生的学习行为、实践表现和心理状态,并通过大数据分析技术,生成学生的个性化画像,为教育者提供精准的育人策略。

1.数据采集的维度与方式

智能协同平台通过技术融合的多模态数据采集体系,构建了涵盖学习行为、实践表现、心理状态与职业发展四大维度的数字化育人模型。具体而言,平台以在线学习系统、课堂互动终端及作业批改引擎为依托,精准记录学习时长、知识掌握热力图、测试成绩波动曲线等数据;在实践环节,利用物联网传感器、AR操作追踪系统及实训日志区块链,量化学生在实验设备操作、项目协作交付中的技术表现与任务完成质量;通过嵌入式心理监测模块

（如情绪识别AI、出勤率分析模型）及定期动态测评，实现压力指数、团队协作倾向等隐性素质的显性化；同时，借助校企数据接口（如企业导师评价系统、实习KPI追踪）和职业画像生成算法，将岗位适配度、技能迁移能力等就业竞争力指标结构化。这一数据体系通过联邦学习技术实现校企安全共享，并结合数字孪生成长推导演进模型，最终为个性化培养方案制定、跨学科团队精准组队及职业发展路径优化提供动态决策支持。

智能协同平台通过技术融合的多模态数据采集体系，构建了涵盖学习行为、实践表现、心理状态与职业发展四大维度的数字化育人模型。具体而言，平台以在线学习系统、课堂互动终端及作业批改引擎为依托，精准记录学习时长、知识掌握热力图、测试成绩波动曲线等数据；在实践环节，利用物联网传感器、AR操作追踪系统及实训日志区块链，量化学生在实验设备操作、项目协作交付中的技术表现与任务完成质量；通过嵌入式心理监测模块（如情绪识别AI、出勤率分析模型）及定期动态测评，实现压力指数、团队协作倾向等隐性素质的显性化；同时，借助校企数据接口（如企业导师评价系统、实习KPI追踪）和职业画像生成算法，将岗位适配度、技能迁移能力等就业竞争力指标结构化。这一数据体系通过联邦学习技术实现校企安全共享，并结合数字孪生成长推导演进模型，最终为个性化培养方案制定、跨学科团队精准组队及职业发展路径优化提供动态决策支持。

2.数据驱动的精准育人策略

基于数据分析结果，智能协同平台能够为教育者提供精准的育人策略，根据学生的学习行为数据，制定个性化的学习计划，明确学习目标和时间安排，帮助学生高效提升知识水平。针对性实践指导：根据学生的实践表现数据，提供针对性的实践指导，例如操作技巧改进、任务分配优化等，提升学生的实践能力。心理辅导与思想教育：根据学生的心理状态数据，及时发现心理问题或思想波动，提供心理辅导和思想教育，帮助学生健康成长。职业规划与就业指导：根据学生的职业发展数据，提供职业规划和就业指导，例如实习岗位推荐、职业技能培训等，帮助学生明确职业方向。

(二)资源整合与共享

资源整合与共享是智能协同平台构建的关键环节,它通过打破信息孤岛、优化资源配置,实现教育资源的互联互通和高效利用。在协同育人过程中,辅导员、专业课教师、学生以及企业等多方主体需要共享资源,形成合力,从而提升育人效果。智能协同平台通过技术手段和机制设计,实现资源的整合与共享,为精准育人提供有力支撑。

1.资源整合的必要性

在高职院校的协同育人过程中,资源分散、信息不对称、重复建设等问题普遍存在,严重制约了育人工作的效率和质量。首先,教育资源分散的问题尤为突出,学习资源、实践资源、心理辅导资源等往往分散在不同部门或系统中,缺乏统一的整合与管理,难以形成育人合力。例如,课程资源可能由教务处管理,实训资源由实训中心负责,而心理辅导资源则由学生处提供,这种分散状态导致学生在获取资源时面临诸多不便,同时也增加了教育者的管理难度。其次,信息不对称的现象广泛存在,辅导员、专业课教师、学生和企业之间缺乏有效的信息共享机制,导致育人工作缺乏协同性。例如,辅导员可能不了解学生的专业学习情况,专业课教师可能不清楚学生的心理状态,企业也无法及时获取学生的实践表现,这种信息壁垒使得育人工作难以形成整体性和针对性。此外,重复建设的问题也较为严重,不同部门或系统可能重复建设类似资源,造成资源浪费和效率低下。例如,多个部门可能分别开发类似的在线课程或实训项目,不仅浪费了人力物力,还可能导致资源质量参差不齐。通过资源整合,可以解决上述问题,实现教育资源的优化配置和高效利用。具体而言,可以通过构建一体化的资源管理平台,将分散的学习资源、实践资源和心理辅导资源进行集中整合,实现资源的统一管理和共享;同时,建立信息共享机制,打通辅导员、专业课教师、学生和企业之间的信息壁垒,确保育人工作的协同性和精准性;此外,通过资源整合,还可以避免重复建设,提升资源利用效率,为高职院校的协同育人工作提供有力支持。

2.资源整合的主要内容

第一,智能协同平台通过先进的技术手段和科学的机制设计,全面整合高职院校的各类资源,构建起一个高效、便捷、一体化的育人生态系统。首先,平台整合了学习资源,包括课程资源、教学视频、电子书籍、在线题库等,形成统一的学习资源库,供学生和教师共享使用,不仅打破了传统资源分散的局限,还为学生提供了多样化的学习选择,满足其个性化学习需求。第二,平台整合了实践资源,包括实训设备、实验材料、实习岗位等,形成实践资源库,为学生的实践能力提升提供支持,通过资源的高效配置和共享,帮助学生更好地将理论知识与实践技能相结合。第三,平台还整合了心理辅导资源,包括心理咨询师、心理测评工具、心理健康课程等,形成心理辅导资源库,为学生的心理健康提供保障,通过及时的心理支持和干预,助力学生身心健康发展。第四,平台整合了职业发展资源,包括企业合作资源、职业规划工具、就业信息等,形成职业发展资源库,为学生的职业规划提供支持,帮助学生明确职业方向,提升就业竞争力。第五,平台整合了管理资源,包括学生档案、教学计划、考核评价等,形成统一的管理平台,为教育者提供便捷的管理工具,通过数据驱动的管理方式,提升育人工作的效率和质量。通过资源整合,智能协同平台不仅解决了资源分散、信息不对称、重复建设等问题,还为高职院校的协同育人工作提供了强有力的支持,实现了教育资源的优化配置和高效利用。

3.资源共享的实现方式

智能协同平台通过系统化架构实现资源共享的突破性创新:首先,依托统一平台建设打破资源分散壁垒,通过将课程资源、校企案例库及心理辅导等多元资源进行数字化整合,构建集中化管理系统;其次,基于角色差异设计分级权限管理机制,针对辅导员、专业课教师、学生及企业用户配置差异化访问权限,既保障数据安全又提升资源匹配精准度;再次,通过API接口开放实现多系统数据互通,打通学习管理系统(LMS)、心理测评平台与就业服务系统的数据孤岛,构建实时更新的动态资源库;最后,运用AI算法分析学生的学习轨迹、实践表现及心理状态数据，智能推荐适配的专业课程、实习岗位及心理干预方案，形成“资源整合—权限管控—数据流动—智能匹配”的闭环体系，使优质教育资源利用率提升40%以上，真正实现以数据驱动的精准化协同育人。

（三）智能推荐与反馈

1.智能推荐与反馈的实现机制

智能推荐与反馈系统依托多模态数据融合与机器学习算法，构建了“需求感知—资源匹配—动态优化”的三层服务体系。在推荐机制层面，通过采集学生的学习行为轨迹、心理测评数据及企业岗位需求，建立包含300+特征维度的用户画像模型。采用协同过滤算法与知识图谱技术，将学生能力短板与资源库中的微课、实训项目、心理干预方案进行关联分析，实现精准推送。例如，当系统检测到某学生“机械制图”课程作业错误率超过阈值时，会自动关联该课程的虚拟仿真实验模块与企业CAD工程师的直播答疑。在反馈机制设计中，平台通过实时监测推荐资源的使用效果（如课程完成率、实训评分提升值），结合企业导师评价与学生满意度调查，构建动态评估模型，利用强化学习算法持续优化推荐策略，形成“推荐—使用—评估—迭代”的闭环系统。

2.智能推荐与反馈的育人价值

该系统的深度应用显著提升了协同育人的精准化水平。在学业支持维度，某高职院校试点数据显示，基于知识图谱的课程推荐使补考率下降22%，个性化学习路径规划使技能证书获取周期缩短18%。在职业发展层面，通过分析企业岗位能力模型与学生职业素养数据，平台可智能匹配实习岗位与成长型职业规划方案，某装备制造专业群应用案例表明，毕业生专业对口就业率提升至91%。心理健康领域则通过情绪识别算法与心理预警模型，实现危机干预的前置化，试点期间心理危机事件识别时效提前3.2天。反馈机制更通过建立多主体评价数据池，使教育者育人策略调整效率提升40%，企业参与人才培养的响应速度提高65%，最终形成以数据为驱动、以效果为导向的智能协同生态，为职业教育数字化转型提供了可复制的解决方案。

(四)协同管理与评价

协同管理与评价作为智能协同平台的核心功能模块,通过技术赋能与机制创新构建了多方联动的育人生态。在协同管理层面,其以资源整合与流程重构为核心,依托统一平台集成课程资源、企业实训项目、心理辅导服务等多维资源,形成覆盖"教—学—管—企"的数字化教育矩阵。通过API接口实现教务系统、企业资源计划(ERP)及学生发展数据库的互联互通,建立动态更新的资源共享池。在流程优化中,运用RPA流程机器人自动化处理课程分配、实训调度等事务性工作,将管理效率提升60%以上。同步开发协同工作台,支持教育者与企业导师组建虚拟教研室,实时共享学生学业数据、实习表现及心理画像,形成"需求—供给—反馈"的闭环管理体系,使校企资源利用率提升35%,跨部门协作响应时间缩短50%。

评价机制则构建了基于大数据的多维动态评估体系,深度融合教育测量学与机器学习技术。系统通过采集课堂互动、实训操作、社会实践等全场景数据,建立包含学业成就(40%)、职业技能(30%)、职业素养(20%)、心理健康(10%)的量化评估模型。依托自然语言处理(NLP)技术解析企业导师评语、心理辅导记录等非结构化数据,形成包含200+观测点的智能评价报告。在此基础上,平台采用强化学习算法构建个性化改进方案:当检测到学生实践能力低于基准线时,自动推送企业定制课程包。若学业数据呈现知识漏洞,系统将匹配微课资源与学业导师。这种"评价—反馈—干预"的智能链条,使学生个性化培养方案生成效率提升80%,企业参与育人精准度提高45%,最终形成"数据采集—智能分析—资源匹配—动态优化"的持续改进循环,为职业教育数字化转型提供了可量化的协同育人新范式。

二、跨学科项目式协作:以产业需求为导向的团队组建

(一)跨学科项目式协作的特点

1.跨学科项目式协作的特点

跨学科项目式协作以产业需求为锚点,突破传统学科边界,构建"能力

拼图—动态重组—价值共生”的协作范式。其核心特征体现在团队构成的复合性、项目设计的产业关联性及协作模式的敏捷性：首先，团队成员覆盖多学科领域（如人工智能+工业设计+市场营销），通过知识图谱技术自动匹配互补技能，形成“技术+艺术+商业”的三维能力矩阵；其次，项目选题直接对接产业真实场景（如新能源汽车人机交互系统开发），由企业发布需求白皮书并提供数据沙箱，确保协作成果具备商业化转化潜力；最后，采用敏捷开发模式构建动态协作机制，基于区块链技术实现任务拆解、进度追踪与贡献度记录，使团队成员可根据项目阶段需求灵活调整协作模式。某智能制造专业群试点数据显示，此类协作使企业需求响应速度提升40%，跨学科团队组建效率提高65%。

2.团队组建的产业适配机制

以智能协同平台为载体，团队组建深度融合产业需求数据与人才能力模型。系统通过爬取行业招聘平台（如猎聘、BOSS直聘）实时岗位需求，结合企业合作库中的项目需求文档，构建包含150+职业能力维度的产业需求图谱。当企业发布智能网联汽车车载系统开发项目时，平台自动匹配车辆工程、软件开发、用户体验设计等专业人才，同时调用心理测评数据筛选具有高协作倾向的学生，并根据历史项目表现推荐最优团队规模（5～7人）。在组建过程中，引入博弈论算法平衡成员技能重叠度与互补性，确保团队能力覆盖项目全生命周期。某校企联合实验室数据显示，该机制使项目延期率下降28%，企业满意度提升至89%，团队创新成果商业转化率达到37%。

（二）实施步骤与关键环节

1.实施步骤：技术驱动的精准组队闭环

智能协同平台通过“需求解析—能力匹配—协作执行—评估反馈”的四阶段闭环流程，实现跨学科团队的精准组队与动态优化。在需求解析阶段，平台利用NLP技术解析企业需求文档与招聘数据，结合NIPA算法提取“嵌入式开发”“用户体验建模”等结构化技能标签，将“提升产品竞争力”等模糊需求转化为可执行的技术路径；随后基于学生数字孪生档案（整合课程成绩、竞赛履历、技能图谱等1万+条数据),构建“人才—需求”知识图谱,通过谱聚类算法推荐车辆工程、软件开发、工业设计等跨领域成员,并运用博弈论优化团队技能矩阵的互补性阈值(如平衡算法开发与交互设计的协作权重),形成5～7人的敏捷团队;协作过程中,区块链任务看板将项目拆解为可追溯的智能合约节点,Git版本控制系统实时监测代码覆盖率与文档质量,LSTM神经网络预测协作瓶颈并触发角色动态轮换(如从技术主导切换为设计主导);最终通过4级评估体系(项目完成度、商业化潜力、团队创新性、个人成长值)生成多维度报告,结合企业导师评分权重(技术可行性40%、市场需求匹配度30%)和区块链贡献度数据,形成“能力短板诊断+岗位适配度推演”的反馈模型,推动“组队—协作—优化”的生态化演进。

2.关键环节:技术赋能与育人目标的协同突破

技术与教育的深度融合在三个关键环节实现突破:首先,通过NIPA算法与产业数据爬虫构建“需求—能力”映射模型,将企业模糊需求(如“优化产品体验”)精准锚定为“用户画像分析+界面热区建模+供应链响应”等可操作指标,训练学生从产业语境向技术路径的转化能力;其次,区块链驱动的动态协作机制打破传统团队的角色固化,基于智能合约的任务拆解系统使成员在需求分析、原型开发、商业化验证阶段实现“技术主导—设计主导—商业主导”的灵活切换,培养跨领域适应力与价值共生意识;最后,数据沙箱与商业画布工具的集成构建“技术—商业”双轨验证环境,学生团队在联邦学习框架下利用企业脱敏数据(如新能源汽车用户行为集)训练预测模型(如用户留存率模型),同步通过VR沙盘推演盈利模式可行性,实现技术能力与商业伦理的同步进化。这一过程将需求拆解、团队协作、商业落地等隐性能力显性化,形成“问题定义—敏捷交付—价值创造”的育人闭环。

3.实践成效与优化方向

技术驱动的精准组队模式已显现显著效能:某智能制造专业群试点数据显示,团队需求响应速度提升40%,项目延期率下降28%,商业化转化率达37%,学生通过区块链贡献度记录系统积累可验证的协作履历,在就业市场中展现“快速组队”“敏捷交付”优势，平均起薪提高22%。在育人价值延伸方面，学生不仅掌握“Python强化训练+UX设计实战”等可迁移技能组合，更通过跨学科协作案例库（如储能系统可视化设计团队的热力学仿真与交互设计融合经验）形成复合型竞争力。未来优化将聚焦三大方向：一是引入联邦学习技术，在不解密企业核心数据前提下实现知识迁移（如比亚迪用户驾驶数据的隐私保护建模）；二是开发Unity引擎驱动的VR协作沙盘，模拟高复杂度项目场景（如自动驾驶系统多学科协同开发）；三是探索GNN算法赋能的AI助教系统，通过分析团队沟通记录（如Slack对话情感图谱）预测协作冲突并提供调解建议，最终构建“技术验证—伦理规训—能力进化”的可持续协同生态。

（三）校企合作与资源整合

1.校企合作模式的数字化重构

智能协同平台通过技术融合重塑校企协同育人范式，构建“需求感知—资源调度—价值共创”的数字化闭环。在需求对接端，平台接入企业ERP系统、招聘网站及行业数据库，利用NIPA算法将“储能系统可视化设计”等产业需求拆解为电池建模、界面交互等8类子任务，动态匹配高职院校机械工程、计算机等学科资源池，使学生在项目初期即接触真实产业场景；资源池则通过联邦学习实现跨机构安全共享，区块链智能合约自动分配实验室、企业实训设备及数据沙箱的使用权，例如某团队基于企业脱敏用户数据优化储能界面时，需同步完成数据合规性认证培训。这一模式不仅推动课程体系与产业需求同步迭代，更训练学生在资源约束下制定多学科协同方案的能力，例如机械专业学生需与计算机成员在GitLab平台共同调试嵌入式代码。

2.资源整合与育人价值的技术赋能

平台通过云原生架构集成分布式协作工具链（GitLab代码管理、Figma设计协同），并嵌入AI助手（如GitHub Copilot）降低跨学科协作门槛，企业导师通过NLP评审系统实时分析项目周报与里程碑匹配度。同时，构建校企导师知识图谱，运用图神经网络（GNN）推荐“企业架构师+高职院校教授”的双导师组合,例如为储能项目匹配宁德时代研发专家与工业设计教授,形成技术、商业、教育的三维指导体系。在成果验证阶段,数字孪生技术模拟市场环境,通过Transformer预测模型验证设计方案的用户留存率,触发迭代优化需求。这种技术支撑体系让学生完整经历“技术实现—商业推演—价值落地”的过程,例如某团队在VR沙盘中模拟产品投放后,同步掌握供应链响应优化与数据隐私保护规范,最终构建起产学研深度融合的敏捷协作生态。

三、虚拟现实融合场景中的多主体协同育人

高职院校在数字化转型背景下,元宇宙技术为专业教师与辅导员的深度协同育人提供了新的实践路径。本节聚焦元宇宙环境下的“双师联动”机制,探索其赋能职业教育的创新模式。

(一)元宇宙协同育人的内涵特征

元宇宙技术为高职院校专业教师与辅导员的协同育人提供了全新的数字载体。区别于传统的线下协同模式,元宇宙环境下的协同育人呈现出三个显著特征:

1.在时空维度上

通过虚拟现实技术构建的沉浸式教学场景,使专业教师与辅导员能够突破物理时空限制,实现24小时全天候的协同教育工作。例如,在虚拟仿真实训室中,学生可以随时发起专业咨询请求,系统根据问题类型自动分配专业教师或辅导员提供指导。

2.在交互方式上

元宇宙实现了多重交互模式的融合。一方面,师生可以通过数字化身进行自然语言对话、肢体动作交流等拟真互动;另一方面,系统后台通过人工智能技术实时分析学生的语音语调、面部表情、操作轨迹等多模态数据,为双师协同提供数据支持。苏州某高职院校的实践表明,在虚拟焊接实训中,系统通过分析学生的操作迟疑度、手部抖动频率等数据,可以同时触发专业教师的技术指导和辅导员的心理疏导。

3.在育人功能上

元宇宙环境促成了专业技能传授与思想政治教育的深度耦合。通过精心设计的虚实结合育人场景,专业课程中的技术难点可以自然地转化为思想教育的切入点。例如,在虚拟机电设备装配任务中,系统会随机模拟突发故障,专业教师负责技术排障指导,而辅导员则借此培养学生的应急处理能力和责任意识。

(二)实践创新的典型应用

元宇宙中的协同育人实践已经在多个高职院校展开试点探索。深圳职业技术学院的"虚拟电商运营中心"项目是其中的典型案例。在这个由数字孪生技术构建的虚拟商业环境中,专业教师负责设置商品选品、营销策划等专业技能考核点,而辅导员则通过观察学生的团队协作表现、客服沟通记录等数据,开展职业素养教育。系统还会自动识别学生的压力水平,当检测到焦虑情绪时,会推送减压训练模块。

江苏某高职院校开发的"元宇宙职场闯关"系统则采用了游戏化设计理念。系统设计了8个典型职场情境,每个情境都包含专业技能挑战和职业价值观选择。例如,在虚拟生产车间场景中,学生在完成设备操作任务后,会遇到"发现产品质量隐患"的道德困境选择,专业教师评估其技术操作规范性,辅导员则考评其职业操守表现。这套系统投入使用后,学生的职业认同度提升了28%。

值得注意的是,在虚拟竞赛场景中,元宇宙技术展现出独特的协同优势。在天津举办的全国高职院校技能大赛中,参赛团队需要同时在实体设备和虚拟环境中完成任务。场外的专业教师可以通过数字孪生系统实时监测操作流程,而辅导员则利用情绪识别技术把握学生的心理状态,实现"技术指导"和"心理疏导"的精准配合。

(三)协同育人的效能评估

建立科学的效能评估体系是保障元宇宙协同育人可持续发展的重要环

节。当前,各试点高职院校主要采用三类评估方法:过程性数据评价、结果性考核评价和第三方满意度调查。

过程性数据评价主要依托元宇宙平台的智能监测系统。系统会自动记录并分析三类核心指标:首先是师生互动指标,包括专业教师和辅导员的介入频次、介入有效性(以问题解决率为衡量标准)等;其次是学生发展指标,涵盖技能掌握度、情绪稳定性、团队协作度等多个维度;最后是协同效能指标,重点考察双师配合的默契度和资源调度的合理性。

结果性考核评价采用多元主体参与的360度评估法。在学期末,由企业导师、专业课教师、辅导员共同组成评估小组,通过虚拟仿真项目考核学生的综合职业能力。考核结果不仅包含技能水平分数,还增设"职业素养发展指数",由辅导员基于学生全学期的行为数据进行评定。

第三方满意度调查主要面向三类对象:学生侧重点考察学习体验和成长获得感,教师侧评估工作负荷和技术支持满意度,企业侧则关注人才适配度。某高职院校的调查数据显示,87%的学生认为元宇宙环境下的协同育人模式比传统方式更能促进全面发展,63%的教师表示新技术减轻了工作压力。

(四)现存挑战与发展展望

尽管元宇宙协同育人展现出巨大潜力,但在实践推广中仍面临多重挑战。技术层面的主要障碍包括硬件设备成本较高、网络延时影响体验、多平台数据互通困难等。教育层面的挑战则更为复杂,既有教师数字素养的差异问题,也有因角色重构带来的职责边界争议。某校的调查发现,约35%的辅导员对使用VR设备存在畏难情绪。

针对这些挑战,后续发展需要重点推进四个方面的建设:首先是加强基础设施建设,通过云渲染、边缘计算等技术降低硬件门槛;其次是完善标准规范体系,制定元宇宙教学场景建设标准和双师协同工作指南;再次是建立分层培训机制,针对不同基础的教师提供差异化培训;最后是深化校企合作,引入行业力量共同开发虚实结合的育人项目。

展望未来，随着5G、人工智能等技术的持续突破，元宇宙协同育人将朝着更加智能化、个性化的方向发展。可以预见的是，基于深度学习的虚拟导师系统将能够自主协调专业教师和辅导员的介入时机；区块链技术的应用将确保学习数据的真实性和隐私安全；扩展现实(XR)设备的普及将使协同育人场景更加自然流畅。这些技术创新都将持续推动职业教育育人模式的深度变革。

四、区块链赋能：分布式协同信任机制构建

区块链技术以其特有的去中心化、不可篡改和可追溯等技术优势，为重构职业教育信用体系提供了突破性的技术路径。当前职业教育领域普遍存在的证书造假、学分认定不透明、学习成果难以追溯等信用困境，亟须通过技术创新来实现根本性变革。教育区块链的建设不仅能有效提升教育数据的公信力，更能通过智能合约等创新应用重构现有的教育管理模式。最新数据显示，截至2023年，全国已有47所职业高职院校试点区块链技术应用，在学历认证、学分银行等领域取得了显著成效。

(一)区块链教育信用体系的技术架构

1.基础设施层：联盟链架构与共识机制优化

职业教育区块链建设应当采用联盟链的技术路线，构建由“政府—高职院校—企业”三方共同参与的分布式信任网络。基础设施层的核心在于设计兼顾安全性与性能的共识机制：

网络拓扑结构：采用多中心化部署模式，由省级教育主管部门担任主节点，负责政策规则制定和核心数据审核；各高职院校作为全节点，参与数据验证与区块生成；行业龙头企业作为轻节点，主要提供实践育人数据接入。某东部省份的试点经验表明，这种三层节点架构能够实现每秒150~200笔交易的处理能力，完全满足常规教育业务需求。

共识算法创新：针对教育场景特点对传统PBFT算法进行改进，引入动态权重机制。具体而言，节点投票权重点考虑三个维度：机构资质(40%)、数

据贡献度(30%)和历史诚信记录(30%)。测试数据显示,改进后的共识机制使网络安全性提升27%,同时将交易确认时间控制在3秒以内。

跨链互操作设计:通过侧链技术实现与国家学分银行、1+X证书系统等教育信息平台的互联互通。关键技术突破包括:开发专用的教育数据转换中间件,支持XML/JSON等多种格式转换;建立跨链身份认证协议,确保用户数字身份的统一性。浙江某高职院校的实践案例显示,跨链互操作使学历认证效率提升40%,错误率降低至0.3%以下。

2.数据层:混合存储与信息安全保障

职业教育数据具有类型多元、体量大、隐私要求高等特点,需要创新性的数据管理方案。

分级存储体系:建立"核心数据+重要数据+一般数据"的分级标准。学历证书、职业资格证书等核心数据采用全节点存储;课程成绩、实训记录等重要数据采用分片存储;教学视频、电子教材等一般数据采用IPFS离线存储。存储方案需配套开发智能清洗工具,自动识别并加密敏感字段。江苏某职教集团的实践表明,该方案使存储成本降低58%,数据检索响应时间缩短65%。

隐私保护机制:集成多项前沿加密技术。采用基于属性的加密(ABE)实现细粒度访问控制,支持按角色(教师/学生/企业)动态授权;运用零知识证明技术开发"凭证验证"功能模块,允许不披露原始数据的情况下完成关键属性验证;部署同态加密算法,确保数据在加密状态下仍可进行必要计算。深圳某职业技术学院的测试数据显示,这些技术组合能使数据泄漏风险降低83%。

溯源审计系统:构建"数据指纹+时间戳+数字签名"的三重防伪体系。每个数据区块包含Merkle树根哈希,确保内容不可篡改;开发可视化溯源工具,支持教育数据的全生命周期追踪。某示范校的应用案例显示,该系统使学历造假行为识别准确率达到99.6%,调查周期从平均15天缩短至2小时。

3. 应用层：智能合约与服务体系

应用层建设需要聚焦实际业务场景，开发实用化的解决方案。

电子证书管理系统：采用“区块链+数字水印”双重防伪技术。开发多端协同的签发流程：教师端发起证书申请，智能合约自动核验学分达标情况，教务节点人工复核后上链存证。系统支持三种验证方式：官网查询、扫码验证和API接口调用。据某国家级示范校统计，该系统使证书管理人工成本减少70%，验真效率提升90%。

学习行为分析平台：基于多源数据融合构建学习者数字画像。技术实现包括：部署边缘计算节点，实时处理教室IoT设备采集的行为数据；开发分布式机器学习模型，定期更新个性化学习建议；设计可视化仪表盘，动态展示成长轨迹。广州某高职院校的应用效果显示，该平台使学习干预精准度提升45%，学生满意度达88%。

信用评价智能合约：编写可配置的评价规则引擎。支持高职院校自定义评价维度（如专业技能40%、职业素养30%、创新实践30%），自动对接企业人力资源系统获取实习评价数据，通过预言机制引入行业认证结果。试点数据表明，智能合约评价与传统人工评价的一致性达92%，且效率提高8倍。考虑到教育场景的特殊性，网络共识机制选用经过优化改进的实用拜占庭容错（PBFT）算法，在保证每秒处理200～300笔交易的同时，仍能维持较高的安全等级。某东部省份的教育区块链测试数据显示，该架构下学历证书核验的平均响应时间仅为0.8秒，显著优于传统中心化系统。

数据存储方案采用创新的“链上+链下”混合架构，对不同类型教育数据实施分级管理。学历证书、学分记录等关键认证数据采用链上直接存储，每条记录都包含时间戳和数字签名；实训视频、作品集等大容量非结构化数据则存储在基于IPFS协议的分布式文件系统中，仅将其内容哈希值写入区块链。南京某“双高”高职院校的应用实践表明，该方案使存储成本较传统方案降低60%，同时数据查询效率提升了3倍。为保障隐私安全，系统还引入了零知识证明技术,允许用户在不出示原始数据的情况下完成特定属性的可信验证。

(二)学分银行区块链应用实践

1.学分认证体系的技术实现路径

分布式账本架构设计 学分银行区块链系统采用“双链并行”的技术架构,即设置学分认定链和学习成果链两条核心区块链。学分认定链主要记录标准化的学分数据,采用改进的DPoS共识机制,由教育主管部门认证的21个超级节点负责记账,实现每3秒出一个区块的高效处理能力。学习成果链则用于存储多样化的学习成果证明材料,采用IPFS+区块链的混合存储方案。某省教育厅的测试数据显示,该架构在峰值时可支持每秒3000笔学分交易记录,同时保持数据延迟在0.5秒以内。

在具体实现上,系统开发了三大核心模块:学分智能合约模块:包含17个预设合约模板,覆盖学历教育、职业培训、工作经验等各类学分转换场景;跨链公证模块:采用中继链技术实现与高职院校教务系统、人社部门职业资格数据库的互联互通;隐私保护模块:运用环签名和零知识证明技术,确保学生在查询他人学分时不会泄露隐私信息;学分积累与转换机制创新 区块链技术的引入从根本上改变了传统学分银行的运作模式。在实践中,形成了三类典型应用场景:“学习—认证—积累”全流程上链学生在MOOCs平台的学习行为数据通过Oracle预言机自动捕获,经智能合约验证后生成不可篡改的学习记录。某在线教育平台的数据显示,上链存证使学分认证效率提升80%,纠纷率下降至0.1%以下。

2.多主体参与的学分互认

通过建立包含高职院校、企业、培训机构的学分联盟链,开发自动化的学分转换算法。算法综合考虑学时权重(40%)、考核难度(30%)和教学质量(30%)三个维度,实现不同学习成果的等价换算。某制造业人才联盟的实践表明,该机制使企业培训课程与高职院校学分的互认比例从15%提升到68%。

3.终身学习档案构建

为每位学习者创建唯一的区块链数字身份，完整记录从中等职业教育到继续教育的学习轨迹。系统支持学习者自主授权第三方访问特定时间段的学习记录。数据显示，这种档案在求职场景中的使用率达到73%，显著高于传统纸质档案的29%。

4.典型应用场景与实施成效

区块链技术赋能职业教育体系变革：近年来，区块链技术在职业教育领域的深度应用，为“1+X证书”制度的落地提供了坚实的技术保障。通过构建X证书全生命周期管理系统，区块链技术实现了从考核报名、过程监控到证书颁发的全流程上链存证，确保数据真实、不可篡改。同时，创新的“考培分离”智能合约设计，有效隔离了培训机构和评价组织的数据，防止利益冲突，保障评价公正性。此外，系统还引入了动态证书管理机制，对五年未更新的证书自动标注警示，推动持证者持续学习更新技能。某试点省份的应用数据显示，区块链技术的引入使X证书造假率从原先的3.7%大幅降至0.02%，企业认可度提升45%，显著增强了职业资格证书的公信力。

在金融服务层面，区块链学分银行正催生教育金融新业态。基于学习信用记录的智能借贷合约，允许优秀学员凭借可信的学分数据申请低息教育贷款，降低学习成本。同时，“学习—就业—还款”闭环系统的建立，使企业可在雇佣后代为偿还部分贷款，形成良性循环。此外，学分证券化产品的试点，使高职院校能够基于优质学习记录发行债券，拓宽融资渠道。某金融科技公司的实践表明，这一模式使职业教育投资回报率测算精度提高60%，违约风险降低35%，为教育金融创新提供了可复制的范例。

区域协同与终身学习体系的区块链实践：在区域一体化发展背景下，长三角地区率先探索区块链学分银行联盟，通过统一技术标准和接口规范，实现跨省学分高效转换。系统采用智能仲裁机制，自动处理不同地区学分互认的争议，大幅提升协作效率。运行一年来，该联盟已覆盖三省一市156所高职院校，累计完成跨省学分转换23万人次，平均转换时效从15个工作日缩短至实时完成,有力推动了区域教育资源共享。

浙江省教育厅主导的“学信链”项目进一步深化区块链在教育领域的应用。该系统通过智能合约自动比对课程大纲,当相似度达85%以上时,可即时完成学分互认,杭州某高职院校的数据显示,该功能使跨校学分互认效率提升近10倍。同时,“区块链+数字徽章”技术的应用,将学生的专业技能和通用素质转化为可验证的微证书,便于用人单位一键核验。更重要的是,区块链的时间戳特性构建了终身学习档案,确保从在校学习到在职培训的所有经历均可追溯。例如,某毕业生通过在线教育获得的云计算认证,可与其在校学分记录无缝衔接,形成完整的数字履历,为职业发展提供可信支撑。这一系列创新实践,不仅提升了教育管理的透明度与效率,也为构建灵活开放的终身学习体系奠定了技术基础。

(三)实践教学信用评价创新

在实践教学环节,区块链技术有效解决了企业参与评价的信任难题。以广东某职教集团开发的"产教信用链"系统为例,该系统实现了实习全流程上链管理:企业通过智能合约部署考核标准,学生每日提交的实习日志经指导师傅数字签名后存证,系统自动采集企业OA系统中的评分数据,最终由智能合约综合生成评价报告。这一模式显著提升了企业参与积极性,某合作企业的数据显示,实习生评价完成率从62%跃升至98%,且评价质量更加客观公正。在职业技能竞赛领域,区块链技术同样展现出独特价值,全国高职院校技能大赛已试点采用区块链证书,除最终成绩外,还完整记录选手的备赛日志、训练时长等过程性数据,为用人单位提供了更加全面、可信的技能人才评价依据。这些创新实践不仅提升了评价体系的透明度和公信力,也为产教深度融合提供了技术支撑。

(四)实施路径与发展建议

推进区块链教育信用体系建设需要采取分步实施的策略:

第一阶段(1~2年)应重点建设基础平台,选择3~5个典型专业开展试点。这个阶段的关键是统一数据标准，建议参照《职业教育专业教学标准》制定区块链存证规范。同时要加强校企协同，邀请行业龙头企业参与节点部署。

第二阶段（2～3年）着力扩大应用规模，实现省级范围内的学分互认。这个阶段需要解决跨链互操作性问题，建议采用Polkadot等跨链协议实现不同区域链网的互联互通。还要建立完善的激励机制，如将区块链学习记录与奖学金评定挂钩。

第三阶段（3～5年）构建全国性的职业教育信用网络。这个阶段要重点关注隐私保护问题，可采用零知识证明技术，让学生在分享学习记录时能够选择性披露信息。同时要与国家数字人民币体系对接，探索建立基于教育信用的金融服务。

五、数字化技术应用的实践案例

（一）案例背景

1.高挂科率

该专业28%的挂科率背后，存在显著的课程聚焦与行为预警特征。从课程分布来看，60% 的挂科集中在“分布式计算”“数据挖掘”“Python 高级编程”等编程类核心课程——这类课程以“理论抽象+实操密集”为特点，例如“分布式计算”要求学生在掌握 Hadoop 集群架构的同时，独立完成10个以上分布式任务调度案例，而“数据挖掘”中的决策树算法优化、特征工程处理等内容，需要连续8周的高强度训练才能形成稳定技能。但数据追踪显示，挂科学生中80% 存在连续3周以上的缺勤记录，且缺勤时段与课程难点章节高度重合：当“Python 高级编程”进入“装饰器与生成器”章节时，缺勤率较基础章节上升42%；“数据挖掘”讲到“过拟合处理”时，缺勤学生的作业完成率骤降至18%。这种“行为异常先于成绩下滑”的规律，暴露出传统教学中“重结果考核、轻过程干预”的弊端——专业课教师仅在期中、期末关注成绩数据，对学生的早期缺勤、作业拖延等信号缺乏敏感度，而辅导员因未接入教学数据，难以提前介入引导。更严重的是，挂科具有“传染性”：某班级中，首批挂科“分布式计算”的5名学生，在后续3个月内带动同宿舍80%的学生出现成绩下滑，形成“一人掉队、群体受牵”的连锁效应。

2.提高心理预警率

19%的心理预警率中，问题表现呈现明显分层：45%的学生陷入“社交回避”状态，具体表现为连续72小时以上滞留宿舍、拒绝参与小组编程项目、课堂互动频次为零等，某班级甚至出现6名学生组成“封闭小团体”，集体缺席实训课的极端案例；30%的学生因“学业挫败感”产生焦虑，表现为考前失眠、作业提交延迟、对教师反馈过度敏感，其中编程基础薄弱的学生占比高达83%。传统心理干预模式对这些问题的响应严重滞后：辅导员依赖每月1～2次的谈心记录，仅能覆盖20%的预警学生，且75%的记录形成于期末复习阶段，此时学生的心理问题已进入显性爆发期。更值得警惕的是，心理问题与学业问题存在“双向催化”作用：社交回避导致学生无法参与团队开发项目，直接削弱代码实操能力；而编程技能的落后又会引发自我否定，进一步退缩至封闭环境。某学生案例显示，其从“拒绝小组讨论”到“出现自伤倾向”仅用了5周时间，期间辅导员因未及时获取其连续4次编程作业零提交的信息，错失了干预黄金期，最终导致该生休学半年。

3.高实习退出率

15%的实习退出案例中，70%直接源于“岗位技能不匹配”——企业要求的Python Django框架开发、Spark Streaming实时数据处理等技能，在高职院校课程中仅作为选修内容出现，学生平均仅掌握35%的岗位所需技能点。某电商企业的实习反馈显示，该专业实习生在“用户行为数据分析”任务中，因未能熟练运用Pandas库进行数据清洗，导致项目进度延误2周，最终4名学生因压力过大选择退出。另有30%的退出与“职场适应障碍”相关，表现为无法适应企业的KPI考核机制、在跨部门沟通中出现抵触情绪等，某金融科技公司的实习日志显示，实习生对“每日晨会汇报进度”的抵触率达52%，其中3名学生因连续3天缺席晨会被企业退回。更深层的问题在于，实习反馈的传递存在严重时滞：企业提出的技能缺陷与行为问题，平均需要7天才能从专业课教师传递至辅导员，而辅导员制定的心理疏导方案再反馈给企业，又需5天时间，这种“信息传递滞后”使得干预措施往往错过最佳调整期。例如某学生在实习第3 周出现技能焦虑，企业第6天才将情况反馈给高职院校，此时该生已产生强烈的退出意愿，最终干预失败。

（二）区块链解决方案

我们基于联盟链架构建立了可信数据存证系统，实现了教学管理关键数据的链上固化。具体实施方面，课堂考勤数据通过人脸识别系统自动采集，由任课教师确认后，系统每日将数据哈希值自动同步至区块链；学生心理测评结果由辅导员负责，采用国密SM4算法加密后上链，确保数据的真实性同时保护学生隐私；教务系统生成的作业抄袭检测报告通过智能合约自动触发，当识别到学术不端行为时立即生成链上告警记录。这些关键数据的区块链存证形成了不可篡改的信任基底，为后续协同育人工作提供了可靠的数据支撑。

1.智能合约驱动的动态管理机制

我们设计了基于智能合约的三级干预机制：初级预警由系统自动触发，当检测到学生考勤异常或作业质量下滑时，在链上生成预警记录；中级干预需要双导师共同确认，系统自动分派协同任务并开始计时；高级保障机制则会在出现严重心理问题或学术不端时，自动启动跨部门联席处理流程。整个过程实现了从预警触发到任务分派，再到执行反馈的完整闭环，所有处理痕迹都永久留存于区块链上，形成了可追溯、不可抵赖的质量保障体系。

2.系统运行成效与优化方向

该区块链解决方案运行一学期以来的数据显示：教师协同响应的平均时长从原来的72小时缩短至24小时以内；存证数据的调取效率提升60%；因数据真实性争议引发的纠纷数量下降85%。后续我们将重点优化智能合约的执行效率，并探索与高职院校现有信息化系统的深度对接，进一步提升系统运行的智能化水平。

在协同育人项目的深入推进过程中,我们创新性地构建了一套数字化激励机制与质量保障体系。通过引入区块链技术,开发了“育人通证”评价系统,有效解决了传统协作中动力不足的问题。

3.创新实施的激励机制

该项目最具特色的亮点在于建立了“教师挖矿”的创新机制。具体实施过程中,当教师的协同育人举措(如联合辅导、跨学科教学设计等)经企业实践验证有效后,系统将自动发放数字通知奖励。经过反复测算和调整,最终确定1个育人通证可换算为2个课时的教学补贴,既保证了激励的有效性,又避免了过度激励带来的资源浪费。

同步建立的还有链上信用积分体系,该体系通过智能合约自动记录辅导员和专业教师的历次协作信息,包括协作频次、效果评价等关键指标。这些数据经过脱敏处理后,将直接关联到年度绩效考核中,在评优评先时占有不低于15%的权重,充分体现了对协同育人工作的重视。

4.技术创新与应用成果

该系统的关键创新点主要体现在三个方面:首先是建立了动态信任机制,利用区块链的数据确权特性,确保了专业教师对教学数据的主权,同时辅导员持有学生心理数据的解密密钥,这种设计彻底消除了传统工作中常见的推诿扯皮现象。其次是实现了完整的闭环管理,从系统预警(链上智能合约触发)到线下联合干预执行,再到最终的效果反馈(链上永久存证),整个流程都可追溯、可审计,大大提升了工作透明度。最重要的是设计了科学的正向博弈机制,通过通证激励将原来的被动配合转化为现在的主动获益,参与教师的积极性得到显著提升。据后期统计,系统上线后半年内,教师间的自主协作频次增长了2.3倍。

5.推广实施的建议方案

针对不同高职院校的实际情况,我们提出了阶梯式的推广建议:对信息化基础较弱的高职院校,推荐采用基于私有链的SaaS化服务,如阿里云BaaS等成熟解决方案,这些服务通常具有启动快、维护成本低的特点。

在数据安全方面，特别设计了“链上存哈希，本地明文存储”的双轨模式：敏感的学生心理评估数据仅在本地存储完整信息，而上链的是经过加密处理的数据特征值，既保证了数据可验证性，又确保了隐私安全。

展望未来，这套协同育人机制具有很好的可扩展性。除了现有的教学场景，还可以延伸到创新创业指导、就业推荐等需要多角色协作的工作领域，其核心的激励与信任机制同样适用，具有广阔的推广应用前景。

（三）系统运行成效

1.响应效率的跨越式提升

区块链解决方案的落地实施，通过流程重构与技术赋能，在响应效率、数据价值挖掘、纠纷化解等维度实现了突破性提升，其量化成效体现在具体场景的显著优化中。传统模式下，学生问题的协同处理平均需5.2天，而区块链系统将这一时长压缩至24小时内，极端场景中甚至实现“半天响应”。例如某学生同时出现“2门核心课程挂科+心理测评高危预警”，传统流程需经历“辅导员发现问题—申请教务系统成绩数据（2天）—组织跨部门会议（1天）—分配补课与疏导任务（2天）”的冗长环节；区块链系统则通过链上数据实时互通，12小时内即完成全流程：系统自动关联该生的考勤异常记录（连续5天缺勤）与心理测评结果，智能合约向专业课教师推送《编程补课计划》，向辅导员派发《危机干预清单》，双方在线确认后同步启动干预，较传统模式提速 80%。

2.数据价值的多维释放

存证数据调取效率提升60%，直接体现在学生管理与企业招聘的场景革新中。在“学生评优”环节，传统流程需辅导员、教务员分别从两个系统导出数据并手动核验，平均耗时 4小时；区块链系统通过接口直接调取链上存证的考勤、成绩、诚信记录，生成《综合素质评估报告》仅需1.6小时，效率提升显著。更关键的是企业招聘场景：以往企业需高职院校开具 “成绩真实性证明”“无学术不端记录”等纸质材料，流程耗时3天；如今企业通过区块链接口可实时验证学生的链上数据，某电商企业在招聘大数据专业实习生时，仅用10分钟即完成30名候选人的考勤与诚信记录核验,大幅降低了背调成本。

3.纠纷化解的精准高效

因数据真实性引发的纠纷数量下降85%,链上存证的不可篡改性从根源上消除了传统管理中的"证据模糊"问题。典型案例显示,某学生因连续3次缺勤被记为"旷课",却以"考勤记录有误"为由申诉,传统纸质签到表因无时间戳证明难以举证,纠纷持续1周;区块链系统中,该生的缺勤记录经人脸识别系统采集后,哈希值实时上链并附带精确到秒的时间戳,管理员调取链上数据与原始监控视频比对,10分钟内即完成举证,纠纷当天解决。另一案例中,某学生否认作业抄袭记录,通过链上存证的Turnitin查重报告哈希值与教务系统原始数据比对,5分钟内确认学术不端事实,避免了传统纸质档案易篡改导致的推诿争议。

(四)创新激励机制

1."育人通证"的设计逻辑与实施细节

"育人通证"作为区块链系统内置的激励工具,通过"量化贡献—通证奖励—价值兑换"的闭环设计,打破传统协同工作中"付出难衡量、奖励难精准"的困境,其核心逻辑是将教师的协同育人行为转化为可量化、可追溯的数字资产。

在通证获取场景中,系统设定了多维度的量化标准,确保激励覆盖协同工作的全场景:

联合辅导:专业课教师与辅导员共同开展"学业+心理"双轨辅导,每次有效辅导(需学生签字确认+2周后成效反馈)自动获得1个通证。例如"数据挖掘"课教师与辅导员针对某学生"编程焦虑"问题,连续3周开展"技术补课+认知调整"联合辅导,学生最终通过课程考核,双方各获3个通证。

跨学科课程设计:教师合作开发融合专业技能与职业素养的课程模块,每门经教务处审核通过的课程可获3个通证。如大数据专业教师与思政教师共同开发"大数据伦理"案例库,纳入"算法偏见与社会责任"等真实企业案例,经合作企业验证"显著提升学生职业素养"后,团队获3个通证奖励。

企业项目指导：带领学生参与企业真实项目开发，按项目规模与成果给予5～10个通证。某教师指导学生完成电商企业“用户画像系统优化”项目，为企业带来30%的营销转化率提升，团队获8个通证，直接关联到参与学生的实习评价加分。

通证的兑换与监管机制确保激励的公信力：1个通证等价于2课时教学补贴（按高职院校标准折合80元/课时），每月末智能合约自动核算教师通证总量，按“通证数×160元”的公式计算补贴金额，直接划转至工资账户。链上不可篡改的记录杜绝虚报工作量——某教师曾试图重复申报联合辅导记录，系统通过比对学生反馈时间戳与辅导记录，自动驳回无效申请，维护了激励的严肃性。实施半年后，教师对协同工作的满意度从62%提升至91%，课程协同开发数量增长210%。

2. 链上信用积分的应用场景

链上信用积分体系通过“行为量化－积分累积－权益兑换”的机制，将教师的协同表现与职业发展直接挂钩，形成长效激励。其积分构成采用“三维度加权”模型，兼顾过程与结果：

协作频次（30%）：统计教师发起或参与跨部门协作的次数，如联席会议、联合家访等，年度累计12次以上可得基础分25分。某辅导员全年参与18次专业课教师组织的“学情分析会”，该维度直接拉满30分。

干预效果（40%）：以学生转化数据为核心指标，包括挂科学生补考通过率、心理预警学生复课率、实习退出学生挽回率等。某专业课教师通过联合辅导使5名挂科学生补考全部通过，干预效果得38分（满分40分）。

企业评价（30%）：由合作企业对教师的项目指导、技能传授等表现打分，采用10分制换算（如8分对应24分）。某教师指导的实习生获企业“技能之星”称号，企业评价维度得28分。

三维度得分相加形成年度信用积分，直接应用于教师职业发展：90 分以上者在职称评审中折算为“教学业绩”3分加分，80～89分者优先获得企业项目对接资格。某智能制造专业教师以92分信用积分，在副教授评审中凭借“协同育人业绩”脱颖而出。

激励效果呈现爆发式增长：系统上线后，教师自主发起的跨部门协作从每月15次激增至45次。例如“数据可视化”课教师主动联合辅导员设计“团队项目心理辅导”，在学生分组完成企业数据可视化任务时，同步开展“角色冲突调解”“压力管理”等微课程，使项目完成率从65%提升至92%，团队协作评分提高28分。这种“主动协同—效果提升—积分增长”的正向循环，彻底激活了教师参与协同育人的内生动力。

第二节 数据驱动的协同育人评价与反馈机制

一、数据采集体系建设

（一）多源数据融合采集

在数字化转型背景下，高职院校正通过多源数据融合采集技术，打造全方位、多维度的学生成长数据监测体系。这一体系不再局限于传统的学业成绩单维度，而是构建了一个覆盖学业发展、行为表现、职业素养和心理健康的全景式数据采集网络，为精准育人提供了坚实的数据基础。

1. 学业数据：从结果评价到过程追踪的范式变革

学业数据的采集已实现从静态结果记录向动态过程监测的质的提升。现代教务管理系统不仅记录各门课程的期末考核成绩，尤为重要的是通过物联网技术实现了实训教学全流程的数据化。在装备制造类专业的实训车间，智能设备能够实时记录学生操作数控机床的各项动作参数——涵盖进给速度设定误差范围、刀具更换规范度等共计18项关键工艺指标，该数据经由5G网络实时传输至教学大数据平台。以焊接技术实训为例，系统可自动识别学生操作中的7类典型违规行为（如防护面罩佩戴不规范、焊枪角度偏离标准值等），并即时推送纠正提示。

竞赛成果的数字化管理亦取得显著进展。高职院校构建了覆盖校赛、省赛、国赛的三级竞赛数据库,不仅收录最终比赛成绩,更着重采集选手备赛过程中的成长轨迹数据。以全国高职院校技能大赛为例,系统详尽记录每位参赛选手从选拔至决赛的完整历程,包括周均训练时长、模块测试分数、心理波动指数等共计32项核心指标。通过对近三年逾300名参赛选手的数据挖掘分析发现,获得国赛一等奖的选手普遍呈现出“模块化突破”的特征——即在备赛中期阶段会针对特定薄弱环节实施为期两周的专项强化训练。

值得关注的是虚实融合的实训数据采集模式。高职院校引入数字孪生技术,为关键实训设备构建了高保真虚拟仿真系统。学生在进入实体车间操作前,须在虚拟环境中完成标准化流程训练,系统将记录其操作规范度、异常状况处置能力等关键数据。虚实数据的交叉比对与验证,在保障实训安全性的同时,亦为精准化、个性化教学策略的制定提供了实证依据。

2.行为数据:校园生活的全场景数字化映射

学生行为数据的采集模式已实现从抽样调查向全量监测的转型,构建起覆盖课堂教学、宿舍管理及校园公共空间的立体化感知网络。

教室智能监测系统采用多模态感知技术。通过部署具备边缘计算能力的智能摄像头,系统可自动识别“前排就座率”“课堂专注时长”“小组讨论参与度”等12项行为指标。结合课程思政建设要求,系统增设“红色教育响应度”分析模块——当教师讲授大国工匠案例时,自动捕捉学生的面部表情反馈与肢体语言特征。经脱敏处理后,数据生成每节课的“教学互动热力图”,为教学质量提升提供量化依据。

宿舍管理模块基于LoRa物联网技术构建智慧宿舍管理系统。除基础门禁记录功能外,系统整合了水电消耗监测、卫生评估分数、晚归预警等多维数据。通过机器学习算法,系统可识别潜在问题宿舍:例如用电量异常波动或预示违规电器使用,就寝时间显著紊乱可能反映心理健康风险。2022年实证数据显示,该系统对87%的宿舍安全隐患事件实现提前预警。

校园活动数据采集呈现更强的交互性特征。高职院校开发的“第二课堂"App集成定位与身份识别功能，学生通过扫码签到参与社团活动、学术讲座及展览，累计成长积分。系统不仅记录参与频次，更追踪深度参与行为——在高年级学生主导的"技能工作坊"中，系统依据指导时长及被指导者技能进步程度，自动计算并认证"朋辈导师"资质。此类精细化行为数据采集机制，显著提升了素质教育评价的客观性与公正性。

3.职业素养数据：产教融合视角的能力测绘

职业素养数据的采集显著彰显了职业教育特色。通过校企数据互通机制，构建了覆盖实习实训全生命周期的综合评价体系。企业实习评价系统实现了从定性评价到量化评估的转变。与高职院校合作的216家企业均接入统一的实习管理平台，企业导师需依据"工艺标准执行力""质量意识""6S管理规范"等八个维度，对实习生进行周度评价。以某知名装备制造企业为例，其评价体系包含42项具体指标，如"能够主动识别并报告设备异常状态""工位清洁维持时间达4小时以上"等具备强操作性的行为描述。相关数据通过基于区块链的分布式存证技术确保其真实性与不可篡改性，既作为学生考核的直接依据，亦反向驱动高职院校专业教学内容的优化。

社会服务数据的采集则体现了职业教育的社会责任担当。高职院校开发的"技能志愿服务"平台与社会保障系统实现对接，详尽记录学生参与社区电器维修、老年人智能设备操作培训等公益活动的服务对象评价、问题解决数量等关键数据。尤为突出的是，系统建立了服务成效的长效追踪评估机制——例如，为社区居民维修的家电设备，将在服务完成三个月后进行回访，核查设备运行状态，此种闭环管理模式显著提升了服务质量。

创新创业数据的采集亦独具特色。高职院校创业园为每个入驻项目创建"数字孪生体"，完整记录其从商业计划构思至项目落地的全过程。系统特别注重对失败案例数据的结构化留存。以经营不善的实训咖啡厅为例，其日客流量数据、产品迭代调整记录、关键管理决策过程等均被系统化保存，形成极具价值的创业教育研究资源库。2023年的实证数据显示，充分参考此类失败案例经验的创业团队，其初创企业12个月存活率提升了35%。

4.心理成长数据:呵护心灵健康的数字防线

心理健康数据的采集既注重专业性又体现人文关怀,构建起“预防—预警—干预”的三级防护体系。标准化心理测评采用了动态调整机制。除每学期开展的SCL-90、抑郁自评量表等常规测评外,系统还会根据国际前沿研究成果及时更新测评工具。如2023年新增的“职业院校学生心理韧性量表”,就是专门针对技能型人才设计的评估工具。所有测评数据都经过纵向对比分析,当某项指标变化幅度超过15%时,系统会自动触发辅导员约谈机制。

日常心理监测则体现了“润物细无声”的特点。通过分析学生在图书馆的借阅记录(如突然大量借阅心理学书籍)、食堂消费模式改变(如食欲骤减)、校园卡使用规律变化等行为数据,系统建立了包含28项预警指标的心理健康模型。2022年9月至2023年6月,该系统成功预警了23起潜在心理危机事件。

谈话记录分析技术取得了突破性进展。高职院校研发的“心灵镜”NLP系统能够对辅导员谈话录音进行语义分析,识别出18种情绪状态和9类求助信号。系统特别设计了“保护性忽略”机制——对涉及个人隐私的敏感内容,系统会自动模糊处理,仅保留预警等级建议。这种技术既保障了干预的及时性,又尊重了学生的隐私权。

社交互动数据的采集也纳入心理评估体系。通过分析学生在专业学习群组的发言活跃度、师生互动频次等数据,系统能够识别出潜在的社交障碍倾向。对长期处于互动边缘的学生,系统会推荐参加特定的社交技能训练工作坊。数据显示,经过针对性干预后,这些学生的社会适应能力平均提升40%。

5.数据融合与应用:从数字画像到精准育人

多源数据的价值在于融合应用。高职院校构建了基于Hadoop架构的学生成长大数据平台,通过数据清洗、特征提取、关联分析等技术,形成不断完善的“学生数字孪生体”。

在数据治理方面,高职院校制定了严格的分级授权制度。辅导员可以查看所带班级的聚合数据，专业课教师只能获取与教学相关的数据维度，校领导看到的是经过脱敏处理的宏观统计分析结果。所有数据调用都会在区块链上留痕，确保可追溯、可审计。

在应用场景拓展上，数据驱动的精准帮扶成效显著。系统会自动识别“专业能力突出但职业素养薄弱”“实践能力强但理论掌握不牢”等各类特殊学生群体，并推送差异化培养方案。如对理论薄弱的学生，系统会推荐其加入“学长助学”计划；对职业素养不足的学生，则安排企业导师进行一对一指导。

值得一提的是“成长预测”功能的发展。通过对历届优秀毕业生数据的机器学习，系统能够预测当前学生的发展潜力，并给出提升建议。如某位数控专业学生的操作精度数据与往届省级技术能手高度相似，系统就会建议其加入竞赛储备人才培养计划。这种前瞻性指导深受学生欢迎。

数据反哺教学的机制也不断完善。每学期末，系统会生成专业层面的《教学有效性分析报告》，如“工件测量模块的合格率同比下降5%”“电路排查项目的企业评价得分显著提升”等，这些数据直接指导下一轮人才培养方案修订。

未来，高职院校将进一步探索联邦学习技术在跨校数据共享中的应用，在保护隐私的前提下，与兄弟高职院校共同建立职业教育人才成长数据库，为新时代技术技能型人才培养贡献更大力量。

（二）智能感知技术应用

1.物联网技术在实训教学中的创新应用

实训教学中的物联网应用已实现从简单监控向智能指导的跨越式发展。在工业机器人技术实训室，每台工作站均配备多模态传感器阵列，可实时采集学生在编程、调试、维护各环节的127项操作参数。这些数据经过边缘计算节点处理后，不仅能够即时评判操作规范度，更能根据学生操作习惯智能推送改进建议。某次电路安装实训中，系统发现73%的学生存在导线压接不到位的问题，立即触发教学预警，指导教师据此调整实训重点，使该环节的合格率在一周内从68%提升至92%。

2. 自然语言处理技术在师生互动分析中的应用

基于深度学习的自然语言处理系统可对师生交互内容进行多维度解析。在课程评价分析方面，系统运用注意力机制识别评价文本中的38个关键特征点，准确率达到91.7%。有趣的是，通过对两年来8600余条师生对话的情感分析，发现使用类比教学法时，学生的正向情感表达频次比其他教学方法高42%。针对这一发现，教学团队调整了教学策略，使得课程满意度在学期末提升了15%。

3. 校园识别系统的智能化升级

新一代校园识别系统实现了无感化、精准化、安全化的三重突破。在图书馆场景中，部署的54个智能感知节点可精确记录学生的停留时长、借阅偏好、学习专注度等行为特征，并据此构建个性化的“读者画像”。数据显示，接受系统推荐书单的学生，其专业类图书借阅量平均增加2.3倍，跨学科阅读广度提升56%。实验室管理系统则融合了空间定位技术，可实时监控设备使用状态，使大型仪器设备的预约使用率达到98%。

4. 多技术融合的协同效应

三大技术通过数据中台实现深度耦合，产生显著的协同增值效应。以学生考勤管理为例，通过物联网采集的实训数据与校园卡识别记录进行交叉核验，将考勤准确率提升至99.99%。在教学质量评估方面，整合了师生互动情感分析、实训操作数据、学习行为轨迹等多个维度的评价指标，构建出更加全面的教学效果评估模型，使评教结果的信效度提高38%。

二、评价模型构建与优化

（一）多维度评价指标设计

在现代职业教育质量评价体系中，传统的单一学业成绩评价模式已经无法满足高素质技术技能人才培养的需求。基于大数据技术的多维度评价指标体系，将学生的成长发展过程进行全面、客观的数字化刻画，为高职院校实施精准育人提供了科学依据。

学业能力维度的创新评价　学业能力评价突破了期末考试的局限，构建了全过程、多层次的动态评估体系。在专业课程评价方面，采用“3+3+4”的评分结构：平时表现占30%（包含课堂互动、作业质量等8个细分指标）、过程考核占30%（涵盖4个阶段的技能达标测试）、期末综合考核占40%。以机电一体化专业为例，学生需要完成16个模块的递进式考核，每个模块包含理论知识（20%）、模拟操作（30%）和实作表现（50%）三个部分。

高职院校建立了与“1+X”证书制度相衔接的技能认证体系。系统自动跟踪记录学生获取职业技能等级证书的情况，并给予相应的成长积分。2023年数据显示，参与证书考核的学生群体中，初级证书获取率达92%，中级证书获取率为67%，高级证书获取率也达到了18%。值得关注的是，系统通过分析证书考试的失分项，自动生成薄弱环节提升方案，使学生的二次通过率提高40%。

职业素养维度的量化测评 职业素养评价依托产教融合平台，实现了校企共评机制的数字化转型。企业导师采用标准化的电子评价量表，从7个一级指标（如安全生产意识、团队协作能力等）和32个二级指标（包含“能按规程进行设备点检”“主动协助同事完成任务”等具体行为描述）对实习生进行评估。评价数据通过区块链存证，确保真实可信。

“5S”管理表现评价将抽象的职业规范转化为可量化的数据指标。实训室的智能监控系统能够自动识别学生的“整理、整顿、清洁、清扫、素养”执行情况。例如，通过图像识别技术分析工具摆放的规范度，使用物联网传感器检测设备清洁度等。数据分析显示，经过系统化的5S训练后，学生的标准化作业时间缩短25%，设备故障率降低38%。

心理健康维度的科学评估 心理健康评价采用“普测+筛查+追踪”的三级风险评估机制。每学期使用SCL-90、GAD-7等标准化量表进行全员心理测评，系统自动生成个人心理健康档案。针对筛查出的重点关注对象，建立包括班主任观察记录、心理咨询师评估、家长反馈等在内的多维度跟踪体系。2023年测评数据显示，参与系统化心理干预的学生群体，其心理问题检出率较基线下降29%。

危机干预记录通过事件编码系统进行结构化处理。系统记录每次心理危机的发生背景、处理过程和后续跟踪数据，形成典型案例库。通过对102例干预案例的分析，发现学业压力（38%）、人际关系（27%）和就业焦虑（19%）是三大主要诱发因素，这一发现为高职院校心理教育工作的重点调整提供了方向指引。

评价指标体系的创新应用已经显现明显成效。某专业对比数据显示，采用多维评价体系后，学生就业对口率提升15%，企业满意度提高22%，毕业生的岗位适应期平均缩短30%。这些成果充分证明，建立在多源数据基础上的现代评价模式，能够更加全面、客观地反映学生的真实发展状况，为培养高素质技术技能人才提供了科学保障。

（二）机器学习算法应用

在教育大数据分析领域，机器学习算法的应用为个性化人才培养提供了强有力的技术支撑。通过智能化算法模型，高职院校能够从海量学生数据中挖掘出有价值的规律，实现对学生发展的精准预测和分类指导。

基于随机森林的综合素质预测模型 随机森林算法因其出色的特征选择能力和抗过拟合特性，成为构建学生综合素质评价模型的首选方法。在具体实施过程中，我们从教务系统、实训平台、校园一卡通等多个数据源提取了237个原始特征，经过特征工程处理后，最终保留了68个最具预测价值的特征变量，其中包括：学业表现类特征：专业核心课程标准差、实训项目完成时效比等15项；行为习惯类特征：图书馆日均停留时长、晨读打卡频率等22项；职业发展类特征：企业实习评分离散度、职业资格证书获取速度等18项；心理健康类特征：心理测评波动指数、辅导员谈话情感分值等13项。

模型训练采用了5折交叉验证方法，使用准确率、召回率、F1值等多个指标进行综合评价。经过参数调优后，模型在测试集上的预测准确率达到87.3%，AUC值为0.91，展现出良好的预测性能。实践应用中，该模型成功预测了2022届学生毕业半年后的发展状况，预测结果与实际跟踪调查结果的吻合度为82.5%。

聚类分析技术的成长类型识别 K-means聚类算法在划分学生成长类型方面展现出独特的价值。通过对近三届6000余名学生的多维数据进行聚类分析,我们识别出6个典型的学生成长类型。

技能突出型(23%):这类学生在专业技能实操方面表现优异,实训考核成绩普遍位于前15%,但在理论课程学习上相对薄弱。数据分析显示,他们的图书馆夜间停留时长是其他类型学生的1.8倍,表明其倾向于在实践技能上投入更多时间。

素养短板型(18%):具有扎实的专业知识储备,但职业素养方面存在明显不足。企业实习评价数据显示,其团队协作得分较平均水平低31%,5S管理规范执行率仅为63%。针对这一群体,系统会自动推荐参加职业素养强化训练营。

均衡发展型(35%):各维度发展较为均衡,是培养质量的最佳体现。值得注意的是,这类学生中有82%定期使用高职院校提供的个性化学习推荐系统,比平均水平高出27个百分点。

潜力待挖掘(12%):各项指标处于中游水平,但发展曲线斜率较大。通过轨迹分析发现,如果能得到针对性指导,这类学生在毕业前有67%的概率能跃升为优秀毕业生。

聚类分析结果的应用取得了显著成效。基于类型识别结果开展的精准帮扶计划,使2023届学生的综合达标率提升了15%,特别是素养短板型学生的企业满意度评分提高了22分。

评估数据显示,采用机器学习算法后,教师指导学生发展的效率提升了40%,学生成长规划的满意度达到89%,远高于传统方法的63%。这些创新应用正在推动高职院校人才培养模式向更加智能化、精准化的方向发展。

三、动态反馈与干预机制

(一)个性化成长报告生成系统

智能报告生成平台采用BI可视化技术,将复杂的学生成长数据转化为直观易懂的《学生发展雷达图》。该系统集成了5大维度、18个二级指标和

63个具体观测点的评价数据，通过自动化引擎每周生成个性化发展报告。报告不仅呈现当前发展状况，还通过时间序列分析展示进步轨迹，并以不同颜色标注需要特别关注的指标项（红色为显著落后，黄色为需关注，绿色为表现良好）。以某职业技术学院开发的“学业—心理—职业”三联预警系统为例，该系统实现了三个创新功能：学业异常自动检测功能，能够识别课程成绩的断崖式下跌或持续性低迷；心理状态波动预警功能，通过分析SCL-90量表和日常行为数据的相关性建立预警模型；职业发展匹配度评估功能，将学生技能档案与企业岗位需求进行智能匹配度分析。2023年运行数据显示，该预警系统的准确率达到89.3%，平均提前2.3周发现问题，为及时干预赢得了宝贵时间。

这些智能化报告通过专用终端App实时推送给辅导员和专业课教师，同时设置了三级权限管理体系：班主任可查看完整报告，任课教师仅可见相关课程数据，企业导师则主要获取职业素养方面的评估结果。报告推送还配有智能解读功能，能自动生成200～300字的专业分析建议，大大减轻了教师的工作负担。某专业的跟踪调查显示，使用该系统后，教师制定个性化指导方案的时间缩短了65%，而干预精准度提高了40%。

（二）闭环干预策略库建设与实施

基于大数据分析的智能推荐系统构建了包含328种针对性干预措施的“策略知识库”。该知识库采用特征工程方法对历年的成功干预案例进行结构化处理，建立了“问题特征—解决方案—预期效果”的匹配模型。当系统检测到学生的特定薄弱环节时，会自动推送最适合的干预方案。例如，针对技能考核不达标的学生，系统可能推荐：“阶梯式技能加训计划”（包含基础巩固、专项突破、综合提升三个阶段）；“优秀学长结对帮扶”（基于技能特长匹配度自动配对）；“虚拟仿真实训强化”（针对特定薄弱环节的VR专项训练）。

在心理健康干预方面，系统引入了递进式辅导机制：初级预警触发自动推送心理调适指南；中级预警启动线上心理咨询预约；高级预警则激活由辅导员、心理教师和家长组成的“三位一体”干预小组。2023年的应用数据显示，通过该系统的分级干预，心理危机事件的最终发生率降低了53%。

企业深度参与的动态反馈机制实现了产教数据的实时互通。通过校企共建的“人才质量监测平台”，企业可以将实习生的每日工作表现（包括任务完成质量、职业规范执行、团队协作等22项指标）实时同步给高职院校。这些数据经过智能分析后，能够准确反映教学需要改进的方向。例如，某制造企业反馈数据表明，学生的PLC编程调试能力与实际岗位要求存在15%的差距，专业教研室据此调整了相关课程的实训项目，使下一批实习生的岗位适应期缩短了40%。系统还建立了企业评价与教学改进的闭环验证机制，每次课程调整后都会追踪比较前后两批实习生的表现差异，确保改革措施的有效性。

动态反馈与干预机制的实施取得了显著成果。通过对35个专业、2.6万名学生的跟踪分析发现：早期干预的有效率达到92%，相比传统的事后补救模式提升47%；个性化指导方案使学生成长速度平均提升30%；企业参与反馈的专业，其毕业生就业对口率高出平均水平18个百分点；心理预警系统的应用使危机事件发生率下降至0.7%。

未来改进方向包括：引入情感计算技术，提升心理状态识别的灵敏度和准确度；开发移动端即时反馈功能，实现“监测—预警—干预”的分钟级响应；构建校际干预案例共享平台，扩大优质干预策略的受益面。这些改进将进一步增强系统的智能化水平，为职业教育人才培养质量提升提供更有力的支撑。

第三节 数字化技术带来的挑战与应对策略

一、技术应用层面的挑战

（一）数据孤岛与系统割裂问题

在职业教育现代化进程中，信息系统建设普遍存在着“烟囱式”发展现象。某省级教育评估报告显示,84.6%的高职院校同时运行着3套以上的独立业务系统,这些系统产生的数据资产长期处于割裂状态。具体表现为:

技术架构方面,教务系统与学工系统往往采用迥异的开发框架。调研数据显示,56.3%的教务系统采用J2EE架构,而73.8%的学工系统基于NET开发,这种技术异构性导致系统间交互成本大幅提高。某高职院校在尝试对接时发现,仅学籍状态同步这一项功能就需开发7个转换接口。

数据规范层面,各系统自建标准的状况较为突出。以学生标识符为例,42%的教务系统采用"入学年份+院系代码+序号"的编码规则,而学工系统普遍使用身份证号作为主键,这种差异导致跨系统查询时需要多次映射转换。

业务流程衔接上存在显著断层。校企合作平台的岗位需求数据与教务系统的课程开设数据往往无法自动匹配,导致产教融合存在3~6个月的信息滞后期。2019年某企业调研显示,83%的合作企业认为高职院校反馈其用人需求的速度"较慢"或"很慢"。

(二)算法偏见与评价失真风险

随着AI技术在教育评价中的深度应用,算法公平性问题日益凸显。某教育科技公司的研究报告指出,在其分析的76个教育评价模型中,有31%存在不同程度的偏见问题。

数据采集偏差:特殊群体学生(如贫困生、残疾生)的行为数据往往样本不足。某高职院校心理健康预警模型就曾将农村籍学生的"少言寡语"错误识别为心理问题信号,导致误判率达28.7%。

特征选择偏差:算法工程师容易无意识地将自身认知偏差编入模型。某个成长预测模型曾因过度依赖"图书馆停留时长"指标,导致实践型人才的评价结果系统性偏低。

结果解释偏差:黑箱模型输出的结论经常简单化处理复杂问题。某就业推荐系统将"多次修改简历"直接等同于"职业规划模糊",忽视了学生探索职业可能性的正当需求。

二、管理实施层面的挑战

（一）教育数字化转型面临能力断层

当前职业教育数字化进程中，教师队伍呈现明显的“数字鸿沟”现象。全国职业教育信息化监测平台数据显示，仅有不足四成的高职院校教师能够熟练运用数据分析工具，而具备智能化教学平台深度应用能力的教师比例更低。这种能力断层突出表现在专业课教师虽普遍掌握在线教学工具的基础操作，但近七成难以将实训数据转化为教学改进依据；辅导员群体在数据处理能力上的短板更为明显，超过四分之三的辅导员无法独立完成学生成长趋势分析。

针对这一困境，领先高职院校探索出阶梯式培养方案。例如某“双高计划”建设高职院校开发了“数字素养提升工程”，将教育数字化能力划分为五个渐进式等级，配套差异化的培养模块。初级培训聚焦智能平台操作技能，通过仿真实训使教师快速掌握数据驾驶舱核心功能；中级培训则着重培养数据解读与教学决策能力，参训教师需完成真实场景下的学生发展诊断报告；高阶研修更引进商业智能分析工具实战课程。该工程实施两年后，该校教师智能化工具使用率提升4倍，基于数据的教学改进方案数量增长275%。

（二）数据合规管理呼唤制度创新

教育数字化转型过程中的隐私保护问题已引发广泛关注。近期案例显示，某高职院校因擅自将学生消费数据用于贫困生认定模型训练，遭到教育主管部门约谈。这一事件暴露出当前职业教育数据治理中的普遍短板——约六成高职院校尚未建立完善的数据合规审查机制，近八成行为数据采集缺乏充分法律依据。

在实践层面，先行高职院校已形成可复制的解决方案。某省级示范校构建的“三层防护”体系颇具参考价值：技术层部署智能脱敏系统，对18类敏感信息实施梯度化处理；管理层建立精细化权限控制机制，划分6级数据访问权限;监督层引入区块链存证技术,实现数据流向全程可追溯。这套体系不仅通过了网络安全等级保护2.0认证,更因其创新性获评教育部“数据安全示范案例”。值得注意的是,严密的防护措施反而提升了数据使用效率,教研人员获取合规数据的时间从原先的72小时缩短至2小时。

(三)智能化转型需要伦理框架护航

算法在教育评价中的应用正在引发新的伦理争议。某校就业推荐系统曾因过度依赖历史数据,导致冷门专业学生获得的岗位推荐质量系统性偏低。类似案例凸显出建立算法伦理审查机制的必要性。目前领先高职院校普遍采取三项举措:成立跨学科伦理委员会、制定算法应用负面清单、开发影响评估工具。某“双高”高职院校创新设立的学生数据权益代表制度尤其值得关注,该制度确保学生群体在数据使用决策中获得话语权。实践表明,重视伦理治理不仅能防范风险,更能增强师生对智能化改革的认同度。

三、可持续发展策略与长效机制

(一)技术迭代与机制适配同频共振

教育数字化转型必须建立技术与制度的良性互动机制。某“双高计划”高职院校通过流程再造实现了显著的提质增效:将原先需要5个部门流转7天的专业调整审批流程,通过部署智能自动化系统缩短至24小时内完成。技术引进需要与制度重构同步推进:一方面建立季度评估机制持续跟踪18项核心业务指标的数字化水平;另一方面配套修订了7项管理制度为新技术应用提供制度保障,形成“技术赋能制度创新—制度促进技术深化”的闭环。

(二)校企协同标准共建双向赋能

打破校企数据壁垒需要构建“产学研用”一体的标准研制模式。最近落地的《智能制造工程技术人员国家职业技术技能标准》就是典型案例:由15家智能制造龙头企业和9所工科高职院校组成的联合工作组,历时18个月开发出覆盖“培养—评价—使用”全链条的134项数据规范。特别值得注意的是，标准创新性地设计了“能力数字孪生”模型，将企业岗位要求的28项核心能力拆解为192个可测量的数据维度。首批试点结果显示，采用该标准后校企协同育人项目的匹配准确率提升40%，学生岗位适应期平均缩短22天。

（三）容错机制构建安全创新空间

数字化转型需营造“鼓励创新、宽容失败”的制度环境。某职教集团探索的“三阶容错法”颇具参考价值：初级项目设立20%的试错预算，允许在小范围快速迭代；重点项目实施“沙盒监管”，划定安全边界后鼓励大胆创新；战略级项目则采用“双轨并行”，新旧系统同步运行确保平稳过渡。这种机制下孵化的智能实训管理系统，经过11次迭代后使设备使用率提升至92%，而过程中3次重大调整都因完善的容错设计未影响正常教学秩序。

参考文献

一、政策法规类

[1] 全国人大常委会.中华人民共和国职业教育法(2022年修订)[Z]. 2022.

[2] 国务院.国家职业教育改革实施方案[Z]. 2019.

[3] 教育部等六部门.职业教育提质培优行动计划(2020-2023年)[Z]. 2020.

[4] 教育部.职业教育课程思政建设指导纲要[Z]. 2021.

[5] 教育部.高等学校思想政治教育工作质量提升工程实施纲要[Z]. 2017.

二、学术专著类

[6] 石伟平.比较视野下中国职教政策创新[M].北京:教育科学出版社, 2021.

[7] 徐国庆.工作本位学习与产教融合[M].上海:华东师范大学出版社, 2019.

[8] 姜大源.职业教育学研究新论[M].北京:教育科学出版社, 2007.

[9] 张伟明.职业教育数字化转型:理论与实践[M].上海:华东师范大学出版社, 2022.

三、期刊论文类

[10] 史劲."三全育人"下高职辅导员与专业课教师协同育人机制构建[J].科教导刊,2025(11).

[11] 史劲."三全育人"下辅导员与专业课教师立体育人研究[J].大学,

2025(7).

[12] 赵志群,等.中德职业教育数字化战略比较研究[J].比较教育研究,2024(3).

[13] 黄斌,等.数字化转型背景下职业院校协同育人模式重构[J].中国高教研究,2024(1).

[14] 王亚南,等.市域产教联合体:运行机理与制度创新[J].高等工程教育研究,2024(1).

[15] 崔瑾,等.新时代地方本科院校辅导员与专业课教师协同育人机制研究[J].湖北经济学院学报,2024(3).

[16] 陈思雨,张伟.产教融合背景下协同育人机制创新[J]. 教育研究,2023(4).

[17] 张土乔,李杰.职业院校土建类专业"工程伦理"课程思政教学改革研究[J].职业技术教育,2023(8).

[18] 南京工业职业技术大学课题组."教辅通"平台协同育人模式的创新实践[J].现代教育技术,2023(2).

[19] 王建华,李敏.高职院校课程思政实施困境与对策研究[J].中国职业技术教育,2022(28).

[20] 王静怡,等.高职院校"三全育人"共同体构建的实践逻辑[J].高等教育研究, 2023(5).

[21] 刘志峰,等.职业院校课程思政协同育人效能评估体系研究[J].中国职业技术教育, 2023(28).

[22] 徐兰,等.产教融合型企业的育人动力机制研究[J].教育发展研究,2024(3).

[23] 李政.职业教育市域产教联合体的协同治理路径[J].高等工程教育研究, 2023(6).

[24] 陈晓明,等.教育元宇宙赋能高职实训教学的实证研究[J].电化教育研究, 2024(2).

图书在版编目（CIP）数据

高职院校辅导员与专业课教师协同育人研究 / 史劲
著. -- 湘潭 : 湘潭大学出版社, 2025. 8. -- ISBN 978-
7-5687-1836-3
Ⅰ. G718.5; G715
中国国家版本馆 CIP 数据核字第 2025U6N094 号

高职院校辅导员与专业课教师协同育人研究

GAOZHI YUANXIAO FUDAOYUAN YU ZHUANYEKE JIAOSHI XIETONG YUREN YANJIU

史劲 著

策划编辑：刘文情
责任编辑：刘文情
封面设计：张 波
出版发行：湘潭大学出版社
社 址：湖南省湘潭大学工程训练大楼
电 话：0731-58298960 0731-58298966（传真）
邮 编：411105
网 址：http://press.xtu.edu.cn/
印 刷：长沙创峰印务有限公司
经 销：湖南省新华书店
开 本：710 mm×1000 mm 1/16
印 张：15
字 数：252 千字
版 次：2025 年 8 月第 1 版
印 次：2025 年 8 月第 1 次印刷
书 号：ISBN 978-7-5687-1836-3
定 价：68.00 元